φιλοσοφια
知識論・邏輯

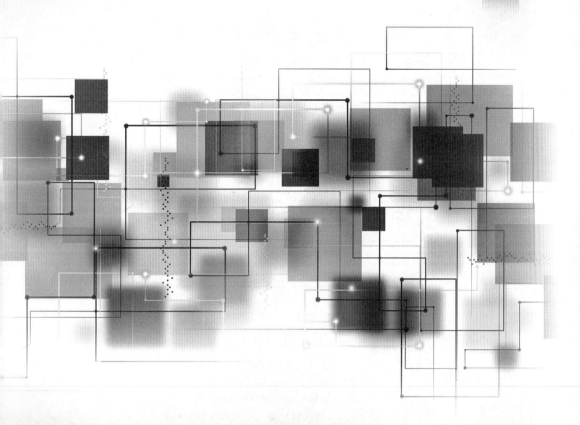

邏 輯

林玉体 著

三民書局

國家圖書館出版品預行編目資料

邏輯／林玉体著.－增訂四版一刷.－－臺北市: 三民，
2016
　　冊；　公分

　ISBN 978–957–14–6213–4　（平裝）

　1.邏輯

150　　　　　　　　　　　　　　　105019874

© 邏 輯

著 作 人	林玉体
發 行 人	劉振強
著作財產權人	三民書局股份有限公司
發 行 所	三民書局股份有限公司
	地址　臺北市復興北路386號
	電話　(02)25006600
	郵撥帳號　0009998–5
門 市 部	（復北店）臺北市復興北路386號
	（重南店）臺北市重慶南路一段61號
出版日期	初版一刷　1970年9月
	增訂四版一刷　2016年11月
編　　號	S 150030

行政院新聞局登記證局版臺業字第○二○○號

有著作權・不准侵害

ISBN　978–957–14–6213–4　（平裝）

http://www.sanmin.com.tw　三民網路書店
※本書如有缺頁、破損或裝訂錯誤，請寄回本公司更換。

增訂版序

　　1982 年作者在三民書局出版的邏輯，在坊間及學校使用已逾三十載。早該修訂了。雖然作者之鑽研邏輯這學門，純屬機緣，赴美深造時，以「教育哲學」為主修，那是 1970 年作者考取教育部公費留學的科目。攻讀哲學博士時，指導教授要求「第二外國語」。作者在台灣求學，雖上過日語、法語，在師大教育研究所修碩士學位，上了兩年德文，且一週六天，每日一節（當時還未週休二日），但外文除了英文之外，實在沒什麼把握。美國教授說，如不考第二外國語，則該去修邏輯。作者上了邏輯之後，心得很多，收穫也不小，深覺這門「為學工具」的確深具價值。回國服務時，師大的「理則學」，有許多學系要求學生必修，但師大並無哲學系，「理則學」課的師資只好由教育系負責；可是多年來，學生反應不佳；更有「國文系」這種本來最保守也最「尊師重道」的學生集體抗議任課教師；理學院的學生也怪為何不教「數理邏輯」，怨聲連連。恰好，學過符號邏輯的，師大只有作者一人而已。作者乃本諸研究所得，向學生傳授，出乎意料之外，竟然常座無虛席，甚至有許多校外的「偷聽生」未曾缺席的來聽課。由於選課人數甚多，曾經有一年連續換了好幾次教室，因為容納不下，校方還希望我委屈一下在禮堂上。座位超過千人的大禮堂，上起課來，實在效果不佳，但仍「盛況空前」，是作者在師大教學生涯中最具有成就感的一件樂事。

　　邏輯是為學的基本科目，更是哲學系的「必修」學門。撰寫邏輯的學者向皆為哲學系出身，他們的著作，頗多參考價值。不過，

作者卻遺憾的覺得，許多邏輯的書，太多的符號了，甚至艱深難懂。不知學習這些，對哲學之登堂入室有何幫助。不少學生之甲意於學邏輯，大概是希望在知識思考中獲得「合理」的答案。不幸的是，大部份的邏輯書籍，確實不具「實用」效果，或許徒陷於符號的數學演算，如此而已。此外，令人不解的是，一翻邏輯的書，一開始就談「推論」；不錯，「推論」(inference) 是邏輯的核心，但「推論」之前的「命題」(proposition) 解析，若未先具備，這是不妥的。尤其濫用一些看來深覺陌生的英文邏輯的注譯，明其意著實困難。作者決定另起爐灶，當年三民書局劉振強先生親自到寒舍商談寫作事宜，作者先交付邏輯草稿，輯成書後，似乎銷路不差。

「說清楚講明白」，這是台灣人多年來之習慣用語，也頗合乎「教育」的本意，也正是作者一向秉持的上課、演講、寫作、著書的準則，其實這正是邏輯學始祖之一的笛卡爾 (René Descartes) 所要求的為學要旨。知識探求或思考習慣，如能獲「清晰又有別」(clear and distinct) 的觀念，才有實質的收穫。「清楚明白」是第一步，那是 clear，但還須第二步，即 distinct；distinct 是「有別」的意思。A概念與 B 概念如皆「清楚明白」，但為什麼要有 A、B 兩概念，必因二者「有別」，所以「有別」的概念也不可小視，邏輯是分析的 (analytical)，分析才能上臻「清晰又有別」的地步，讀者看書，包括邏輯書，能有「清晰又有別」的概念，則學術造詣必更上一層樓。

修訂版改了原先的許多篇幅，那是累積數十年教學與研究的結果。也增加了一新單元。

林 玉 体

序於師大教育系

2016.11.9

自 序

　　人類追求知識，學者探討真理；但知識以什麼為可信，真理以什麼為標準，這是古今台外（台灣及台灣以外）的思想家所亟待解決的問題。到目前為止，這個問題的答案有二，一是事實，一是邏輯。換句話說，訴諸事實與邏輯，才是獲得知識及真理，或免於紛爭的最佳途徑。事實，有具體的經驗內容；邏輯，卻講求形式上的約定。經驗事實，只有概然性；形式邏輯，卻具必然結果。

　　邏輯是眾學科的基礎，又是思考訓練不可或缺的工具。受過教育的人，尤其是受過高等教育的人，應該都要習過邏輯。邏輯在研究推論的有效法則。學習邏輯，不僅要了解邏輯的基本概念，還要充分運用邏輯推論法則於日常生活或爭辯討論中。因此邏輯的研究，應側重練習。由於邏輯是舶來品，將它作為學校課程當中的一種，在中國教育史上為時甚短，它不像歐洲自古希臘時期就有「辯證」（Dialectic，即今之 Logic）一科。職此之故，坊間已出版的漢文邏輯教材，不是敘述太無「本土化」，就是取材也有些是囫圇吞棗，不切合於本國學生使用。在習題作業的內容上，此種傾向更為明顯。本書力避此種措施。作者也希望國內研究邏輯的同道，能使邏輯在本土生根。而使邏輯在漢文世界生根的務本之道，就是用淺顯常見的例子來說明邏輯的基本觀念，並以日常生活所經常使用的語言文字來作為邏輯作業的內容，如此，學習者才會對邏輯產生親切感，也對邏輯的學習產生興趣。

　　本書先介紹邏輯的基本概念，次以命題邏輯的重要邏輯符號一

一予以說明。符號化了這些推論所使用的命題語句之後，就可以進行推論。推論是邏輯的主題。邏輯學者在討論推論時，運用了各種不同的技巧。本書作者偏愛以「真值樹」(Truth Trees) 來作為演算符號邏輯推論的方法，這種方法學習起來，甚為簡易，且非常精確。學生不必具有高深數學基礎就能學會。作者教過大學數學系邏輯以及國文系邏輯，數學系學生學習該種方法不感困難；而國文系學生在這方面也表現得相當傑出。當然，學生要認真聽講並仔細做作業。因之本書都以「真值樹」來演算基本邏輯上的推論。如此，邏輯才更能與數學配合在一起，也因此使得邏輯推論更為嚴謹。

本書內容，部份取自於英文的邏輯書，但為了切合國人研讀，也大量的引用中文資料 (有些是經典資料)。在後者的資料中，我的學生 (尤其是師大國文系學生) 提供給我不少幫助，在此應向他 (她) 們表示謝意。英文資料大半都是當今英文邏輯書裡的熱門題材，讀者研讀本書之後，如有相當心得與收穫，則可說在邏輯這門學科裡已進入了情況，他 (她) 可以繼續作專精與深入的研究以窺其堂奧。至於不屬於邏輯領域的材料，本書概不予列入。

由於邏輯的研究注重練習，因此本書每個單元之後，大都列有不少的習題，讀者應該不厭煩的去練習那些習題。為了幫助讀者自修，在書後還附上必要的習題答案。

如果研讀邏輯要講實用的話，則最直接的實用，就在於推論謬誤的免除。本書有兩個單元討論謬誤，作者儘量選用有趣又切題的例子加以說明。如果說研讀邏輯之後，可以使研讀者培養說理的習慣與態度，則本書在後面的數節中，也討論了這些項目。這與科學求知及為學方法有密切相關。本書最後附上「模態邏輯」一單元，旨在介紹邏輯發展的另一層方向，供讀者參考。

在目前的大學邏輯課程之時間安排上，有的系是每週上兩小時，一個學期結束 (2 學分)；有的系是每週上三小時，一個學期結束

（3 學分）；有的系是每週上兩小時，一學年結束（3 學分，每學期 1.5 學分）。本書共二十七個單元，如果採用本書作教本，則兩個學分的課程，可以在「相等式」（五）、「多量化符號」（十三）、「同一」（十四）、「關係」（十八）、「演繹法」（二十四）、「歸納法」（二十五）、「設證法」（二十六）的內容上酌減，而不必教學第三單元及最後單元（二十七）的「模態邏輯」。對於三學分課程而只上一學期者，則可比照二學分課程的材料，但加重習題習作。至於三學分課程而上課一學年者，則可以全部採用本書各單元，其中「真值樹」（八）、「量化符號」（十）等可以加重練習。不過，這是作者的建議，實際教學時對於材料之增減，仍由採用本書作為教本的邏輯教授來決定。

　　三年前，本書的部份材料交由台北教育文物出版社印行出書，書名「邏輯導論」。現在作者增刪了許多內容，交由台北三民書局出版，希望更能切合國人使用。本書在內容上，介紹性質居多；但是作者在少數地方，也有獨到的發現。學問無涯，自己之發現可能不是真正發現，甚至介紹之處或有舛誤，這些都敬請方家讀者不吝賜正是幸。

林 玉 体

序於台灣師範大學教育系

一九八二・春

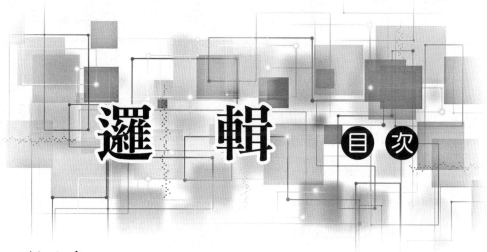

邏輯 目次

一、邏輯的基本概念 (Introduction)

(一)「邏輯」名詞的解釋

邏輯，英文為 logic，中譯理則學（孫中山所譯）、論理學（日人所譯）、或名學（嚴復所譯）。不管譯為理則學或是論理學，它是一種人類運用「理」來推論 (inference) 的學問。推理固為人的基本能力，也是作學問所應具備的基本條件，但推論要能成立或有效 (valid)，必須推論的過程合乎法則。探討推論法則正是邏輯學的主要課題。

推論要能有效，首須在推論當中，充分運用冷靜的理性，而棄絕火熱的情感。訴諸理性才是研究學問的良方，感情不能作為辨別真假、釐清推論有效無效的判官。因此邏輯與那些涉及到「心」——即指情感——的研究之學科，如心理學、倫理學、或人生哲學等有極大的差別。❶邏輯在於研究抽象的推論法則，而上述諸科則涉及價值問題的探討（大多數人依情感來決定善惡美醜等價值），二者涇

---

❶ 嚴格來說，邏輯推論與心理運作是兩回事。但歷來學者不太注重這兩方面的分野，導致邏輯與心理學糾纏不清。杜威 (J. Dewey, 1859–1952) 的名作：*Logic, The Theory of Inquiry* (1938) 就是典型的代表，該書是心理學的著作，但卻以邏輯為書名。參見 Rudolf Carnap, *Logical Foundations of Probability*, Chicago: The University of Chicago Press, 1962, p. 40.

渭分明，不得混淆。

　　邏輯既旨在探討抽象的推論法則，這些法則只是形式而毫不顧及實在內容。因此，邏輯在於究「名」去「實」。基於這種觀點，難怪嚴復翻譯米爾 (J. S. Mill) 之邏輯著作，即取書名為「名學」。這種譯法，乃藉春秋戰國時代公孫龍、惠施等「名」家之稱呼而來。其實，邏輯係舶來品，西方學者所建立的邏輯學可能部份與中國古代「名」家所探討的問題有雷同之處，但西方之邏輯與中國之「名」學卻不能相提並論。嚴復擬將西學與中學搭起親密關係，用心良苦；但若將邏輯硬納入「名」學領域，則是削足適履。

　　邏輯本是知識論 (epistemology) 當中的一部份，它原先還只是作學問的「工具」而已。演繹邏輯 (deductive logic) 的創始者亞里士多德 (Aristotle) 即在一本名為工具 (*Organon*) 的書中探討「三段論式」(syllogism)。批評亞里士多德演繹法 (deductive) 的英哲培根 (F. Bacon) 也在他的新工具 (*Novum Organum*) 一書中倡導「歸納法」(inductive)。這種知識方法本身的探討，在歐美世界中是人才濟濟，且建樹可觀。反之，在東方思想界裡，除了古代名家對它感到興趣外，卻後繼無人，可以發展為邏輯的「名」學因之失傳。東方自然科學發展之遲緩，這或可說是一項主因。名學在中國成為絕響，實在是中國學術界的一大損失。

　　邏輯學既揚名棄實，它只研究推論形式而不求推論內容，因此現在的邏輯又稱為形式邏輯 (formal logic)。並且邏輯學者為了想在推論過程中摒除感情因素的干擾，因之在表達推論過程時，除了作文字敘述之外，儘量設法以符號來代替推論的語句。因為在推論所使用的工具上，符號遠比文字不具感情，因此現代的邏輯又稱為符號邏輯 (symbolic logic)。如果推論語句徹底的以符號來取代，則推論之有效性 (validity) 大可運用數學計算方式加以計算，由此，又發展成數理邏輯 (mathematical logic)。以文字來作為推論工具，中國

古來學者早已有之；但以符號代替文字，並且又借用數學來演算推論之有效性，則純是西方學者的創見。因此，邏輯學的領域，泰半是西方學者研究的成果。也因此，邏輯學的內容，是西方資料多，東方資料少，這不是中文邏輯書的作者有意崇洋，而是事實不得不如此。

邏輯既在探討推論的法則，此點前已述及，可是它和辯論並沒有密切關係；有些人認為唸了邏輯，就可以在辯論比賽當中擊敗對方，贏取勝利，這是不必然的。一來一般聆聽辯論的群眾之知識水準並沒有到達運用邏輯來思考的程度；二來辯論之獲勝，大部份係由辯者訴諸聽眾情感而取得。所以，學習邏輯並不保證學習者能夠在參加辯論比賽的場合中爭得冠軍，至少目前是如此。不過，熟悉邏輯與辯論成敗雖無必然關係，但是懂得邏輯的人，至少可以明白對方辯論所造成的錯誤而予以反擊，也可以明白己方辯論所支持的理由而更可以「得理不饒人」或「據理力爭」，因此也可以影響辯論的成敗。

(二)原子語句與複合語句

研究推論法則，必先探討推論語句。推論所使用的語句只限定為敘述語句 (descriptive statements)。他如訴諸情感的感嘆語句，訴諸畏懼的命令語句，及不涉及真假的疑問語句，都不屬於推論語句的範圍。敘述語句在指陳事實，合乎事實者為真 (true)，反乎事實者為假 (false)。敘述語句稱為「命題」(proposition)。敘述事實的語句有簡有繁，有些語句指陳一種事實，有些語句則同時指陳數種事實。只陳述一種事實的語句稱為「原子語句」(atomic sentence)，如「張三是學生」這個語句。這個語句只表明一件事實——張三是學生。陳述數種事實的語句稱為複合語句 (compound sentence)，複合語句

則係陳述兩種事實或兩種以上事實的語句。如「今天天氣冷且刮風」這個語句，這個語句表明兩件事實——今天天氣冷，今天刮風。因此，複合句都是由原子句構成的，複合句都可分解成原子句。因為原子句是構成敘述語句的最基本語句。例如：

   1.張三和李四是學生

   2.張三是窮單身漢

在「張三和李四是學生」的敘述語句裡，我們可以把這個語句分解成為「張三是學生」和「李四是學生」兩個原子語句而意思不變，因為「張三和李四是學生」這一語句是複合句。同理，「張三是窮單身漢」亦可分解為「張三是窮的」及「張三是單身的」及「張三是一個漢」三個原子語句而意思與原來語句沒有兩樣。當然，普通人說話或作文章是沒有這樣笨的，必須把語句說成那麼麻煩；但是將複合語句分解成為原子語句，卻是邏輯學裡的基本工作，初學者應不憚其煩。

有些敘述語句狀似複合語句，其實卻是原子語句。如：

   1. 2 加 2 是 4

   2.張三吃動物餅乾

   3.張三和李四是愛人

   4.張三喝蘋果西打

在這些語句裡，並不如同「張三和李四是學生」的語句一般，依樣可以分解成「2 是 4」和「2 是 4」兩個原子語句；同理，「張三吃動物餅乾」並不等於「張三吃動物」和「張三吃餅乾」；「張三和李四是愛人」不等於「張三是愛人」和「李四是愛人」；「張三喝蘋果西打」也不等於「張三喝蘋果」和「張三喝西打」。之所以如此，乃是因為這些語句都是原子語句，原子語句只陳述一種事實，它不能再予分解。（在「張三和李四是愛人」這個敘述句裡，所表明的是張三與李四二者之間的「關係」，這種關係之探討，也是邏輯學「關

係」(relations) 裡的討論課題，詳後)

有一位學者為文介紹柏拉圖 (Plato) 的哲學觀念，在行文中寫到柏拉圖的共和國 (*Republic*) 一書中的主張時，該學者寫道：柏拉圖主張「財產與妻子共有」。我們現在來分析這句話「財產與妻子共有」是否表達清晰：

根據上述解析，「財產與妻子共有」可作兩解，一作「原子語句」解，一作「複合語句」解。不幸，二者的解釋，在意義上有甚大出入。

1. 作原子語句解：「財產與妻子共有」即表示「與妻子共有財產」，或「財產和妻子一起分」。

2. 作複合語句解：「財產與妻子共有」即表示「財產共有，且妻子也共有」──「共產也共妻」。

當然，依柏拉圖的意思，他的理想國（共和國）是「共產與共妻（當然也共夫）」的世界。如果介紹柏氏思想的人不詳加解釋，而只說「財產與妻子共有」是不能讓讀者充分了解柏氏概念的。與其只說「財產與妻子共有」，不如說：「財產共有，且妻子也共有」來得明確。

讀者倒有必要分析下述柏拉圖對話錄中，Ctesippus 與 Dionysodorus 之一段對話的結論：❷

「你有狗嗎?」

「有，不過很壞。」

「生有小狗嗎?」

「是的，與大狗一般。」

「狗是作爸爸了?」

「是的。」

「狗是你的嗎?」

---

❷　引自 *Dialogues of Plato*, Enthydemus, 298d.

「當然!」

「狗是你的，又是爸爸，那麼牠就是你的爸爸，而你就是狗的兄弟。」

最後幾句的討論，英文句是：

The dog is yours.

The dog is a father.

∴　*The dog is your father.*

（注意：「父親」是個「關係詞」。「張三是你的父親」這個敘述句，可以拆開成為「張三是你的」及「張三是父親」，而意思不變。「這是你的鉛筆」也可以拆開成為「這是你的」及「這是鉛筆」而意思不變。但「張三是你的父親」這一敘述句中的「父親」，乃是因張三與「你」發生關係才享有「父親」的頭銜。「狗是你的」與「狗是父親」中的「狗」卻與「你」不發生「父親」關係，因此不能合組成為「狗是你的父親」）

(三)真假與推論

敘述語句有真有假，但推論則沒有真假可言。敘述語句的真假應根據經驗來判定，如果「張三是學生」這個語句，衡之於經驗，證實張三果真為學生，則「張三是學生」這個語句得真。如果經驗告訴我們張三是位教師，則「張三是學生」這個語句為假。但推論乃是指某種敘述語句——即推論前提 (premises) 語句及推論結論 (conclusion) 語句，二者之間的關係。敘述語句之真假不能影響推論；推論有一定法則，合乎法則則「有效」(valid)，反之則「無效」(invalid)。假的敘述語句亦能產生有效的推論，只要推論合乎法則；而真的敘述語句亦能產生無效的推論，要是推論不合乎法則的話。可知，敘述語句才有「真」有「假」，卻沒有「有效」與「無效」的

問題。推論則產生「有效」與「無效」，而不會有「真」有「假」。不過話雖如此說，當在一種有效的推論中，如推論前提語句為真，則結論語句也「必然」為真；「真」「假」與「有效」「無效」在這種場合裡亦可發生關係（詳看「推論」一節）。並且，一個敘述語句的「真值表」(truth table) 與另一敘述語句的「真值表」如果完全相同，則可以說該兩組語句所陳敘的事實完全相同 (equivalence)。

　　就因為如此，所以雖然邏輯不必插手過問敘述語句之真假，但邏輯學的介紹，仍然以敘述語句的真假變化開始。陳述真假語句的稱為「命題語句」，命題語句所形成的邏輯稱為「命題邏輯」(proposition logic)。因之一般的邏輯入門書籍乃先說明「命題邏輯」。命題係由原子句與複合句組成。複合句又由原子句組成，而複合句又以連結詞 (connectives) 來接連原子語句。重要的連結詞有三，一是「和」，二是「或」，三是「若……則」。下一單元就先介紹「和」。

二、聯言符號 (Conjunction)

　　如果以一個英文大寫字母（如 A、B……）來代替一個原子語句，則複合語句就有兩個或兩個以上的英文大寫字母。複合語句的主要連接詞 (connectives) 就是「和」，英文就是 "and"。邏輯學者使用不同的符號來代替中文的「和」及英文的 "and"，本書採用「&」這個符號。（有些邏輯書用「·」或「∧」等符號）

　　假定「張三是學生」這個原子句以 P 來表示，「李四是學生」這個原子句以 Q 來表示，則在複合語句「張三和李四是學生」裡，就等於「P 和 Q」。如果「和」又用「&」來表示，則「張三和李四是學生」這語句就可以澈底的符號化了，即「P&Q」。一位氣象報告員說："It is raining and windy and cloudy"，若以 R 代表 "It is raining"，W 代表 "It is windy"，C 代表 "It is cloudy"，那麼那組語句的符號化就是「R&W&C」。我們習慣上是以原子語句中最重要的字之第一個字母的大寫來代表該語句。在 "It is raining" 中，"raining" 是主要的字，該字第一個字母是 r，r 的大寫為 R。如果一個複合句裡的原子語句之主要字的第一字母相同，如：He is intelligent and industrious（他聰明又用功），則另取一個英文大寫字母來代表其中的一個原子語句，上述語句就可以譯成「I&N」。代表原子語句的英文字母是任意的 (arbitrary)，但代表連接詞的符號則不變。

　　「&」英文唸作 ampersand，因此「P&Q」就唸成 "P ampersand Q"。

「&」在中文裡除了代表「和」之外，「與，跟，又，兼，但是」等也可以用 & 來表示。英文除了 "and" 之外，他如：but, although, however, yet, on the other hand, as well as 等也使用 & 來表示。「張三雖然窮，但卻功課好。」這句話顯然在陳述著：張三窮「和」張三功課好；因此如以 A 代表「張三窮」這個原子句，以 B 代表「張三功課好」這個原子語句，則上述語句可譯成「A&B」。

不過，語言有時卻相當曖昧，英文的 and，有時是 and then 的意思，下面的例子就非常明顯：

1. Mary became pregnant and got married.（瑪俐懷孕而結婚）

2. Mary got married and became pregnant.（瑪俐結婚而懷孕）

上述兩種語句，都屬「原子句」，而非「複合句」。比如說：

1. 「瑪俐懷孕而結婚」是「原子句」，是「奉子之命而婚」

2. 「瑪俐結婚而懷孕」也是「原子句」，是「婚後生子」

設若 Mary became pregnant 以 P 來表示，Mary got married 以 M 來表示，則 1 的邏輯符號就是「P&M」，2 的邏輯符號則為「M&P」，而「P&M」與「M&P」是相同的（詳後）。但，上述兩組語句所表示的語意卻有顯著的差別。第一句說明 Mary「先」懷孕「後」結婚；第二句則為 Mary「先」結婚「後」懷孕。2 的語句所顯示出來的語意才是傳統所認可的情況，而 1 則否。可見 1 與 2 句中之連接詞 "and" 不可用「&」去翻譯。該兩句的 "and" 是 "and then" 的意思。（then 的語句，詳後）

中文語句也有此種例子，如「張三正在穿襪子和鞋子」。依常情判斷，張三必「先」穿襪子，「然後」才穿鞋子；而不可能「先」穿鞋子，「然後」才穿襪子；或二者同時穿在腳上。

由此我們可以得知：

1. 有些命題中的「和」，是真正的「和」；

2. 有些命題中的「和」，不是真正的「和」；

3.有些命題沒有「和」，但卻有「和」的意思；

4.有些命題沒有「和」，也沒有「和」的意思。

上面四種情況中的第四種，我們當然可以不必理它；但前三種，則必須仔細分析，才不至於誤解原意。

「美國獨立之前設有 Harvard and Yale 學院」，這是二所學院。「美國獨立之前設有 William and Mary 學院」，則只指一所而已。前命題是複合句，後則為原子句。「教育及心理學系」這一語辭，意義不明，是一系或兩系？

敘述事實的原子語句有真有假，當 It is raining 這個原子句證之於事實為真時，則該語句為真，反之為假。因此，一個原子語句的真假變化 (variables) 有兩種：

R	R
T	T
⊥	⊥

而兩個原子語句組成的複合語句，真假變化就有 4 種。「張三和李四是學生」這個語句的真假變化如下：

	A	B	A&B
1.張三是學生，李四是學生…………	T	T	T
2.張三是學生，李四不是學生………	T	⊥	⊥
3.張三不是學生，李四是學生………	⊥	T	⊥
4.張三不是學生，李四不是學生……	⊥	⊥	⊥

定義：A：張三是學生，B：李四是學生，T：真，⊥：假。

在上述語句裡，得真的可能性只有第一種，即張三、李四都是學生的時候，該語句才真；其餘情況都假。這種真假變化的表，稱為「真值表」(truth table)。當兩組符號的真值表之真假情況完全相同時，則兩組符號相同，上述符號 A&B 與 B&A 是相同的。

　　如果複合語句裡有三個原子語句，每一個原子語句又各以一個英文大寫字母代之，則真假變化就有 8 項之多；「張三、李四和王五都是學生」這個語句之真值表如下：

	A B C	A&B&C
1.張三是學生，李四是學生，王五是學生⋯⋯⋯	T T T	T
2.張三是學生，李四是學生，王五不是學生⋯⋯	T T ⊥	⊥
3.張三是學生，李四不是學生，王五是學生⋯⋯	T ⊥ T	⊥
4.張三是學生，李四不是學生，王五不是學生⋯	T ⊥ ⊥	⊥
5.張三不是學生，李四是學生，王五是學生⋯⋯	⊥ T T	⊥
6.張三不是學生，李四是學生，王五不是學生⋯	⊥ T ⊥	⊥
7.張三不是學生，李四不是學生，王五是學生⋯	⊥ ⊥ T	⊥
8.張三不是學生，李四不是學生，王五不是學生	⊥ ⊥ ⊥	⊥

真假變化的數目乃是按照一種規則產生的，即：

$$2^1=2 \text{（一個原子語句符號）}$$
$$2^2=4 \text{（兩個原子語句符號）}$$
$$2^3=8 \text{（三個原子語句符號）}$$
$$2^4=16 \text{（四個原子語句符號）}$$
$$2^5=32 \text{（五個原子語句符號）}$$
$$\vdots$$

　　為避免真假變化之排列重複起見，我們可以採取如下的技巧：首先先確知有多少種變化，如四個原子語句符號，則知真假變化有 16 種 ($2^4=16$)。然後第一排符號先寫一半的 T，一半的 ⊥，即 8 個 T，8 個 ⊥；第二排符號之真假排列就寫第一排符號的一半，但重複兩次，即 4 個 T 4 個 ⊥，再 4 個 T 4 個 ⊥；第三排符號再寫第二排符號的一半，但要重複 4 次，即 2 個 T 2 個 ⊥，2 個 T 2 個 ⊥，2 個 T 2 個 ⊥，再 2 個 T 2 個 ⊥；最後一排符號的真假排列就是一真一假，但重複 8 次。

這樣的真假排列，對於語句內容之分析有很大的幫助。它可以擴展我們的思想領域。否則，只知其一不知其餘。如果以「青年」與「才俊」兩個情況來說明某些現代的人，則根據這兩個情況的真假變化，可看出四種不同的人來。有的人「青年又才俊」，這是提拔從政的良好對象；有的人是青年但不才俊，這種人不是從政的理想人才；有的人是不青年但才俊，這也算是「人才」，所謂「老年才俊」就是其中之一（「不青年」並不見得一定是「老年」），最後一種是不青年也不才俊，這種人之不當於從政，就如同「青年不才俊」一般。

	A　B	A&B
	青年　才俊	青年又才俊
青 年 才 俊	⊤　⊤	⊤
青 年 不 才 俊	⊤　⊥	⊥
不青年但才俊	⊥　⊤	⊥
不青年不才俊	⊥　⊥	⊥

　　在重視「青年才俊」的國度裡，只有第一種「青年又才俊」，即上表之「A&B」，才是上選人才。

　　我們或可再分析「年輕」這一詞。年輕可分為生理方面及心理方面，這樣子又可造成四種真假變化。變化的情形如下：有的人生理年輕，心理也年輕，這種人永遠年輕，那是不可多得的。有的人心理年輕，雖然生理並不年輕，即有些老年人常保有童稚心理。（同理，「不年輕」不一定就是「年老」）有的人心理不年輕，而生理卻年輕（如少年老成之類，或是年紀輕輕，而心卻行將就木之類）。第四種即生理不年輕心理也不年輕的人。讀者諸君可以用這種分類法將自己或他人加以分類，看自己或別人屬於何類。

A 心理年輕	B 生理年輕	A&B
⊤	⊤	⊤
⊤	⊥	⊥
⊥	⊤	⊥
⊥	⊥	⊥

　　他如「老」與「死」也是如此，可以稱為「賊」的只是「老而不死」之類的人。其他三種情形，「老而死」「不老而死」「不老而不死」都不能稱之為「賊」。

　　孔子說過，「己所不欲，勿施於人。」這句話也可以用這種方法來分析。「欲」包括「人欲」與「己欲」。有時是「己欲人也欲」，有時是「己欲，人不欲」，有時則「己不欲但人欲」，最後一種則為「己不欲人也不欲」。在「己不欲人也不欲」的情況中，「勿施於人」就可以成立。不過在「己不欲但人欲」的情況中，則到底「施於人」或「勿施於人」，卻是一項頗值得探討的問題。「張三不喜歡吃臭豆腐，但李四喜歡吃臭豆腐」，張三在這種情況中，是否應該將臭豆腐給李四吃，或者認為「我張三不喜歡吃的，你李四也必定不喜歡吃」，所以「勿施於李四」。這顯然犯了極強烈的「自我中心」色彩。但「己欲人也欲」及「己欲，人不欲」的情況中，到底應該「施於人」或「不施於人」，探討這些問題，倒是一大學問了。不幸，孔子之門人未曾這麼分析過，否則大可向他們的老師請教這些問題。以孔子之聰慧，相信對於這些困擾問題，可以給後人遺留聖訓。不過話說回來，孔子本人之未曾如此分析，大概是要讓他的門人「舉一隅以三隅反」吧！

　　孟子說，他的一樂是「得天下英才而教之」。如果現今的教師也仿照這口吻，那麼讓當前的老師高興的是「教」了「天才學生」。但

我們可以反問，如果「教」的不是「天才學生」，沒有「教」到「天才學生」，以及「天才學生」不在他（她）四周，他（她）也就無從教之，則到底樂不樂？因為普及教育的結果，教師很有可能教了不是天才的學生，在這種情況之下，如果教師不樂，實在不是一位優良的教師。

　　理想的教師應該是經師、人師兼備，也就是說知識的傳授（教），與品德的陶冶（育）二者雙管齊下，二者須兼而有之。經驗告訴我們，有些教師是屬於這一種的；但有些教師則只「教」而不「育」，一些補習班老師就屬於這一種；有些人則只「育」不「教」，大概部份感化院裡的感化人員就屬於這一類。最要不得的是不教也不育，這種人誤人子弟，實在有資格進入第十九層地獄。

　　&的語句，能得 T 的可能性甚低。選擇一位女性伴侶，如果要求的條件有兩種，而又用「&」作連接詞，比如說健康又美麗，則所有小姐當中要符合這個條件的並不多；在真假變化的排列中，只有 1/4 的可能，因為有些小姐不健康但美麗，如林黛玉；有些小姐雖健康但不美麗；還有的小姐是不健康也不美麗，這些例子俯拾即有，指不勝屈。如果你要求的條件有三種或三種以上，而使用的連接詞都是「&」，那麼成功的可能性就更低了；在三種條件之下，成功率為 1/8；在四種條件之下，成功率為 1/16。如以健，美，財（即嫁妝）來作全部條件，則形成 8 種變化。這幾種變化，讀者根據上述之分析，自可作一番排列。然後，在你所知道的女孩子當中各舉一例說明之。這種遊戲也蠻有趣味呢！

　　當然，上面所陳述的例子，在於說明語句之真假分析可以促使我們想到更多的問題；對一個為文寫作的人而言，這種分析也可以提供他許多寫作資料，且這種分析也是「窮盡的」(exhaustive)。因為兩個原子語句在真假情況之下的總變化，就只有 4 種而已。「絕對」沒有第五種。至於「人欲」「己欲」的真假分析變化中，到底吾

人應不應施於人，這個問題以及教不教天才學生是否樂的問題，那是倫理學及其他學科的事，邏輯不干預其他學科的領域。

「經驗」可以判斷命題語句的真假。上述真假之分析，也都可以在經驗界中找出實例來說明。可是邏輯的真假分析結果，有時在經驗界中卻找不出例子。但這種情形也不妨礙邏輯的真假分析。讓我們來看一看下面的例子：

創造	被創造
1. 丅	丅
2. 丅	⊥
3. ⊥	丅
4. ⊥	⊥

1.本身可以「創造」但又「被創造」的事實例子頗多，如人。人是被造的，但人也可造人，其他多數生物也屬於此類。

2.本身可以創造，但卻「不被創造」；這只有「造主」才屬於這一層，造主只會「造」但是不被創造。

3.本身不能創造，但卻「被創造」，這一層全部無生物皆屬之。桌子是被造的，但桌子不能自己生出小桌子。生物中也有這一種例子，即騾。騾是被造的，但牠卻不會生小騾。

4.本身不能創造，也不被創造，這一層在經驗界中找不到對象。

最後，讀者或仍有一層不明白。當我們說 A&B 在真值表裡與 B&A 是相同的，因之我們說 A&B 等於 B&A。而「雖然……但是」是用 & 來符號化的，如 1.「張三雖然用功，但 I.Q. 低」，及 2.「張三雖然 I.Q. 低，但用功」兩組語句應相等，但這不是與說話者說這兩語句的語意有出入嗎？說話者說 1 時是認為張三成功的可能性不大；而說 2 時，卻對他寄予信心，表示他還有一點希望。這在文學用語裡是具有這兩層意義的。不過，那是文學用語才會有如此的差

別；在邏輯語言裡，說 1 和說 2，都只「敘述」張三的兩種「事實」
——即「張三用功」和「張三 I.Q. 低」。我們不要忘了，命題邏輯
只問「事實」語句，而不管語氣 (accent) 所顯示出來的語意——即
兩組語句的強調重點有異，但所陳述的事實則同。

　　最後有一重點要注意，是用「和」時，標點符號之使用，也得
表達「清晰又明辨」這種要求。試看下述三個「命題」：

　1.台灣師大有教育系、社會教育系、數學系、教育及心理學系，

　2.台灣師大有化學系、社會教育系、數學系、教育及心理學系，

　3.台灣師大有化學系、社會教育系、數學系、教育、及心理學
　　系，

　　試問就上述三個「命題」來說，台灣師大有多少學系，尤其是
2 和 3。

習題一

一、　判別下列語句，何者為原子語句，何者為複合語句：

　1.張三坐馬車。

　2.這個傢伙是十三太保。

　3.張三和李四是要好的朋友。

　4. He is a French violinist.（他是一位法國小提琴手）

　5. Three and four are seven.（三加四是七）

　6.張三和李四是音樂的愛好者。

　7.李四品學兼優。

　8.選賢與能。

　9.張三吃綠豆稀飯。

　10.這是壁燈。

　11.本書是英漢字典。

12. 民主與極權絕不妥協。

13. 我要和你拼了。

14. 我愛父母親。

15. 小狗日夜看家。

16. 好文章是文辭並茂的。

17. 阿花能歌善舞。

18. 李四年輕又得意。

19. 他是學官兩棲的。

20. 又要上課，又要考試，真不是味道。

二、用真假變化之分析排列，各舉一例說明下述複合語句之各種情況，以 A、B、C……代表各原子語句：

1. 賢、能。

2. 品、學、體。

3. 麵包、愛情。

4. 鋼琴家、提琴家。

5. 中英文根底。

三、譯：

1. 中國菜色香味俱佳。

　　（A：中國菜色佳，B：中國菜香佳，C：中國菜味佳）

2. 張三、李四、王五三人都考及格。

　　（A：張三考及格，B：李四考及格，C：王五考及格）

四、試舉例說明下述四種情況：

1. 話說得有「理」，且又令人動「情」。

2. 話說得有「理」，但不能令人動「情」。

3. 話說得沒有「理」，但卻令人動「情」。

4. 話說得沒有「理」，也不令人動「情」。

五、試問：

1.「台灣人」

2.「台灣的人」，

二者有何差別。（注意，有不少「台灣的人」，不是「台灣人」，

猶如有許多「美國的人」不是「美國人」一般）

「推論」之前不先把這搞清楚，就「差之毫釐，失之千里」了。

不是嗎？

三、否定符號、選言符號、括號
(Negation, Disjunction, Parenthesis)

㈠否定符號 – (Negation)

當「張三是學生」這個命題以 A 來代替時，則「張三不是學生」就以「–A」來表示。「–」英文唸為 dash，這個符號代表英文的 "not" 或中文的「不」。當「張三是學生」為真時，則「張三不是學生」為假。即 A 為 T 時，–A 為假：

A	–A
T	⊥
⊥	T

一位氣象報告員作如下的氣象報告：「明天下雨和刮風，但不下雪」時，如果我們以 A 代表「明天下雨」，B 代表「明天刮風」，C 代表「明天下雪」這三個命題，則這一複合語句就可翻譯成 A&B&–C。這語句要能真，只有在明天下雨也刮風但不下雪的情況下才成立。用「真值表」來表示，就只有第二種才能得 T：

A B C	A&B&–C
1. T T T	⊥
2. T T ⊥	T
3. T ⊥ T	⊥
4. T ⊥ ⊥	⊥
5. ⊥ T T	⊥
6. ⊥ T ⊥	⊥
7. ⊥ ⊥ T	⊥
8. ⊥ ⊥ ⊥	⊥

　　使用英文的 "not"，有兩種方法，第一種方法，即在 be 動詞後直接寫 not；第二種方法，就是在語句之前寫 It is not the case that...。如 John is a student 的否定語句即為 John is *not* a student，或 *It is not the case that* John is a student。前句如以 A 代表，則後兩句都可用 –A 來表示。這在非「量化」(Quantification) 的語句裡，當然並不困難；可是在量化的語句裡，就有點麻煩。All students are intelligent 之否定句子為 All students are *not* intelligent; *No* student is intelligent 或 *It is not the case that* all students are intelligent。在這三個語句裡，前兩句是全部否定，後一句是部份否定。中文也如此，「所有學生都聰明」之否定語句為「所有學生都不聰明」、「沒有學生聰明」、或「並不是所有學生都聰明」。全部否定的語句與部份否定的語句，意義當然不相同；因此譯成邏輯符號也有差別。這在其後談到「量化符號」(Quantifiers) 時再詳細討論。

㈡選言符號 ∨ (Disjunction)

　　當一名氣象報告員說「明天或下雨或刮風或下雪」時，則這個

命題所用的連接詞為「或」而不是「和」。「或」的邏輯符號為
「∨」。「∨」英文唸為 wedge，是表示 or, either...or..., unless, if not 等
連接詞的。在該語句中，只要「明天下雨，明天刮風，明天下雪」
三個原子語句中的任何一個語句得真，就可以得真。假定 A 代表明
天下雨，B 代表明天刮風，C 代表明天下雪，則「明天下雨，或刮
風，或下雪」的邏輯符號即為 A∨B∨C。A∨B∨C 的真值表如下：

A B C	A∨B∨C
⊤ ⊤ ⊤	⊤
⊤ ⊤ ⊥	⊤
⊤ ⊥ ⊤	⊤
⊤ ⊥ ⊥	⊤
⊥ ⊤ ⊤	⊤
⊥ ⊤ ⊥	⊤
⊥ ⊥ ⊤	⊤
⊥ ⊥ ⊥	⊥

　　「或」在上述語句裡所陳述的，是表明「明天下雨，或明天刮
風，或明天下雪」三者可以併存，甚或同時發生。因此，這種「或」
是「包容的」(inclusive)。以「或」來表明「包容的」的語句頗多。
如：「張三吃菠菜，或馬鈴薯，或牛肉乾」；「李四選理則學，或西洋
哲學史，或老莊哲學」；「王五喜歡聽貝多芬，或巴哈，或蕭邦的作
品」等都是。在第一命題中，張三吃了所列舉的食物之一，或三種
食物之二，或三種都吃，該命題就真；在第二命題中，李四全選了
那三種學科，或只選其中之一或之二，該命題也得真；同理，在第
三個命題語句中，放了三種音樂，王五都會洗耳恭聽，如果只聽到
其中一種或二種，他也會喜歡。這種命題，得 ⊤ 的可能性甚高。
　　但「或」字有時並不這麼簡單，它比「和」更曖昧，因為有些

「或」的命題並非如同前述那麼容易得⊤。當你照顧兩個小孩——小華和小明，而這兩個小孩都說要吃東西時，你問他們兩個：「你們要吃什麼東西?」這兩個小孩或者會要求著：「我要吃餅乾，糖果，乖乖，冰淇淋……」。如果你只買了兩樣——餅乾與糖果，而向小華說：「你可以吃餅乾或糖果」時，而如果這句話的意思是：如小華兩樣都要，你是不會兩樣都給的；當他說：「我選吃餅乾而不選吃糖果」時，你給他餅乾；當他說：「我吃糖果而不選餅乾」，你也給之。當然，小華說：「我兩樣都不要」，你也不會給（小華是不會兩樣都不要的）。如以 A 代表「你可以吃餅乾」，B 代表「你可以吃糖果」，則該命題換成邏輯符號所得的真值表為：

A B	
⊤ ⊤	⊥
⊤ ⊥	⊤
⊥ ⊤	⊤
⊥ ⊥	⊥

上述語句的「或」不是「包容」的，而是「排斥」的 (exclusive)。那麼排斥的「或」之語句如何翻譯成邏輯符號呢?

首先，我們可以將該「排斥的」「或」的語句加以分析，該命題可改寫為:「你可以吃餅乾但不可以吃糖果，或你可以吃糖果但不可以吃餅乾」。在這個長句裡，有「但」、「或」、「但」三個連接詞，上文說過，邏輯語言裡的「但」就等於「和」。但是，該命題是兩個子句構成的，一子句是「你可以吃餅乾但不可以吃糖果」，另一子句即「你可以吃糖果但不可以吃餅乾」。兩個子句的連接詞是「或」，可見主要的連接符號是 ∨，∨ 之前有一子句，∨ 之後也有一子句；∨ 之前的子句譯成邏輯符號即為 A&–B，∨ 之後的語句則可譯為 –A&B。在這裡，A&–B 與 –A&B 兩組符號以 ∨ 連在一起，為了表示意義明

晰起見，∨ 之前後兩組符號都必須使用括號 (parentheses)。因此，「你可以吃餅乾或糖果」之正確邏輯符號，即為 (A&–B)∨(–A&B)。把 (A&–B)∨(–A&B) 用真值表來表示，恰好與上表相同：

A B	(A&–B)∨(–A&B)	或	(A∨B)&–(A&B)
⊤ ⊤	⊥　⊥　⊥		⊤　⊥　⊥
⊤ ⊥	⊤　⊤　⊥		⊤　⊤　⊤
⊥ ⊤	⊥　⊤　⊤		⊤　⊤　⊤
⊥ ⊥	⊥　⊥　⊥		⊥　⊥　⊤
	(左)(中)(右)		(左)(中)(右)

與數學一樣，括號內的符號之真值表應先算。真值表的左邊是 (A&–B) 的結果，右邊是 (–A&B) 的結果，而中間則是 (A&–B)∨(–A&B) 的結果。

孟子言：「魚我所欲也，熊掌亦我所欲也」，這兩句的邏輯符號，就是 A&B（A：我欲魚，B：我欲熊掌）。當「兩者不可得兼」時，則應譯為 (A&–B)∨(–A&B)；而「捨魚而取熊掌」之邏輯符號正是 –A&B。以「或」來表示不可得兼的情況不少，周公瑾臨死時，言：「既生瑜，何生亮」。這句話可以改寫為「生瑜或生亮」，瑜亮不可共存，因此，瑜不與亮共生。「生瑜則不生亮」或「生亮則不生瑜」。以 A 代表生瑜，B 代表生亮，正可以用 (A&–B)∨(–A&B) 來表示。上表的 (A∨B)&–(A&B) 正表示這種意思。

可知，「包容的」「或」之命題語句，彼此並不互相排斥，是可「相容的」(compatible)。但，「排斥的」「或」之命題語句，則彼此互不相容。不相容的語句要注意是否「窮盡了」(exhaustive) 所有的範圍；如否，則不能「非此即彼」。

「愛」「恨」二者不相容，但卻沒有窮盡所有感情。因此，不能作如下推論：「張三不愛李四」就等於「張三恨李四」。同理，如果

「張三不恨李四」就等於「張三愛李四」的話，也同樣犯了推論上的謬誤。（關於推論上的謬誤，本書有一專章討論。）

「贊成」與「反對」二者不相容，但也沒有窮盡所有意見。因此「不贊成」並不等於「反對」；「不反對」也不等於「贊成」。「國民黨員」與「共產黨員」二者也不相容，但，二者也沒有窮盡所有黨員。因此「不是國民黨員」並不等於「是共產黨員」。「同志」與「敵人」二者不相容，但也不窮盡；因此「不是敵人」並不等於「是同志」。（政治上的口號之用意與此不同，政治上要求將「不是敵人」者化為「同志」；但「事實」上，「不是敵人」並不等於「是同志」）「男」與「女」或是相容，或者不相容（視各人人生觀而異），但卻也不窮盡所有性別；因此，「不是男人」，並不等於「是女人」，因為第三性的人也不少。「成績好」與「成績壞」二者不相容，但卻也不窮盡；因此，「成績不壞」並不等於「成績好」。考九十幾分是「成績很好」(very good)，考八十幾分是「成績好」(good)，考七十幾分是「成績不壞」(not bad)，但七十幾分並不是「很好」啊！

有些語句不相容，但窮盡。美國大學對大學教授要求經常發表著作，否則就得滾蛋；"publish or perish"（出版或解聘）成為一句口號。這兩者不相容，卻窮盡了。因此，一位大學教授選擇發表著作，他就不會被解聘，反之亦然。英國的十一歲以上考試 (eleven plus examination) 對決定學童前途之嚴重性，猶如台灣的大學聯考。英國人批評他們的考試措施為 "swim or sink"（或游或沉）；一位考生通過考試，則不會在學海沉底；一位下沉的學生，則不能繼續游水；這兩種語句都是 (A&–B)∨(–A&B) 的性質。樂觀的人抱著一種人生觀，認為「不恨我的人都是愛我的人」，悲觀的人則持一種相反的人生觀，以為「不愛我的人都是恨我的人」，這兩句話都沒有經驗的檢證性，即經不起事實的考驗；因為「不恨」並不等於「愛」，「不愛」也並不等於「恨」。因此，那兩句話只能代表兩種人生觀而已。

　　在不窮盡的語句中，千萬不可作這種「二分法」(dichotomy) 的推論，拿「不窮盡」當「窮盡」則造成推論上的謬誤。「及格」和「不及格」二者不相容，但窮盡了所有分數。因此，「張三沒有考及格」就等於「張三考不及格」，同理「張三沒有考不及格」就等於「張三考及格」。「活」與「死」不相容但窮盡，因之「不活」即「死」，「不死」即「活」，沒有「不死不活」、「要死不活」、「半活半死」的第三種情況。「開關」、「推就」也屬此類。沒有門是又開又關，或半開半關的；半開半關，其實是開的。因此一個門不是開就是關，不是關就是開。同理，半推半就，其實是就，讀者或都有此經驗。

　　上面舉的例子是說明相容不相容，與窮盡不窮盡的兩種變化當中的兩種（即下表中的 3、4 兩種），讀者自可另舉實例說明其他兩種變化：

相容	窮盡
1. ⊤	⊤
2. ⊤	⊥
3. ⊥	⊤
4. ⊥	⊥

讀者明白了這種分析，也可略知研究邏輯也有它「實用」的一面吧！

㈢括號（　）(Parenthesis)

　　當一個命題是「今天下雨和刮風和下雪」時，這個語句表明的語意相當明顯。當一個命題是「今天下雨或刮風或下雪」，這個語句表明的語意也相當清楚。但是在「今天下雨和刮風或下雪」的語句裡，則該語句就「不知所云」了。如果一個氣象報告員作如此的氣

象報告，則會發生歧意；部份人會把它解釋為「今天下雨和刮風，或下雪」，另外的人卻會以為，該句是「今天下雨，和刮風或下雪」，這樣不就變成莫衷一是，不知氣象如何了嗎？此種語意之不明，其原因在於沒有使用標點符號所造成。如果該語句在「下雨」之後，或在「刮風」之後加上一個標點符號，則語意甚為明晰（英文稱它為 well formed formula，簡寫為 wff）。有了標點符號則在翻成邏輯符號時，就得使用括號；釐清語句意義時，命題必須使用標點符號，就如同邏輯符號要使用括號一般的重要。A&B∨C，一看就曉得這不是表明清楚語意的符號，(A&B)∨C 或 A&(B∨C) 才能讓我們真正「會」意。(A&B)∨C 的真值表與 A&(B∨C) 是不相同的，下表可看出它們的差別處：

A B C	(A&B)∨C	A&(B∨C)
⊤ ⊤ ⊤	⊤	⊤
⊤ ⊤ ⊥	⊤	⊤
⊤ ⊥ ⊤	⊤	⊤
⊤ ⊥ ⊥	⊥	⊥
⊥ ⊤ ⊤	⊤	⊥
⊥ ⊤ ⊥	⊥	⊥
⊥ ⊥ ⊤	⊤	⊥
⊥ ⊥ ⊥	⊥	⊥

在八種變化中，兩組語句的第五種及第七種變化就不相同。這從原來語句意義中也可看出。

〔附〕

設若以「/」(bar) 來表示「並非既是……又是……」的符號，則 –(A&B) 就等於 A/B。由 –(A&B)=A/B 的符號，可以使全部 &、∨ 及 – 的符號都改為「/」。如：

1. A&B=–(A/B)

   　　=(A/B)/(A/B)

2. A∨B=–(–A&–B)

   　　=–A/–B

   　　=(A/A)/(B/B) (∵–A=A/A, –B=B/B)

3. (–A&B)∨–C=〔(A/A)&B〕∨(C/C)

   =｛〔(A/A)/B〕/〔(A/A)/B〕｝∨(C/C)

   =(｛〔(A/A)/B〕/〔(A/A)/B〕｝/｛〔(A/A)/B〕/〔(A/A)/B〕｝)

   　/〔(C/C)/(C/C)〕

其實，這類符號計算，也著實太機械 (mechanical) 了。

習題二

一、判別下述命題是否相容，是否窮盡：

1.教學觀摩時，使用啟發教學法，或欣賞教學法，或協同教學法，或編序教學法。

2.今夏張三要到韓國或日本旅行。

3.胖或瘦，高或矮，強或弱。

4.取生或取義。

二、譯下列命題為邏輯符號：

1.不為聖賢，便為禽獸。

2.坐 3 號或 15 號車都可以到師大，但 1 號車則不到師大。

3.張三、李四、王五三人中至少有一人考 100 分。

4.張三、李四、王五三人中至少有二人考 100 分。

5.張三、李四、王五三人中最多有一人考 100 分。

6.既非張三也非李四考試作弊。

7.並非張三和李四都是窮光蛋。

8.本汽車可由張三駕駛，也可以由李四駕駛。

三、計算下列符號，都化成「/」：

    1. (A∨−B)&C

    2. (−A&−B)∨−C

四、討論下列諸問題：

    1.當「教育的主人」是「學生」時，能否說「老師」就是「教育的奴隸」，其故安在？

    2.當「父親是一家的主人」時，能否說「母親是一家的奴隸」？

    3.冰店的牆壁上寫著「紅豆冰」、「綠豆冰」、「花生冰」。請問能否寫成：本店賣紅豆冰「和」綠豆冰「和」花生冰？

    4.本店賣牛肉麵「或」陽春麵「或」肉絲麵，這種敘述合乎事實嗎？

五、決定下述命題是否為 wff：

    1. "It is not the case that Jack will go up the hill and Jill will go up the hill."

    2. "It is not the case that Jack will go up the hill and it is not the case that Jill will go up the hill."

    3. "It is not the case both that Jack will go up the hill and Jill will go up the hill."

六、要注意：大學註冊時，如校方的通知書上言：「學生必須繳交 1.學費，2.學生證，3.健康證明，4.成績單」。試問，上述「命題」如寫成一完整語句，「連接詞」(connectives) 是用「和」或「或」，差別是「霄壤」的。替冰店老板「白紙寫黑字」，或甚至替他打官司，是為了下述兩「命題」：

    1.本店賣紅豆冰「或」愛玉冰「或」仙草冰

    2.本店賣紅豆冰「和」愛玉冰「和」仙草冰

那種「命題」最為有利？

四、條件語句符號 (Conditional)

　　「假如牛頓是物理學家，那麼牛頓就是科學家」在這個命題中，「假如……那麼」是非常重要的連接詞，英文用 "if...then" 二字。這種連接詞以「→」來表示。「→」英文唸為 "arrow"，因為那是一種「箭頭」；有些邏輯書用「⊃」表示。設若「牛頓是物理學家」以 P (physicist) 表示，「牛頓是科學家」以 S (scientist) 表示，則上述語句之邏輯符號即為 P→S。箭頭之前的一個命題或一組命題稱為「前項」(antecedent)，箭頭之後的一個命題或一組命題稱為「後項」(consequent)。

　　P→S 符號的真值表如下：

	P S	P→S
1.	T T	T
2.	T ⊥	⊥
3.	⊥ T	T
4.	⊥ ⊥	T

1. 牛頓是物理學家 (P 得 T)，牛頓是科學家 (S 得 T)，則「假如牛頓是物理學家，則牛頓是科學家」這語句，即 P→S 得 T。

2. 牛頓是物理學家 (P 得 T)，牛頓不是科學家 (S 得 ⊥)，則 P→S 得 ⊥。在「→」的語句裡，不可能前項得 T，而後項得 ⊥。

3.牛頓不是物理學家（P 得 ⊥），牛頓是科學家（S 得 T），則 P→S 得 T。

4.牛頓不是物理學家（P 得 ⊥），牛頓不是科學家（S 得 ⊥），則 P→S 得 T。

這種真值表頗讓初學者困惑。雖然，西洋哲學家在極早的時候，就已發現在「→」的語句裡，只有前項得 T，後項得 ⊥，才會得 ⊥，其餘諸項都得 T；但初學者對於這種說法仍然不易了解。讀者務請注意，在「假如……則」的語句裡，只有一種情況，該語句才會得假，即前項真而後項假。現在讓我們舉下述兩例說明之：

1. 「假如今天下雨，則我們不去郊遊」，在這個語句裡，只有「今天下雨，我們去郊遊」才得假，其餘皆真。

⑴「今天下雨，我們不去郊遊」的語句裡，兩個原子語句都真，結果當然真。

⑵「今天下雨，我們去郊遊」的語句裡，前項得 T，後項得 ⊥，結果當然 ⊥，這是人人都可以了解的。

⑶「今天不下雨，我們不去郊遊」的語句裡，前項得 ⊥，後項為 T，則結果為 T。因為命題語句中，只說「假如今天下雨，我們不去郊遊」，該語句並不限定「假如今天『不』下雨」的情況如何。

⑷「今天不下雨，我們去郊遊」的語句裡，前後項都得 ⊥，則結果為 T。因為今天不下雨，我們可以去郊遊，也可以不去郊遊，因此得 T。

2.下面的例子或者更容易了解：

以 A 當作：考試題目正確，B 當作：作答正確，則 A→B 之變化如下：

⑴考試題目正確，作答也正確，即 ATBT，則給分。A→B 為 T；

(2)考試題目正確，作答不正確，即 A⊤B⊥，則不給分。A→B
為 ⊥；

(3)考試題目不正確，作答正確，即 A⊥B⊤，則給分。A→B
為 ⊤；

(4)考試題目不正確，作答也不正確，即 A⊥B⊥，則給分。A→B
為 ⊤。

A B	A→B
1. ⊤ ⊤	⊤
2. ⊤ ⊥	⊥
3. ⊥ ⊤	⊤
4. ⊥ ⊥	⊤

可知「→」的符號，前項如為 ⊥，則不管後項如何，整個符號
都可以得真 (⊤)；同理，後項如得 ⊤，則不管前項是真是假，結果也
都得真 (⊤)。因此，如果拿必然為假的語句當前項，則由此而形成
之「→」符號語句一定都得 ⊤。「假如太陽從西邊升上來，則張三就
當皇帝」，「假如牛頓是中國人，則中國人早登月球」，這兩個語句都
可以得真的結果。前者是科學上的不可能，（其實，太陽是不會
「升」上來的）後一句為歷史上的不可能。談情說愛的男女經常喜
歡說：「縱使海會枯，石會爛，我的愛情也永不改變。」這句話，從
邏輯的立場來看，也是真的。

在這裡，箭頭符號之前項與後項還構成三種關係：

1. 前項是後項的「必要條件」(necessary condition)；

2. 前項是後項的充分條件 (sufficient condition)；

3. 前項為後項之充分必要條件 (necessary and sufficient
condition)。

(一)必要條件

必要條件之定義就是「有之不必然，無之必不然」。換句話說，如果 A 為前項，B 為後項，則有 A 不一定有 B，但無 A 則一定無 B。在這種情況之下，A 就是 B 的必要條件。當 A 為 B 的必要條件時，則應寫成 $-A \to -B$，這個符號是從 $[A \to (B \lor -B)] \& (-A \to -B)$ 變來的，因為它恰好是「有 A 不一定有 B，但無 A 則無 B」的正確翻譯。至於 $[A \to (B \lor -B)] \& (-A \to -B)$ 為什麼會等於 $-A \to -B$，則留待下節敘述。（利用真值表也可以算出來）

必要條件的語句頗多，「出國」是「到美國」的必要條件。因為假如出了國，則不一定到美國去，有時去，有時不去；但假如沒有出國，則一定沒有到美國。「是學生」是「是師大學生」的必要條件。因為假如是學生，則不一定是師大學生，台大學生也是學生；但假如不是學生，則一定不會是師大學生。「買公益彩券」是「中獎」的必要條件，（這裡的中獎指中公益彩券之獎，不指別獎）因為，假如買了公益彩券，則不一定中獎；但假如不買，則一定不會中獎——有之不必然，無之必不然。

(二)充分條件

充分條件之定義為「有之必然，無之不必然」。換句話說，如果 A 為前項，B 為後項，則有 A 定有 B，但無 A 則不一定有 B（或無 B）。在這種情況之下，A 為 B 之充分條件。當 A 為 B 之充分條件時，則應寫成 $A \to B$，這個符號是從 $(A \to B) \& [-A \to (B \lor -B)]$ 變來的，因為它恰好是「有 A 一定有 B，但無 A 則不一定有 B（或無 B）」的正確翻譯。至於 $(A \to B) \& [-A \to (B \lor -B)]$ 為什麼等於 $A \to B$，

則也留待下節敘述。

　　如果甲是乙的必要條件，則乙就變成甲的充分條件。上述必要條件的例子可以拿來解釋這種情況。當「出國」是「到美國」的必要條件時，則「到美國」是「出國」的充分條件。只要是到美國，就算出國了；因為到美國，一定是出國；但沒到美國，則出國或不出國是不一定的。「是學生」是「是師大學生」的必要條件，「是師大學生」就變成「是學生」的充分條件。因為「是師大學生」一定「是學生」；「不是師大學生」，則不一定「是學生」。同理，「中公益彩券」是「買公益彩券」的充分條件，中了獎一定是買了獎券；不中獎，則有時是買了不中獎，有時則根本沒買獎券。斷頭是死的充分條件，只要頭斷了，一定是死了，因為斷頭就「足夠」(sufficient) 致死。

(三)充分必要條件

　　將上述兩種條件合併，即成為充分必要條件（簡稱充要條件）；如 AB 為前後項，則充要條件的邏輯符號為 (A→B)&(−A→−B)。充要條件之定義為：「有之必然，無之必不然」；即有 A 一定有 B，並且無 A 則一定無 B。可知，A 永遠與 B 相呼應，這時，A 就等於 B。

　　上述三種條件所譯成的邏輯符號之真值表如下：

A B	−A→−B （必要條件）	A→B （充分條件）	(A→B)&(−A→−B) （充要條件）
⊤ ⊤	⊤	⊤	⊤
⊤ ⊥	⊤	⊥	⊥
⊥ ⊤	⊥	⊤	⊥
⊥ ⊥	⊤	⊤	⊤

　　有些邏輯學家（如 Jefferey）就用 ↔（雙箭頭）(double arrow)
來表示充要條件語句。充要條件的前後項「相等」。因此，A≡B。它
與 (A→B)&(–A→–B) 的真值表相等：

A　B	A≡B	(A→B)&(–A→–B)
⊤　⊤	⊤	⊤
⊤　⊥	⊥	⊥
⊥　⊤	⊥	⊥
⊥　⊥	⊤	⊤

　　孫中山 ≡ 孫文 ≡ 孫逸仙 ≡ 中華民國國父 ≡ 中國國民黨總理 ≡
孫科之父 ≡「三民主義」的作者。

　　「定義」的被定義端與定義端應該構成充要條件。如「邏輯學
是研究必然有效的推論法則之學科」，這句話就等於「假如是邏輯，
則是研究必然有效的推論法則之學科；假如不是邏輯，則不是研究
必然有效的推論法則之學科」。不過有些定義很難達到這個要求。

　　充分條件的語句形式，在英文是 "if...then"，在中文是「若……
則」；必要條件的語句形式，在英文是 "only if...then"，在中文是「只
有（唯若）……」；充要條件的語句形式，在英文是 "if and only
if..."，在中文是「若且唯若……」或「是且只是……」。

　　前項與後項，除了有上述幾種關係：即㈠有前項則不一定有後
項，但無前項則一定無後項（必要條件）；㈡有前項則一定有後項，
但無前項則不一定無後項（充分條件）；及㈢有前項則一定有後項，
並且無前項則一定無後項（充分必要條件）之外，依邏輯解析，還
應該有數種情況存在。其中一種情況即：有前項則不一定有後項，
並且無前項則不一定無後項。套用墨經上的話，就是「有之不必然，
無之不必然」。假定我們用 A 代表前項，B 代表後項，則上述命題
的邏輯符號為：

$$[A→(B∨–B)]\&[–A→(B∨–B)]$$

在上述的邏輯符號裡，「&」之前後的兩組符號都是多餘的（見下節），多餘的符號應該去除。因之上述符號或上述的情況可以去除。這種情況之應該去除，因為前項與後項之間構成不了關係。因為在「有 A 則不一定有 B，並且無 A 也不一定無 B」的情況中，A 與 B 可以說風馬牛不相及。寫成符號是兩組多餘的符號，也就是說，敘述了兩句「廢話」。「廢話」＋「廢話」，仍然等於「廢話」。既是「廢話」，因之乾脆去除。

　　此外，中文的「即令」，或「縱使」，英文的 "even" 等詞所造成的語句，在翻譯成邏輯符號時，也要特別小心。如：

「縱使你送禮，你也不及格」

這句話的意思是：你送禮，你不及格；你不送禮，你也不及格。送禮或不送禮，並不影響及格不及格。在此種情況之下，「你不及格」已經定了。設若以 A 代表「你送禮」，以 B 代表「你不及格」，則該語句的符號化是：

$$(A∨–A)→B$$

這種符號即等於 B（你不及格）。又如：「如果你口渴，則茶壺裡有茶」，這個語句的「你口渴」與「茶壺裡有茶」也是不生關係的；因為「你口渴」，「則茶壺裡有茶」；但「你不口渴」，「茶壺裡照樣有茶」。（譯成邏輯符號就是 $(A∨–A)→B$，A 代表「你口渴」，B 代表「茶壺裡有茶」）

　　在條件語句裡，「只有」這個詞有必要特別予以說明：

　　「只有品學兼優並且家境清寒者，得獎學金」，在這個語句裡，「只有」是個很重要的詞。假定我們作如下的符號定義，A：品優者，B：學優者，C：家境清寒者，D：得獎學金者。則上述語句之符號翻譯，應該是 $D→(A\&B\&C)$ 或是 $–(A\&B\&C)→–D$。也就是說，凡是得獎學金者，必然是品學兼優且家境清寒者。上述語句不能作

如下翻譯: (A&B&C)→D，這個符號是說，凡品學兼優並且家境清寒者，必然都得獎學金；這種譯法是與原意有出入的。因之，讀者應注意「只有」這個詞的正確意義及其符號翻譯法。

依「有之必然」，「有之不必然」，及「有之必不然」之符號化分別為：

A→B， A→(B∨-B)， A→-B，

及「無之必然」，「無之不必然」，及「無之必不然」之符號化分別為：

-B→B， -A→(B∨-B)， -A→B，

兩組排列組合，則應有 9 種變化，但為何「條件句」只有三種? 試看下述「解析」。

「9」種變化如下：

1.有之必然，無之必然: (A→B)&(-A→B)，結果是 (A∨-A)→B，表示 A 與 B 無關，此句是「必然」，只是 B 而已。

2.有之必然，無之不必然: (A→B)&〔-A→(B∨-B)〕，此符號也等於 A→B，表示: A 是 B 的「充分條件」。

3.有之必然，無之必不然: (A→B)&(-A→-B)，那不就是 A↔B 嗎，A 是 B 的充分條件兼必要條件。

不必再列舉其他 6 種了，讀者該有能力說明吧!

「有之不必然」與「無之不必然」，皆可刪除。

習題三

一、譯下列語句為邏輯符號: (P: Newton was a physicist, S: Newton was a scientist)

  1. Newton was a scientist if he was a physicist.

  2. Newton was not a physicist if he was not a scientist.

3. Newton was not a physicist unless he was a scientist.（注意，
unless 等於 if not）

4.如果你愛我，我就愛你；如果你不愛我，我也就不愛你。

　（A：你愛我，B：我愛你）

5.即令阿花不愛阿土，阿土也要娶阿花。

二、想想看，下列各對語詞彼此構成什麼條件：

　1.有錢與捐款

　2.顏色與白色

　3.女人與人

　4.看邏輯書與看書

　5.當小學老師與當老師

　6.孫中山與孫逸仙

　7.蘇東坡與蘇軾

　8.下雨與地濕

　9.美國第一位總統與華盛頓

　10.閃電與打雷

　11.教育愛與理想教師

　12.人亡政息與人存政舉

　13.好筆與寫好字

　14.夫妻吵架與離婚

　15.物稀與物貴

　16.窮盡的解析與邏輯解析

　17.母雞與生雞蛋

　18. 2+6=8

　19.結婚與生子

　20. 5+7=7+5

三、討論下列問題：

1. 有心理分析家（如 Bowlby）認為，兒童時期親子之間建立愛的關係，乃是塑造一個人其後健全人格的「必要條件」。你認為這種主張有沒有商榷餘地？

2. 師範教育的良窳為一切教育優劣的「必要條件」，其理由何在？

四、翻譯：

1. 用「A：張三要參加，B：李四要參加，C：王五要參加，D：小明要參加」來譯下列語句：

①張三要參加，李四不參加。

②張三和李四參加，或王五要參加。

③王五不參加，或小明或張三參加。

④張三和李四參加，或王五不參加小明也不參加。

⑤並非張三和王五參加，或李四不參加。

2. 下週二或下週三要作第一次考試。（A：下週二作第一次考試，B：下週三作第一次考試）

3. 只有不用功，腦力又差者才考不及格。（A：不用功者，B：腦力差者，C：考不及格者）

五、判斷下列符號之真假：（設 A、B、C 皆 T；D、E、F 皆 ⊥）

1. A→−(C&D)

2. (D∨−B)↔(C&−D)

3. −〔(A&B)∨−B〕

4. A∨〔(B&D)→(C→E)〕

5. 〔D→−(A&−B)〕→〔−C→(E∨−F)〕

6. −〔A→(B∨−C)〕→〔−F→−(C∨D)〕

7. (A∨D)→E

8. A↔(C∨B)

9. B→(A→C)

10. −〔(A&−B)→(C&−D)〕

11. 〔(A&B)∨C〕∨〔(A&C)∨(A&D)〕

12. A→〔(B→C)→(D→E)〕

13. 〔(−A&−B)→C〕∨(A→B)

14. 〔(A→−B)∨(C&−D)〕↔〔−(A→D)∨(−C∨E)〕

15. 〔(E∨−D)&−A〕→〔(−A&−B)&(C&D)&E〕

16. 〔A→(−A∨A)〕&−〔(−A&A)→(A&A)〕

17. −〔(−A∨B)→C〕

18. (A&C)&(D∨B)

19. (D∨−B)→(C&−D)

20. 〔(E∨−D)&−A〕→(−A&−B&C&D&E)

21. 〔(A→−B)∨(C&−D)〕↔〔(−A→D)∨(−C∨E)〕

22. 〔(−A&−B)→C〕∨(A→B)

23. (A&B&C)∨〔(A&C)∨(A&D)〕

24. (A∨B)→(C↔D)

25. (A∨B)→−C

六、依據括號內的定義，譯各語句為邏輯符號：

1. 我愛父母親。（A：我愛父親；B：我愛母親）

2. 假如 A 和 B 一起去，C 就不去。（A：A 去；B：B 去；C：C 去）

3. 女人與小孩不用當兵。（A：女人要當兵；B：小孩要當兵）

4. 並不是女人與小孩都不用當兵。（A：女人要當兵；B：小孩要當兵）

5. A、B、C 三人中，恰好只有一個人及格。（A：A 及格；B：B 及格；C：C 及格）

6. A、B、C 三人中，恰好只有二人及格。（A：A 及格；B：B 及格；C：C 及格）

7. 並不是 A 和 B 都不及格。（A：A 及格；B：B 及格）

8. A 和 B 都不及格。（A：A 及格；B：B 及格）

9. 女子與小人難養也。（A：女子難養；B：小人難養）

10. 唯女子與小人難養。（A：女子；B：小人；C：難養）

11. 師大球隊擊敗台大球隊或擊敗政大球隊。（A：師大球隊擊敗台大球隊；B：師大球隊擊敗政大球隊）

12. 錦上添花抑或雪中送炭。（A：錦上添花；B：雪中送炭）

13. It is raining, and either snowing or blowing. (A: It is raining. B: It is snowing. C: It is blowing.)

14. It is raining but not snowing.

15. It is neither raining nor snowing.

16. It is both raining and snowing, or neither raining nor snowing.

17. Either it is raining, or it is snowing but not raining.

18. It is not the case that either it is raining and snowing or blowing.

七、填充：

1. 不在其位，不謀其政；則在位與謀政構成 _____ 條件。

2. 不學禮，無以立；則「學禮」乃是「立」的 _____ 條件。

3. 有德者必有言，有言者不必有德；則「德」是「言」的 _____ 條件。

4. 不打不成器，則「打」是「成器」的 _____ 條件。

5. 物稀是物貴的 _____ 條件。

6. 努力是成功的 _____ 條件。

五、相等式 (Equivalence)

前節曾述及 A 若為 B 之充分必要條件，則 A≡B。並且 A 如果為 B 之必要條件，則 B 為 A 之充分條件，反之亦然。因為 A≡B 是與 (A→B)&(−A→−B) 相同的，而 −A→−B（A 為 B 之必要條件）也與 B→A（B 為 A 之充分條件）相同。這可以由真值表中看出來：

A B	−A→−B	B→A
⊤ ⊤	⊤	⊤
⊤ ⊥	⊤	⊤
⊥ ⊤	⊥	⊥
⊥ ⊥	⊤	⊤

真值表的用處之一，即可以決定此語句是否與彼語句相同。如果兩組語句的符號之真值表完全相同，則兩組符號相同。必要條件之符號為 〔A→(B∨−B)〕&(−A→−B)，這組符號與 −A→−B 相同；充分條件之符號為 (A→B)&〔−A→(B∨−B)〕，這組符號也與 A→B 相同，因為：

A B	〔A→(B∨−B)〕&(−A→−B)	−A→−B	(A→B)&〔−A→(B∨−B)〕	A→B
⊤ ⊤	⊤	⊤	⊤	⊤
⊤ ⊥	⊤	⊤	⊥	⊥
⊥ ⊤	⊥	⊥	⊤	⊤
⊥ ⊥	⊤	⊤	⊤	⊤

　　利用真值表以判別符號語句之相同或相異，可以形成下述幾個「法則」：

　　1.雙重否定法則 (Double Negation)

　　　－－A＝A

　　2.變換法則 (Commutation)

　　　P∨Q＝Q∨P

　　　P&Q＝Q&P

　　3.笛摩根法則 (DeMorgan's Theorem)

　　　－(A&B)＝－A∨－B

　　　－(A∨B)＝－A&－B

　　兩組或兩組以上符號相等，這叫作「邏輯的相等」(logical equivalence)。在相等式符號的運算中，笛摩根法則是非常重要的法則。

　　將要沉水而不想自盡的人急喊：「救命呀！救命呀！救命呀！」設若以 A 代表「救命呀！」，則該語句可譯為：A&A&A。喊救命的人之喊好幾次救命，其實只告訴我們一項事實，即他（她）要人去「救命」。因此，該語句只是一個 A 而已，其他兩個 A 都是多餘的 (redundant)。因此 A&A&A＝A。其實該語句也可譯為 A∨A∨A。但同理，A∨A∨A 仍然等於 A，這從真值表中就可看出。某甲恨某乙入骨，大罵：「混蛋！混蛋！混蛋！」在這裡，除了第一個「混蛋」之外，其餘之「混蛋」都只在發洩怒氣（怒氣是一種情感作用）。因此，該語句在邏輯上，只有一個「混蛋」就足夠。設若以 P 代表「混蛋！」，則 P&P&P＝P，或 P∨P∨P＝P。

　　下述例子亦同，

　　　A&B&B&B＝A&B

　　　A∨A∨B∨B∨B＝A∨B

　　此即為 4.多餘律 (Law of Redundance)。

5.吸入律 (Law of Absorption)

$A\lor(-A\&B)=A\lor B$

$-A\lor(A\&B)=-A\lor B$

$A\&(-A\lor B)=A\&B$

$-A\&(A\lor B)=-A\&B$

由此可以得知 $(A\&B\&-C\&D)\lor-B\lor C=(A\&D)\lor-B\lor C$

但　⑴ $A\lor(A\&B)$ 並不等於 $A\lor B$，而是等於 A。

　　⑵ $-A\lor(-A\&B)$ 也不等於 $-A\lor B$，而是等於 $-A$。

在上述兩組符號中，A 得 T 時，$A\lor(A\&B)$ 也得 T；A 得 ⊥ 時，$A\lor(A\&B)$ 也得 ⊥。 $-A$ 得 T 時，$-A\lor(-A\&B)$ 也得 T； $-A$ 得 ⊥ 時，$-A\lor(-A\&B)$ 也得 ⊥。

6.擴充律 (Law of Expansion)

$A=(A\&B)\lor(A\&-B)$

$A\&(B\lor C)=(A\&B)\lor(A\&C)$

$A\lor(B\&C)=(A\lor B)\&(A\lor C)$

7.聯合律 (Commutative Law)

$(A\&B)\lor(C\&D)$

$=(A\lor C)\&(B\lor C)\&(A\lor D)\&(B\lor D)$

$(A\lor B)\&(C\lor D)$

$=(A\&C)\lor(B\&C)\lor(A\&D)\lor(B\&D)$

充分條件，必要條件，及充要條件的語句都可化為 $\lor$ 及 &：

$A\to B=-A\lor B$

$-A\to-B=A\lor-B$

$(A\to B)\&(-A\to-B)=(-A\lor B)\&(A\lor-B)$

$-(P\to Q)=-(-P\lor Q)=--P\&-Q=P\&-Q$

當一組符號恆得 T，而該組符號與其他符號以 & 連在一起，則得 T 的符號可以去除；同理，當一組符號恆得 ⊥，而該組符號與其

他符號以 ∨ 連在一起，則得 ⊥ 的符號也可以去除。如：

A&(B∨−B)=A

A∨(B&−B)=A

在這裡，B∨−B 都得 Ｔ，B&−B 都得 ⊥。

當一組符號得 Ｔ，而該組符號與其他符號以 ∨ 連在一起，則全組符號的結果都得 Ｔ；同理，當一組符號得 ⊥，而該組符號又與其他符號以 & 連在一起，則全部語句的結果都得 ⊥。如：

A∨(B∨−B)=Ｔ

A&(B&−B)=⊥

A 與 B 兩個符號可以產生四種真假變化，其中 A&B 的符號中，得 Ｔ 的機會是 1/4，得 ⊥ 是 3/4；A∨B 則相反，得 Ｔ 之可能性為 3/4，則 ⊥ 為 1/4；A→B，亦即 −A∨B 得 Ｔ 的可能性也是 3/4，得 ⊥ 為 1/4；但 −A∨B 所得的 Ｔ 與 A∨B 所得之 Ｔ，條件不同。依此類推，A 與 B 之真值表可以產生 16 種變化，這 16 種變化可歸類為三種：第一種是全部得 Ｔ，第二種為全部得 ⊥，第三種為部份得 Ｔ 部份得 ⊥。（這三種情況下節將述及）第三種情況可分為三個 Ｔ 一個 ⊥，兩個 Ｔ 兩個 ⊥，及一個 Ｔ 三個 ⊥ 三種。

下表可知這 16 種變化情形：

	A	B																
(1)	Ｔ	Ｔ	Ｔ	Ｔ	Ｔ	Ｔ	Ｔ	Ｔ	Ｔ	Ｔ	⊥	⊥	⊥	⊥	⊥	⊥	⊥	⊥
(2)	Ｔ	⊥	Ｔ	Ｔ	Ｔ	Ｔ	⊥	⊥	⊥	⊥	Ｔ	Ｔ	Ｔ	Ｔ	⊥	⊥	⊥	⊥
(3)	⊥	Ｔ	Ｔ	Ｔ	⊥	⊥	Ｔ	Ｔ	⊥	⊥	Ｔ	Ｔ	⊥	⊥	Ｔ	Ｔ	⊥	⊥
(4)	⊥	⊥	Ｔ	⊥	Ｔ	⊥	Ｔ	⊥	Ｔ	⊥	Ｔ	⊥	Ｔ	⊥	Ｔ	⊥	Ｔ	⊥
			1	2	3	4	5	6	7	8	9	10	11	12	13	14	15	16

在直行的 1 中，全部得 Ｔ。全部得 Ｔ 的 AB 符號是 ⑴ AB 皆得 Ｔ，⑵ AＴB⊥，⑶ A⊥BＴ，與 ⑷ A⊥B⊥，四者之間用 ∨ 符號連在一

塊，即 (A&B)∨(A&–B)∨(–A&B)∨(–A&–B)。

根據上述邏輯相等之法則，可以將上式化解如下：

(A&B)∨(A&–B)∨(–A&B)∨(–A&–B)

=〔(A&B)∨(A&–B)〕∨〔(–A&B)∨(–A&–B)〕

=〔(A∨A)&(A∨–B)&(B∨A)&(B∨–B)〕

　∨〔(–A∨–A)&(–A∨–B)&(B∨–A)&(B∨–B)〕（擴充律）

=〔A&(A∨–B)&(B∨A)&(B∨–B)〕

　∨〔–A&(–A∨–B)&(B∨–A)&(B∨–B)〕（多餘律）

=〔A&(A∨–B)&(B∨A)〕

　∨〔–A&(–A∨–B)&(B∨–A)〕（多餘律）

=〔A&(B∨A)〕∨〔–A&(B∨–A)〕（吸入律）

=A∨–A（吸入律）

所以，1 之符號就是 A∨–A。在 A∨–A 的符號中，都得 T。

2 的情況是前三項得 T，後一項得 ⊥。讀者如不健忘，就可知這是 A∨B 的符號。但我們也可以根據上表算出前三項得 T 後一項得 ⊥ 會成為 A∨B 的結果來。

2 的表示法有兩種，甲：純粹算得 T 的變化；乙：算得 ⊥ 的變化。算甲就不必計及得 ⊥ 的變化，算乙就不必計及得 T 的變化。

甲、算得 T 的變化

(A&B)∨(A&–B)∨(–A&B)

=〔(A&B)∨(A&–B)〕∨(–A&B)

=〔(A∨A)&(A∨–B)&(B∨A)&(B∨–B)〕∨(–A&B)

=〔A&(A∨–B)&(B∨A)〕∨(–A&B)

=A∨(–A&B)

=A∨B

乙、算得 ⊥ 的變化，2 式之 ⊥ 只有一個，就是⑷的情況。

⑷的真假是 A 得 ⊥ B 也得 ⊥。

$$-(-A\&-B)$$

$$=--A\vee--B$$

$$=A\vee B$$

因此，2 的符號為 $A\vee B$。並且也由此可知 $(A\&B)\vee(A\&-B)\vee(-A$ $\&B)=-(-A\&-B)$。

3 的符號是(1)(2)(4)得 $\top$，(3)得 $\bot$，因此表示法也有兩種。

甲、算得 $\top$ 的變化

$$(A\&B)\vee(A\&-B)\vee(-A\&-B)$$

$$=[A\&(A\vee-B)\&(B\vee A)]\vee(-A\&-B)$$

$$=A\vee(-A\&-B)$$

$$=A\vee-B$$

乙、算得 $\bot$ 的變化

$$-(-A\&B)$$

$$=--A\vee-B$$

$$=A\vee-B$$

因此，3 的符號為 $A\vee-B$。

4 的符號是(1)(2)得 $\top$，(3)(4)得 $\bot$，因此，4 的符號也可以用兩種方法求得。

甲、算得 $\top$ 的變化

$$(A\&B)\vee(A\&-B)$$

$$=A\&(A\vee-B)\&(B\vee A)$$

$$=A$$

乙、算得 $\bot$ 的變化

$$-[(-A\&B)\vee(-A\&-B)]$$

$$=-[(-A\vee-A)\&(-A\vee-B)\&(B\vee-A)\&(B\vee-B)]$$

$$=-[-A\&(-A\vee-B)\&(B\vee-A)]$$

$$=-[-A\&(B\vee-A)]$$

$$=-〔-A〕$$

$$=A$$

因此，4 的符號為 A。4 的真假變化是 ⊤⊤⊥⊥，而 A 的真假變化也恰好是 ⊤⊤⊥⊥。可知，4 的符號就是 A。

其餘可類推。茲舉最後一種，即第 16 種的符號運算如下：第十六種全部都得 ⊥，因此，只有從 ⊥ 中計算之。

$$-〔(A\&B)\lor(A\&-B)\lor(-A\&B)\lor(-A\&-B)〕$$

這是相當簡單的，因為這種表示法，只不過是 1 的相反而已。1 的符號既已算出為 A∨−A，則 −(A∨−A) 就可算出第 16 種的符號。

$$-(A\lor-A)$$

$$=-A\&--A$$

$$=-A\&A$$

$$=A\&-A$$

有些讀者或者會奇怪，在上述的 AB 真假的十六種變化表中，直行第一行，也就是說全部得 ⊤ 的那一行，為什麼要以 (A&B)∨(A&−B)∨(−A&B)∨(−A&−B) 來表示，而不以 (A∨B)&(A∨−B)&(−A∨B)&(−A∨−B) 來表示。解釋這層問題，我們可以說，前者的符號才會使得變化的結果都得 ⊤，而後者不能。前者的符號結果是 A∨−A，而後者是不可能如此的，這從下表中就可看出：

A	B	(A&B)	∨(A&−B)	∨(−A&B)	∨(−A&−B)	
⊤	⊤	⊤	⊥	⊥	⊥	⊤
⊤	⊥	⊥	⊤	⊥	⊥	⊤
⊥	⊤	⊥	⊥	⊤	⊥	⊤
⊥	⊥	⊥	⊥	⊥	⊤	⊤

因為四組符號都以 ∨ 連在一起，每組都有一個 ⊤，因此都得 ⊤。

A B	(A∨B)&(A∨−B)&(−A∨B)&(−A∨−B)
⊤ ⊤	⊤　　⊤　　　⊤　　　⊥　　⊥
⊤ ⊥	⊤　　⊤　　　⊥　　　⊤　　⊥
⊥ ⊤	⊤　　⊥　　　⊤　　　⊤　　⊥
⊥ ⊥	⊥　　⊤　　　⊤　　　⊤　　⊥

因為四組符號都以 & 連在一起，每組都有一個 ⊥，因此，都得 ⊥。

「女子與小人難養也」這個命題語句，如以 A 代表女子，B 代表小人，C 代表難養，則此語句可譯成下述兩種邏輯符號：

1. $(A∨B)→C$

2. $(A→C)\&(B→C)$

此處，要特別提醒讀者的，在「女子與小人難養也」這語句裡的「與」是一種翻譯上的陷阱；正確翻譯該語句，千萬不可把「與」譯為 &，而應譯為 ∨。因為依據該語意，「女子與小人難養也」這句話是說，如果一個人是女子兼小人，即女小人，則難養；如果一個人是女子，但非小人，則也難養；如果一個人非女子但卻是小人，則也難養。因此，在女子與小人之中，難養的情況有三種，所以，正確的翻譯應譯為 $(A∨B)→C$；假定譯為 $(A\&B)→C$，則表示只有一種情況，即女子兼小人時，才難養，這是與原意有出入的。此外，$(A→C)\&(B→C)$ 表明「女子則難養」，即 $(A→C)$，「並且」，「小人則難養」，即 $(B→C)$。$(A∨B)→C$ 是與 $(A→C)\&(B→C)$ 相等的，讀者自可用真值表計算出，其實我們亦可如此化簡：

1. $(A∨B)→C = −(A∨B)∨C$

$$= (−A\&−B)∨C$$

2. $(A→C)\&(B→C) = (−A∨C)\&(−B∨C)$

$$= C∨(−A\&−B)$$

可見二式相等。❶

前述必要條件及充分條件之符號，也可依「相等」式算出。A 是 B 之必要條件，就是〔A→(B∨−B)〕&(−A→−B)。這個符號等於 −A→−B。因為，A→(B∨−B) 是多餘的，這符號永遠得 T。A 是 B 之充分條件為 (A→B)&〔−A→(B∨−B)〕，這個符號等於 A→B，因為 −A→(B∨−B) 也是多餘的。

當吾人知悉兩種語句經過符號翻譯之後，都「相等」，則兩種語句意義即相等。如果有人持其中的一語句與另一人持其中的另一語句而相互爭論不休，則是浪費時間與精力之舉，毫無意義可言。當學校訓導人員說：「同學註冊時要交身份證，無身份證者，要交戶口名簿」；另一訓導人員說：「同學註冊時要交身份證或戶口名簿」。如果因這兩句而彼此起口角，那是不必要的，因為該兩句相等。前句是 A∨(−A&B)，後句是 A∨B；而 A∨(−A&B) 是等於 A∨B 的。(吸收律)

「二郎者，一郎之弟，三郎之兄也」。這句話用符號表示，就是 A&A&A，或 A∨A∨A。但這兩組符號都等於 A，因為那語句只在說二郎而已。「一郎之弟，三郎之兄」都是廢話，也是多餘的。

「樹後有廟，廟前有樹」亦然，兩者之中有一句話是廢話。中世紀有一哲學家，叫做奧坎 (William Occam)，他在哲學上的貢獻就是提出「奧坎剃刀」(Occam's razor)。圍棋界有所謂坂田的剃刀，哲學界則有奧坎的剃刀，實在相當有趣。❷奧坎的剃刀專門要剃除

---

❶ 當然，讀者不必追問為何女子與小人難養。這種問題，不是邏輯所討論的範圍。女子與小人難養或好養，那是其他學科討論的課題。邏輯不可越俎代庖，或侵犯別科領域。

❷ 坂田是日本現代圍棋聖手，曾多次獲得日本棋界「名人」頭銜。他的絕招就是棋力鋒利，有如「剃刀」，故稱為「坂田剃刀」。坂田也多次與台灣圍棋名家林海峰對棋，兩人棋力不相上下。

不必要的語句，一個意思用一句話就足夠代表的時候，就不必使用
兩句話或兩句話以上。林語堂也說言論要像女孩子的裙子一樣，越
短越好。奉勸那些喜歡說教，一上台就把相同的一句話重複好幾次，
以致在台上損人數十分鐘的人，好好的使用奧坎的剃刀吧!

習題四

一、將本節內所寫 16 種變化所代表的符號，其餘十一種（即第 5 種
　　到第 15 種）各用邏輯相等 (logical equivalence) 的方式計算出
　　來。

二、下列每題各有一對符號，試問是否相等?

　　1. P&Q　　　–(–P∨–Q)

　　2. P∨Q　　　–P→–Q

　　3. P→Q　　　–〔–Q&(P∨P)〕

　　4. P&–Q　　　–(P→Q)

　　5. P↔Q　　　(P&Q)∨(–P&Q)

　　6. –P∨(Q&R)　　　R&(–P&Q)

　　7. (P→Q)&(Q↔Q)　　　P&Q

　　8. P→(Q&R)　　　(P&Q)→R

　　9. P→(Q→R)　　　(P&Q)→R

　　10. P&(Q∨R)　　　(P&Q)∨(P&R)

　　11. (A&B&–C&D)∨–B∨C　　　(A&D)∨–B∨C

　　12. (A&B)∨(A&–B)∨(–A&B)∨(–A&–B)　　　–(–A&–B)

　　13. –A&(A∨B∨–C)　　　–A∨B∨–C

　　14. (A&–B)∨(–A&–B)　　　–〔(A&B)∨(–A&B)〕

　　15. –〔(A&B)∨(–A&B)∨(–A&–B)〕　　　A&–B

三、譯下列語句並計算出彼此是否相等:

1. 張三選擇作報告，也可以選擇筆試。

2. 假如張三不選擇作報告，則張三選擇筆試。

3. 假如張三不選擇筆試，則張三選擇作報告。

四、試根據邏輯相等式，刪掉下述多餘的語詞：

1. 健健美。

2. 象王蚊香，沒什麼煙，沒什麼煙，煙少又有效，點很久，點很久。

3. 來者不善，善者不來。

4. 有錢沒錢，討個老婆好過年。

5. 今天不一定下雨。

6. 知者不言，言者不知。

7. 美言不善，善言不美。

8. 儘管你下跪，我也不會愛你。

9. 打雷不一定下雨，不打雷也不一定不下雨。

10. 信言不美，美言不信。

11. 天啊！天啊！天啊！我何其命苦！

12. 嘻！嘻！好好玩喔！好好玩喔！

13. 我愛妳！我愛妳！我愛妳！難道妳不相信嗎？

14. 台南在台北之南，且台北在台南之北。

六、恆真、恆假、或真或假 (Tautology, Contradiction, Contingency)

㈠恆真 (Tautology)

命題語句在於陳述真假。命題語句如合乎事實，則命題語句為真，反之為假。「張三戴眼鏡」證之於事實，如果張三真的戴眼鏡，則「張三戴眼鏡」這語句得真，反之得假，這是前已述及的。在所有的敘述真假語句當中，這種語句最多。但是也有一種語句，光看它的符號「形式」，而不必印證於事實，就可知那種語句必真，或必假。「張三戴眼鏡或不戴眼鏡」這語句恆真；這是 A∨–A 的語句，A∨–A 必定恆真：

A	A∨–A
⊤	⊤
⊥	⊤

一組符號恆真，該組符號又稱之為「同語反覆」(tautology)，有人音譯為「套套邏輯」。若 P 則 P，(P→P) 就是同語反覆之典型例子，同個符號反覆了一次。P→P 也就等於 P∨–P，這個符號永遠得 ⊤。"If not P implies P, then P" 的符號化是 (–P→P)→P，這個符號也是恆真符號，因為它是「同語反覆」。該符號用文字表示，可以說：

「假如窮光蛋可以致富，則人人都可以致富」，其實這種類型的語言就如同說：「富有的人一定是富有的人」一般。此種命題之真假，不依傍事實，它獨立於經驗之外，故經驗也不能反駁它。❶

恆真符號的另一形式是「同一」(identity)（詳「同一」節），或 A 是 A，即 A→A。前節也說到恆真符號是多餘的，如 A→(B∨–B)，而 A→A 也是多餘的。這種符號還原為文字，就形同「不一樣就是不一樣」。但「不一樣就是不一樣」又如同廢話。二十世紀的偉大哲學家維根斯坦 (Ludwig Wittgenstein) 說得好：「粗疏的來說，說兩件事是同一的，這句話毫無意義；而說一件事本身與本身相同，則等於廢話」。❷

㈡恆假 (Contradiction)

「張三戴眼鏡及不戴眼鏡」這語句則恆假。這是 A&–A 的語句，A&–A 必定得 ⊥。亞里士多德說過，一件事不能同時是 A 又是非 A：

A	A&–A
⊤	⊥
⊥	⊥

恆假的語句稱為「矛盾」(contradiction) 語句。

恆真及恆假命題之斷定為恆真或恆假，並非根據「事實」，而係

---

❶ Alfred Jules Ayer, *Language, Truth and Logic*, N. Y.: Dover Publications, 1952, p. 79.

❷ Ludwig Wittgenstein, *Tractatus Logico-Philosophicas*, proposition 5. 5303. Quoted in Raymond Bradley and Norman Swartz, *Possible Worlds, An Introduction to Logic and Its Philosophy*, Oxford: Basil Blackwell, 1979, p. 38.

根據「語言約定」(linguistic convention)。恆真是邏輯所追求的，任何邏輯推論之有效性，追根究底，都是恆真語句之變形。恆假是邏輯極力要避免的，A&–A 此種事實，是「邏輯上不可能的」(logically impossible)；如：

「一個人不吃東西而能活 20 年」且「並非一個人不吃東西而能活 20 年」。

但「一個人不吃東西而能活 20 年」此一命題，依經驗事實判斷，是不可能的，但該種不可能，也只是「物理上的不可能」(physical impossibility) 而已，卻非「邏輯上的不可能」。❸

㈢或真或假 (Contingency)

「張三戴眼鏡」這個語句則有真假兩種可能，這種語句稱為「有真有假」(contingency) 語句。A&B，A∨B，A→B，A↔B 等都是有真有假語句。

上節所述 AB 的 16 種真假變化中，第一種恆真，是同語反覆語句；第十六種恆假，是矛盾語句；第二種到第十五種是有真有假語句，因為它們不完全是 T，也不完全是 ⊥。

所有命題語句經過分析的結果，不外這三種：得 T，得 ⊥，得 T 及 ⊥，這也是窮盡的邏輯分析。

判斷一組符號是恆真，抑或恆假，或是有真有假符號，最保險的方法仍然是以真值表為準。但在符號數量眾多時，則畫真值表卻相當麻煩。現在介紹一種簡便方法來決定一組語句到底全部得 ⊥，全部得 T，或部份得 T，部份得 ⊥。

---

❸　Raymond Bradley and Norman Swartz, ibid., pp. 6–7.

㈣恆真符號的演算

例一：

$$\{[P \rightarrow (Q\&R)] \& -Q\} \rightarrow -P$$

在這組符號裡，共有 PQR 三個大寫字母，如要畫真值表，則有 8 種變化。但我們不必用真值表，也可輕易的判斷該符號是否屬於恆真符號。

在數學上有一種「反證法」(Reductio ad Absurdum)，當證明 P 為 T 沒有辦法時，吾人先證明 P 得 ⊥ 但不能成立，則 P 就等於 T。我們就用此法來計算上述符號。上述符號是 → 符號，→ 符號的特色就是前項得 T，後項得 ⊥ 的時候，全組符號才得 ⊥。

$$\{[P \rightarrow (Q\&R)] \& -Q\} \rightarrow -P$$

T/⊥ ·····························第五步⑤	P Q R
T　　 T ·····························第四步④	T ⊥
T·····························T·····························第三步③	（由 （由
T·····························⊥·····························第二步②	第 第
·····························⊥·····························第一步①	二 三
	步 步
	得 得
	知 知
	））

說明：

①先假定全組符號得 ⊥。……第一步

②既然全組符號得 ⊥，則前項〔P→(Q&R)〕&−Q 就應該得 T，後項 −P 就得 ⊥。−P 既得 ⊥，則 P 就得 T。……第二步

③前項是以 & 為連接符號，又得 T；因此，P→(Q&R) 及 −Q 都應得 T，即 P→(Q&R) 為 T，−Q 也為 T。−Q 既得 T，則 Q 為 ⊥。……第三步

④ P→(Q&R) 要能得 T，有好幾種可能，計算這些可能，比較麻煩。好在我們既知 P 得 T，則 Q&R 必然也要得 T，如此，P→(Q&R) 才能得 T。……第四步

⑤ Q&R 必須得 T，但我們已知 Q 為 ⊥，可知 Q&R 應得 ⊥。在這裡，乃與原先假設的情況發生衝突。……第五步

可見，原先第一步肯定全組語句為 ⊥ 是「不可能的」。因此，–⊥=T，全組符號是恆真語句，也就是全部得 T。

例二：

(F&G&H&I&J&K&L&M)→(J&K)　　　　　　FGHIJKLM
　　　　　　　　　T/⊥ ……第五步⑤　　T T T T T T T T
　　　　　　　　　　　T T‥第四步④　　（由第三步得知）
　T T T T T T T T ………第三步③
　　　　　T　　　　　　　⊥ …第二步②
　　　　　　⊥………第一步①

說明：

①假設全組符號可得 ⊥。

②前項 F&G&H&I&J&K&L&M 都得 T，後項 J&K 得 ⊥。

③F、G、H、I、J、K、L、M 每個符號都得 T。

④J，K 二符號既都得 T，則代入後項，也各得 T，但②指出 J&K 得 ⊥。

⑤因此衝突發生，可見該符號為 T。

※注意：

1.如果前項連接符號是 &，則先算前項。如後項連接符號為 ∨，或 →，則先算後項。如前項連接符號為 &，並且後項連接符號也是 ∨ 或 →，則先算前項或先算後項都悉聽尊便。因為在這種情況之下，可能性都只有一種，非常簡便。

2. 如果前項連接符號為 ∨，或 →；後項連接符號為 &，在此種
情況下，前項得 ⊤ 的可能性有三，後項得 ⊥ 的可能性也有
三，那麼，到底先算前項或後項呢？碰到這種情形，只好認
了，選擇先算前項或後項，也悉聽尊便。

㈤恆假符號的演算

–〔P→(–P→–Q)〕&(P&Q)

判斷這組符號屬於何種符號，我們可以利用 & 的特色。由 & 所
組成的符號必須各組符號都得⊤才可以得⊤；並且在 P，Q 兩個字
母的四種變化中，只有一種情況才得⊤，其餘都得⊥。因此

–〔P→(–P→–Q)〕&(P&Q)

⊤　⊤/⊥　⊥…………………第五步		P Q
⊤　　　　⊥………………第四步		⊤ ⊤
⊥　　　　　⊤　⊤……第三步		∨
⊤　　　　　　　⊤………第二步		（由第三步得知）
⊤…………第一步		

第五步驟時，我們可發現前項〔P→(–P→–Q)〕中之 P 得⊤，但
後項 P 卻得⊥（因為 –P 得⊤）。因此，最先設此組符號得⊤的假
定，已不能成立。此符號可判斷為全得⊥，即矛盾符號。

㈥或真或假符號的演算

{〔P&(Q∨R)〕→P}↔Q

判斷這組符號屬於何種符號，我們可利用 ↔ 的特色，↔ 的符
號就是前後真假相同時為真，不同時為假，因此：

{〔P&(Q∨R)〕→P}↔Q

　T　　　　　　　　T…第三步，P 得 T 時〔P&(Q∨R)〕→P 會得 T

　⊥　　　　　　　　T　　　P 得 ⊥ 時〔P&(Q∨R)〕→P 仍會得 T

　　　　　　　T…第二步，判斷 Q 得 T

　　　T　　　T…第一步，得 T 的條件之一

　　可見該組符號有得 T 的可能。但這還不夠，還得判斷第二種得 T 的條件，即前後項都得 ⊥，如果在這種情況之下也得 T，則可說全部得 T。

{〔P&(Q∨R)〕→P}↔Q

　⊥……………………第三步，P 得 ⊥，則 P&(Q∨R) 應得 ⊥，

　　　　　　　　　　　　　　而非 T，因此衝突。

　　T　　　⊥　　⊥…第二步，判斷 Q 得 ⊥，P 得 ⊥。

　　　　　⊥　　⊥…第一步，得 T 的條件之二。

可見該組符號，也有得 ⊥ 的可能。因此，此符號可以得 T，也可以得 ⊥，所以是有真有假符號 (contingence)。

習題五

一、判斷下列符號，何者是 tautologous，何者為 contradictory，何者為 contingent：

　1. A→−A

　2. 〔(C→F)→C〕→C

　3. R↔−R

　4. Q→(P→Q)

　5. (X→Y)∨(−X→−Y)

　6. (F&G&H&I&K&J)→(J∨K)

7. 〔S∨(T&U)〕→〔(S&T)→U〕

8. −〔L↔(M&−M)〕↔(L&−L)

9. 〔(D∨E)→E〕↔(D→E)

10. {〔A→(W→A)〕&−A}&〔(A→W)→A〕

11. A→(A∨B∨C∨D∨E∨F)

12. −(F↔−F)→(G↔−G)

13. (T&−T)→W

14. L→(P&−P)

15. −(−Z→−Z)

16. (P&Q&R)∨〔(P&R)∨(P&Q)〕

17. (P∨Q)→〔Q∨(P→P)〕

18. −〔P→(P∨−P)〕

19. (P&R)&Q&−R

20. (P↔R)↔(Q↔R)

21. {(R&S)→〔P&(R∨S)〕}↔〔P→(S→R)〕

22. 〔−(−P→−Q)∨(−P&−Q)〕→−(−P&−Q)

23. 〔P→(Q∨R∨S∨−Q)〕∨−P

24. (P→R)→(Q→R)

25. (P∨R)↔(Q∨R)

26. P&P

27. P∨P

28. P→P

29. P&−P

30. P↔P

31. {(R→S)→〔P&(R∨S)〕}↔〔P→(S→R)〕

32. 〔−(P→Q)∨(−P&−Q)〕→−(−P&−Q)

33. {P→〔(Q∨R)&(S∨−Q)〕}∨−P

34. (P&R)→(Q∨T)

35. (P∨R)↔(Q∨R)

36. (P&R)&(Q&−R)

37. P∨(Q→−P)

38. P→〔Q→(P→R)〕

39. {〔P&(Q∨R)〕→P}↔Q

40. −〔P→(−P→−Q)〕&(−P&Q)

二、設 R: It is raining, S: It is snowing，而二者真假變化之「概然性」

（probability，或譯概率）如下表：

R S	probability
⊤ ⊤	0.1
⊤ ⊥	0.2
⊥ ⊤	0.3
⊥ ⊥	0.4

請譯下列語句，並計算出結果之可能性為多少？

1. It is raining or snowing.

2. It is raining or not snowing.

3. It is not both raining and snowing.

4. −S∨(R&S)

5. −S&(R&S)

三、試問下述語句，何者屬 tautologous，何者屬 contradictory，何者

屬 contingent：

1. 台北在台灣或台北不在台灣。

2. 台北在台灣。

3. 2+2=4

4. 2+2=4 和 2+2≠4

5. 不一樣就是不一樣。

6. 台南在台灣且台北也在台灣。

7. 人性善也不善。

8. 他是既講原則又是不講原則的人。

9. 今天是星期六。

10. 硬漢就是硬漢。

11. 埃佛勒斯峰 (Mt. Everest) 比阿里山低。

12. 張三活了 21 歲，但只過 4 次生日。

四、試列出真值表，並算出 A、B、C 三人中至少有兩人考及格的或然率為多少？

五、討論下面的問題，是否是「邏輯上的不可能」──即「恆假」或「矛盾」：❹

1. 一棵樹於 20 天內掉光所有樹葉。假定每天掉的樹葉數目是前一天掉的樹葉數目的一倍，請問該樹在那一天剩下一半的樹葉？（該樹葉數目必須是偶數）

2. 一個人 10 天內用掉 1024 元。設若每天用的錢是前一天的一倍，請問他第一天用掉多少元？

3. John is Mary's father. John has only two children, one of whom is unmarried and has never been married. Mary has no brothers. Mary is married to Simon who is an only child. Mary's son has an uncle who has borrowed money from John.

---

❹ 錄自 Raymond Bradley and Norman Swartz, ibid., pp. 348–349.

七、推論 (Inference)

　　邏輯這門學科乃在探討推論的必然有效法則，所謂推論乃是命題語句與命題語句之間彼此的關係。比如說，甲與乙對話，甲說：張三是英雄，乙問何以得知？則甲必提出一些理由，設若甲說：

A　　　因為凡是英雄都愛美人，

　　　　張三愛美人，

　　　　所以，張三是英雄。

　　甲所陳述的理由有兩句，這兩句拿來作為支持他的結論──「張三是英雄」的條件。如此，那兩句與作結論的一句，彼此之間乃產生了關係，這種關係，也就構成了推論。我們把支持結論的語句稱為「前提」(premises)，前提可以有一句，也可以有一句以上。判斷的語句，就是「結論」(conclusion)。邏輯就是在討論前提與結論之間的關係。如果前提可以支持結論，則推論合乎邏輯；也就是說，推論可以成立；用句邏輯術語來說，就是推論「有效」(valid)。反之，如果前提不能支持結論，則推論不能成立，推論不能成立的邏輯術語就是推論「無效」(invalid)。習慣上，我們用橫實線分開前提與結論：

　　　　英雄愛美人

　　　　張三愛美人

　　　　─────────

　　　　張三是英雄

　　甲提出的前提與結論所使用的語句都含有真假。當然，有些語句的真假頗難斷定，如「凡是英雄都愛美人」這一命題語句，並不

必然為真。但是在邏輯推論中，推論之可以成立與否，卻與推論語句之真假無涉。邏輯推論如果「有效」，則是由於邏輯推論的「形式」合乎邏輯規則所造成；而非由於邏輯語句之全真，才產生邏輯推論之可以成立。反之，邏輯推論如果「無效」，則是由於邏輯推論的「形式」不合乎邏輯規則所造成，而非由於邏輯語句之全假才如此。可知，邏輯推論只有「有效」與「無效」，卻沒有所謂「真」與「假」的。命題才會有「真」與「假」，但沒有「有效」與「無效」。

上述 A 之例，如果那種推論「形式」是「有效」的，則把合乎那種形式的任何語句套上去，推論也必然可以成立。

比如：

B　　　凡是山東人都是中國人

　　　　老子是中國人

　　　　－－－－－－－－－－－

　　　　老子是山東人

C　　　凡是師大學生都在公館上課

　　　　張三在公館上課

　　　　－－－－－－－－－－－

　　　　張三是師大學生

A、B、C 的推論「形式」都一樣。因此，如果 A 的推論「有效」，則 B 與 C 也都有效。推論之有效性 (validity) 根本與語句之真假不相干。語句之真假是語句的「內容」(content)，推論之成立與否，不涉及推論語句之內容，而只討論它的「形式」(form)。現代邏輯之號稱為「形式」邏輯，道理在此。即令推論語句之「內容」全真，但推論「形式」不合邏輯，也不能改變推論之無效為有效；同理，推論「內容」雖全假，但推論「形式」合乎邏輯，也無法將有效的推論改為無效。

因之推論 (inference) 與推理 (reasoning) 有別。推理必須根據所推之理的「內容」來推，但推論則只根據「形式」，它是一種程序 (procedure)。各門學科有各門學科的推理內容，邏輯推論則將推理

內容予以「形式」化，只要形式合乎有效原則，則推論都可以成立，反之不能成立。簡言之，邏輯只問「形式」，不究「內容」，之所以如此，有兩層原因。第一，斷定邏輯所使用的語言文字之真假，是自然科學家或人文科學家的工作，如「山東人是中國人」這句話，歷史家或地理家判斷它為真。「石頭是軟的」這語句，科學家斷定為假。既然有別學科的學者處理這些問題，因此邏輯學者就不該過問這些問題。第二，有些語言文字之真假頗難斷定，如上述之「英雄愛美人」，或「大丈夫怕太太」等。幸而邏輯不討論這些問題，否則將增加邏輯研究的困難。

　　現在再回頭來看看上述甲乙之對話。甲作「張三是英雄」這個判斷的理由如果是：

D　　　凡是英雄都難過美人關

張三難過美人關
───────
張三是英雄

或者 E　　　凡是怕太太的都是英雄（大丈夫）

張三怕太太
─────────────────
張三是英雄（大丈夫）

　　則我們可以將 A，D，E 三種推論「形式」加以比較，光從「形式」而言，A 與 D 是同「型」的，但 E 不同型。抽出推論語句的內容後，A 與 D 都是：

ㄅ、　　　P→Q

Q
───
P

　　A，D 之第一句可以改寫為：「假如張三是英雄，則張三愛美人」及「假如張三是英雄，則張三難過美人關」。這顯然是「條件」(conditional) 語句，在這種語句裡，「張三是英雄」這個原子句可以

用 P 來代表，「張三難過美人關」用 Q 來代表，則 A，D 之推論語句可譯為上述ㄅ的符號形式。

但 E 之推論在抽掉語句之內容後，則為：

ㄆ、　　　P→Q

　　　　　P
　　　　─────
　　　　　Q

ㄅ與ㄆ之「形式」不同，ㄅ的推論如果可以成立，則ㄆ不能成立。同理，ㄆ如果能成立（即有效），則ㄅ不能成立（即無效）。（有效與無效的原則，下節再詳談）

由此可知，推論之有效性與推論語句之真假二者間之關係即昭然若揭。推論之有效性與推論所使用的語句之真假，只有在一種情況下才有關係，即推論有效時，則推論前提語句如為真，結論語句也必真。換句話說，推論可以成立時，不可能前提為真而結論為假。除了此種關係之外，推論之有效性與推論語句之真假都不相干。我們從下表即可看出：

	前提	推論	結論
1.	T	V	T
2.	T	I	?
3.	⊥	V	?
4.	⊥	I	?

上表橫排 1 表示，前提語句真 (T)，且推論有效 (V) (valid)，則結論語句也為真；2 行表示，前提語句真，推論無效 (I) (invalid)，則結論真假不定 (?)。其餘類推。

由上表又可得出下面兩表：表一是結論與推論為已知，求前提；表二是前提與結論為已知，求推論。

表一

前提	結論	推論
1. ?	⊤	V
2. ⊥	⊥	V
3. ?	⊤	I
4. ?	⊥	I

表二

前提	結論	推論
1. ⊤	⊤	?
2. ⊤	⊥	I
3. ⊥	⊤	?
4. ⊥	⊥	?

　　邏輯在於討論推論的有效性，那麼，有沒有這種有效性呢？有（詳「有效性」一單元）。邏輯推論是「絕對」的推論，有效就有效，無效就無效；這之間，沒有什麼「概然性」(probability) 存在。用數字來說，有效就是 1，無效就是 0，沒有介於 1 與 0 之間的數字，邏輯推論性質是「全或無」(all or none) 的。

八、真值樹 (Truth Trees)

　　傳統邏輯以及當今部份邏輯學者大部份都仰賴文字來說明前提之如何支持結論（有效）或如何不支持結論（無效）；但符號邏輯發展之後，邏輯學者乃借用數學之演算技巧，來演算 (demonstrate) 推論「形式」之有效與否。數理邏輯之演算技巧有多種，但筆者認為「真值樹」(truth trees) 方式最為簡便，算起來也頗為容易與有趣。

　　在「真值樹」中，我們首先將推論語句譯成邏輯符號，然後「發展」該推論符號為一棵「樹」。在這棵樹中，最主要的就是樹「幹」(branches)，如果推論語句的連接符號為 &，則發展出來的字母都屬於同幹；如果為 ∨，則分成數幹（一個 ∨ 即兩個幹，兩個 ∨ 則三個幹，依此類推）。所有的其他符號都化為 & 及 ∨，因之乃有下列幾種情況：

1. A&B	2. A∨B	3. A→B	4. A↔B
A	A　B	−A　B	A　−A
B			B　−B

$$\therefore A{\to}B=-A{\vee}B$$

A↔B 這個符號在真值樹中的發展情況如下：

$$A{\leftrightarrow}B=(A\&B){\vee}(-A\&-B)$$

可見那是雙幹，其中一幹為 A&B，另一幹為 −A&−B，因之：

$$\checkmark \quad A\&B \quad -A\&-B \quad \checkmark$$

$$A \qquad\quad -A$$

$$B \qquad\quad -B$$

在此處，左邊的幹 A&B，可以繼續發展為 $\begin{smallmatrix}A\\B\end{smallmatrix}$，右邊的幹同樣也可發展為 $\begin{smallmatrix}-A\\-B\end{smallmatrix}$。已經發展過的符號以「$\checkmark$」作上記號，「$\checkmark$」的英文叫做 check，那是說「檢查過了的」或「處理過了的」。「$\checkmark$」過了的符號就不要管它了。

其實 A↔B 也等於 (A→B)&(B→A) 或 (A→B)&(−A→−B)。讓我們來發展這兩種符號，看看結果會不會與上述相同：

$$A↔B=(A→B)\&(B→A)$$

〔 可見 (A→B) 與 (B→A) 同幹 〕

$\checkmark$ A→B …………①

$\checkmark$ B→A …………②

$$-A \qquad\quad B \cdots\cdots\cdots 發展①之結果$$

$$-B \quad A \quad -B \quad A \cdots\cdots 發展②之結果，因為②與①屬於同幹，①發展$$

成雙幹，因之②應該發展在①的雙幹之下。

此處可以看出這棵樹發展為四個幹，四個幹是 (−B&−A)∨(−A&A)∨(B&−B)∨(B&A)。在這組符號裡，−A&A 及 B&−B 是矛盾符號 (contradictory)，屬於「多餘的」(redundant) 符號，因之可以去除；也就是說，可以把那個多餘的幹砍掉，砍掉的幹在底下打「×」這個記號；那是說，該幹死掉了，「關」起來了 (close)。其他的幹則「開放」(open)，還可以繼續生長。因此，上面樹幹變成：

$$-A \qquad B \qquad\qquad 也就是 \quad -A \qquad B$$

$$-B \quad A \quad -B \quad A \qquad\qquad\qquad -B \qquad A$$

$$\times \quad\times$$

這是與 4 相同的。兩幹的符號對調並無妨，因為 A∨B 寫成 B∨A 是

一樣的。同樣的，符號上下對調也一樣，因為 A&B 與 B&A 也一樣。

同理，A↔B 也等於 (A→B)&(−A→−B)。這個符號發展的結果，仍然會有與上式同樣的結果，讀者可以自己發展。

另外，1、2、3、4 的相反符號就成為：

5. −(A&B)　　6. −(A∨B)　　7. −(A→B)

$$−A \quad −B \qquad\qquad −A \qquad\qquad A$$
$$−B \qquad\qquad −B$$

8. −(A↔B)

$$A \quad −A$$
$$−B \quad B$$

熟記這些情況之後，就可以用來「演算」推論符號了。

甲、　　假如張三怕太太，則張三是大丈夫

　　　張三怕太太
　　　─────────────────
　　　張三是大丈夫

　　甲的推論語句翻成邏輯符號即是：

　　　A→B

　　　A
　　　───
　　　B

上述推論只用兩個原子語句，即「張三怕太太」及「張三是大丈夫」。

利用真值樹來演算上述推論之有效性，要記住下列三個原則：

1. 先否定結論（反證法）。

2. 已經衝突的幹不要再予以發展，因為該幹已不能發展（死了）。

3. 發展全部的符號之後，檢查真值樹的所有幹，如果全部樹幹都「矛盾」，也就是說都衝突，都關掉，則根據「反證法」，推論就成為「有效」；要是有一個幹不衝突，就可判斷推論

「無效」。(只要有一個幹不關掉，則推論即屬無效)

現在讓我們來發展甲式推論：

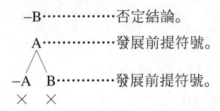

　　–B⋯⋯⋯⋯⋯⋯否定結論。

　　A⋯⋯⋯⋯⋯⋯發展前提符號。

　　–A　B⋯⋯⋯⋯發展前提符號。
　　 ×　×

這棵樹的兩個幹都衝突，因之該推論可以成立，為有效的推論。

因為認為結論不能成立（反結論）的演算，造成「矛盾」，則表示結論是不能「反」的。那就是說，結論該成立。

設若有一組較複雜的邏輯推論符號要我們判斷推論能否成立時，利用「真值樹」來計算，是輕而易舉且比較不會發生錯誤的（因為可以檢查）。下面就是一些例子：

乙、　　　　　　　 ✓(A&B)→–C ⋯⋯⋯⋯ ①

　　　　　　　　　 ✓ C∨(D&E)⋯⋯⋯⋯⋯ ②

　　　　　　　　　 ✓(A&B)∨(–A&–B)⋯⋯⋯ ③
　　　　　　　　　 —————————————
　　　　　　　　　　 A→D

　　　　　　　　 ✓–(A→D)⋯⋯⋯⋯⋯⋯⋯④否定結論

　　　　　　　　 A⋯⋯⋯⋯⋯⋯⋯⋯⋯ 發展④

　　　　　　 –D

　　 ✓–(A&B)　–C⋯⋯⋯⋯⋯⋯⋯ 發展①

　　 –A –B　C D&E✓⋯⋯⋯⋯ 發展②

　　　 ×　 × 　 D

發展②⋯⋯C　D&E✓E

　　　　 D　 ×

　　　　 E

　　　　 ×

發展③……√A&B　–A&–B

　　　　　　A　　　–A

　　　　　　B　　　–B

　　　　　　×　　　×

此題推論有效。

　丙、√–(A∨B)→–(C&D)　………①

　　√E↔–C　………………②

　　√–(E&D)………………③
　　――――――――――――
　　√D→(–A→B)

　　√–〔D→(–A→B)〕………… ④否定結論並發展之

　　　　　　D

　　　√　–(–A→B)

　　　　　　–A

　　　　　　–B

　　　　–E　　–D　…………發展③
　　　　　　　　×

　　　E　–E　……………發展②

　　–C　C
　　×
　√––(A∨B)　√–(C&D)………發展①

　A　B　　–C　–D
　×　×　　×　×　　　　　　（本推論有效）

　丁、　　√　–(A&B)→〔(C→D)→E〕……… ①

　　　√　C&(A∨B)………………… ②
　　　――――――――――――
　　　√　D→E

　　　–(D→E)………………………… ③否定結論

　　　D　　………………………… 發展③

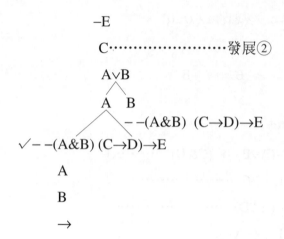

在這一個幹中，已知無法衝突，並且又已發展了所有的符號，因此不必再發展其他幹，就可以判斷本推論不能成立，因之本推論無效。

無法封閉的樹幹所組成的符號，就是得⊥的符號。如：

1.　　　　　A→−B⋯⋯⋯⋯⋯①
　　　　−(B&C)∨A⋯⋯⋯⋯②
　　　　─────────
　　　　　　−B

　　　　　　　　　　　B⋯⋯反結論
　　　　　　　　　−A　−B⋯發展①
　　　　　　　　　　　　×
　　　　　　　−(B&C)　A⋯⋯⋯發展②
　　　　　　　　　　　×
　　　　−B　−C
　　　　×

上面的真值樹共有四個樹幹，其中有一樹幹是開放的，可知此枝樹幹使本題推論符號得⊥。該樹幹是 B&−A&−C，也就是說 B⊤，A⊥，C⊥時，本題所組成的符號得⊥。因之我們可以說，在本題由三個字母 (A, B, C) 所組成的 8 種變化中，七種得⊤，一種得⊥。而得⊥的情況就是 A⊥，B⊤，C⊥。

2.

Q→W	①	✓
–P→–W	②	✓
–N	③	✓
W→(P∨Q)	④	✓
R→(S∨T)	⑤	✓
S→(Q∨N)	⑥	✓

$\overline{\qquad\qquad}$

R→(–Q→W)

–〔R→(–Q→W)〕　　反結論

R　　　　　　　　發展–〔R→(–Q→W)〕

–(–Q→W)

–Q　　　　　　發展–(–Q→W)

–W

　　–Q　　W…………發展①

發展③……………–N　　×

　　–S　　　Q∨N…………發展⑥

發展⑤………–R　S∨T　Q　N
　　　　　　×　　　　×　×

　　　　　　S　T
　　　　　　×

　　　　　　　–W　　P∨Q……發展④

發展②…………P　–W　P　Q
　　　　　　　㊀　㊁　　×

　　　　　　　　　P　　–W……發展②
　　　　　　　　　㊂　　㊃

判斷:

①此樹有四個樹幹開放，故知此種推論無效。

②可知此組符號有假。但有多少情形會得假呢?

a: 此組符號由 Q W P N R S T 組成，$2^7=128$，應有 128 種真假變化。

b: 在 Q W P N R S T 中，既然此樹有四個幹開放，可知此四個幹就是造成假的可能樹幹。

$$Q\ W\ P\ N\ R\ S\ T$$

㈠的樹幹是 ⊥ ⊥ T ⊥ T ⊥ T

㈡的樹幹是 ⊥ ⊥　　⊥ T ⊥ T

㈢的樹幹是 ⊥ ⊥ T ⊥ T ⊥ T

㈣的樹幹是 ⊥ ⊥ T ⊥ T ⊥ T

其中㈠與㈢與㈣的符號相同，因此刪掉其餘兩種而只剩一種，此外㈡的樹幹無 P。在此種情形下 P 真或 P 假，都能使該樹幹開放，因此由㈡而得假的情況應該有兩種，即：

$$Q\ W\ P\ N\ R\ S\ T$$

⊥ ⊥ T ⊥ T ⊥ T……第一種。

⊥ ⊥ ⊥ ⊥ T ⊥ T……第二種。

但第一種又與㈠相同，故刪除。剩下第二種。

可知此組符號的真假結果，就是在 128 種變化中，只有兩種得假，此兩種即：

$$Q\ W\ P\ N\ R\ S\ T$$

⊥ ⊥ T ⊥ T ⊥ T

⊥ ⊥ ⊥ ⊥ T ⊥ T

此組符號為有真有假 (contingent)。

3.　(A↔B)↔(B↔C)

$$-[(A↔B)↔(B↔C)]$$

✓A↔B		−(A↔B)✓

✓−(B↔C)		B↔C ✓

```
        A       −A              A       −A
        B       −B              −B       B
      B  −B    B  −B          B  −B    B  −B
     −C  C   −C   C          C  −C    C  −C
          ×    ×               ×          ×
      (1)        (2)         (3)      (4)
```

判斷：

①此樹有四個幹開放，可見此組推論無效。

②此組符號有假，造成假的情況，乃是

	A	B	C
(1)	T	T	⊥
(2)	⊥	⊥	T
(3)	T	⊥	⊥
(4)	⊥	T	T

這四種情形皆無重複，可見本組符號八種真假變化 (2^3=8) 中有四個得假，茲以真值表方式計算如下：

	A	B	C	(A↔B)	↔	(B↔C)
	T	T	T	T	T	T
(1)	T	T	⊥	T	⊥	⊥
	T	⊥	T	⊥	T	⊥
(3)	T	⊥	⊥	⊥	⊥	T
(4)	⊥	T	T	⊥	⊥	T
	⊥	T	⊥	⊥	T	⊥

$$(2)\quad \bot \quad \bot \quad \top \quad \bigg| \quad \top \quad \bot \quad \bot$$
$$\bot \quad \bot \quad \bot \quad \bigg| \quad \top \quad \top \quad \top$$

　　總結果假的，它們的 A、B、C 之真假情況恰好與上面的判斷相同。

　　當有些樹幹開放，而開放的那一樹幹的原子符號比應有的符號少一個，則可知該樹幹符號應衍生出兩種得假的結果；設若開放的那一樹幹的原子符號比應有的符號少兩個，則該樹幹現有的符號，應衍生出四種得假的結果 (2^2=4)，其餘依此類推。如：

4.　(P&Q&R)∨〔(P&R)∨(P&Q)〕

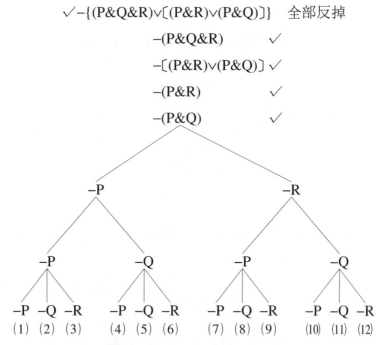

判斷：此組符號非全真符號。

此種符號得假的情況是：（如右圖）

其中，(8)、(10)與(6)同，故刪掉。(2)的 R 可真可假，但如果 ⊥，則與(6)同，故取 T。(4)、(5)亦同。(3)的 Q 可真可假，但如果 ⊥ 則又與(6)同，故取 T，(7)與(9)亦同。(11)的 P 可真可假，但如果 ⊥，則又與(6)同，故取 T。(12)亦同。(1)的 QR 各可真可假，因此由(1)又衍生出：

	P	Q	R
(1)	⊥		
(2)	⊥	⊥	
(3)	⊥		⊥
×(4)	⊥	⊥	
×(5)	⊥	⊥	
(6)	⊥	⊥	⊥
×(7)	⊥		⊥
×(8)	⊥	⊥	⊥
×(9)	⊥		⊥
×(10)	⊥	⊥	⊥
(11)		⊥	⊥
×(12)		⊥	⊥

P　Q　R
⊥　T　T
⊥　T　⊥
⊥　⊥　T
⊥　⊥　⊥

四種結果，但其中只有 ⊥TT 才成立。

因此，剩餘的就是：

	P	Q	R
(1)	⊥	T	T
(2)	⊥	⊥	T
(3)	⊥	T	⊥
(4)	⊥	⊥	⊥
(5)	T	⊥	⊥

這五種情形，才造成此組符號得出假的結果。

5.　　　　(A∨−A)→(B&−B)

學過邏輯的人一定知道，這組符號全假。因為前項 (antecedent) 恆真，後項 (consequent) 恆假，故恆假。真值樹亦可判斷此組符號為矛盾符號：

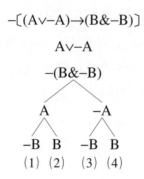

$$-\llbracket(A\vee-A)\rightarrow(B\&-B)\rrbracket$$

$$A\vee-A$$

$$-(B\&-B)$$

判斷：

①四個樹幹皆開放，可見此組符號非全真符號。

②得假的情形為：

	A	B
(1)	⊤	⊥
(2)	⊤	⊤
(3)	⊥	⊥
(4)	⊥	⊤

　　這四種情形皆無重複，我們又知此組符號由 AB 組成，一共有四種真假變化，四種當中，每一種都得假，可見此組符號恆假 (contradictory)。

　　一組符號（命題），斷定是否為「恆真」(tautologous)，本書至此介紹有下述數法：

1.真值表 (truth table)

A B	$\llbracket(A{\rightarrow}B)$	&	A⟧	→	B	
⊤ ⊤	⊤	⊤ ⊤	⊤ ⊤			是 tautologous
⊤ ⊥	⊥	⊥ ⊤	⊤ ⊥			特點：最初步也最原始，幾乎人
⊥ ⊤	⊤	⊥ ⊥	⊤ ⊤			人皆能了解。
⊥ ⊥	⊤	⊥ ⊥	⊤ ⊥			缺點：當「變元」(variables) 多

　　　　　　　　　　　　　　　　　時，則需要用一張大紙才

　　　　　　　　　　　　　　　　　能演算，出錯可能性大。

2.符號演算 (symbolic demonstration)

〔(A→B)&A〕→B　　　　　缺點：心理上怕符號或怕數學者一

〔(–A∨B)&A〕→B　　　　　　　　看必打退堂鼓。

〔(–A&A)∨(B&A)〕→B

　　(B&A)→B

　　–(B&A)∨B　　　　　　是 tautologous

　　–B∨–A∨B

　　–B∨B

　　B→B

3.反證法

〔(A→B)&A〕→B　　　　　特點：計算簡便，但如不是

　　　　　　　　　　　　　　　　 tautologous 呢！

4.真值樹 (truth trees)

　　　A→B

$$\frac{A}{B}\quad\text{是 tautologous}$$

　　　–B

　　　A
　　 ∧
　–A　B
　×　×

　　本書今後捨棄前三種方法，偏愛「真值樹」法，本書也捨棄「圖解」法，因為：

　①所有「連言」(connectives) 皆只存 & 及 ∨ 而已，→ 可改為 ∨，↔ 也可改為 ∨ 及 &。

　②簡單明瞭，& 是同樹幹，∨ 則不同樹幹。

　③如非 tautologous，則可計算出 contradictory 或 contingent。若是 contingent，也可查出得 ⊥ 的數目及得 ⊥ 的狀況。

④如非 tautologous，則要糾正成為 tautologous，也一目了然。

⑤本法也可適用於量化符號及模態邏輯中。見本書這兩單元。

習題六

利用「真值樹」技巧來演算下列推論符號，是否可以成立，如無效時，則何種情況得假?

1.P→Q	2. P→Q	3.−B→−A
R→S	R→S	A
P∨S	−Q∨−S	———
———	———	B
Q∨S	−P∨−R	

4. B↔−A	5.−(A&B)	6.−A→−A
−A	A	B↔−C
———	———	A
B	B	———
		−C

7.−A∨B	8.−(A↔B)	9.−A∨B
B↔C	−C→−B	C→D
A	———	B→C
———	−A→C	———
−C		−B→D

10. A→B	11.(A∨B∨C)→D	12. A↔B
B↔C	B	C↔D
−C∨D	———	−(−A&−C)
———	D	———
−D∨−A		B∨D

13. C→(N∨A)

   N→S

   A→S

   S→−D

   D
_____
  −C

14. D→(R∨L)

  −R

  −L
_____
  −D

15. L→(I→D)

  −D

   L
_____
  −I

16. L→(−D&−I)

  −D
_____
 −I∨−L

17. −S→−R

  S→M

  −M
_____
  −R

18. L→(D→E)

  −E
_____
 −L∨−D

19. D→(R∨L)

  −R

 −L∨−D
_____
  −D

20. C→A

  N→−A
_____
  N→−C

21. N→−C

  D→N
_____
 D→(−C∨B)

22. −P→−R

  P→S

  −S
_____
  −R

23. A→B

  C→D

  −A
_____
  −C

24. −P→−J

   J
_____
   P

25. (C&−P)→A

  −P
_____
   A

26. B→W

  W→F

   F
_____
   B

27. J→(W→−P)

  G→W

   J
_____
 G→−P

28. −B→(P∨K∨G)

  −B
_____
 P∨K∨G

29. E→−B

  S→E

  −S
_____
  −B

30. C→(E→U)

  −U
_____
 −C→E

31.$-F\rightarrow-P$
　$F\vee N$
　$-N$
　———
　$-P$

32. $R\rightarrow C$
　$C\rightarrow E$
　$-C$
　———
　$-R\vee-E$

33. $C\rightarrow F$
　B
　$\dot{B}\rightarrow C$
　———
　$-F\&-C$

34.$C\rightarrow(N\vee A)$
　$N\rightarrow S$
　$A\rightarrow S$
　$S\rightarrow-D$
　D
　———
　$D\rightarrow-C$

35. $D\rightarrow(R\vee L)$
　$-R$
　$-L\vee-D$
　———
　$-D$

36. $F\rightarrow(P\vee W)$
　$P\rightarrow D$
　$W\rightarrow S$
　$-(D\vee S)$
　———
　$-F$

37.$[-A\&-(D\&E)]\rightarrow(B\rightarrow-E)$
　$-(D\&E)\&-R$
　$E\rightarrow F$
　$-A\vee(D\&E)$
　$-(D\&E)\rightarrow(B\vee E)$
　———
　$F\vee E$

38. $(A\&D)\rightarrow-C$
　$(R\vee S)\rightarrow(A\&D)$
　$-C\rightarrow-(A\&D)$
　———
　$(R\vee S)\rightarrow-(A\&D)$

39.$(A\vee-C)\rightarrow B$
　A
　$(A\vee-D)\rightarrow(R\&S)$
　———
　$(R\&S)\vee B$

40. $R\rightarrow(-P\vee-M)$
　$-R\rightarrow(-M\&-N)$
　$-(-P\vee-M)$
　$Z\vee R$
　———
　$-M\&-N\&Z$

41. $A\leftrightarrow B$
　$-(A\&-R)\rightarrow(A\&S)$
　———
　$-(B\&S)\rightarrow-(A\&R)$

42.$-[D\&-(E\vee B)]$
　$-(E\vee F)$
　$C\rightarrow(E\vee A)$
　———
　$-(-A\&-B)\vee-(C\vee D)$

43. $K \rightarrow [(L \lor M) \rightarrow R]$

$(R \lor S) \rightarrow T$

$\overline{K \rightarrow (M \rightarrow T)}$

44. $P \rightarrow [(Q\&R) \lor S]$

$(Q\&R) \rightarrow -P$

$T \rightarrow -S$

$\overline{P \rightarrow -T}$

45. $-(A\&B) \leftrightarrow -C$

$(D \lor E) \rightarrow C$

$\overline{E \rightarrow A}$

46. $A \rightarrow B$

$C \rightarrow D$

$\overline{(A \lor C) \rightarrow (B \lor D)}$

47. $(P \lor R)\&(P \lor Q)$

$(Q\&R) \rightarrow (A \rightarrow W)$

$-[(P \rightarrow S) \rightarrow -(S \rightarrow W)]$

$-W$

$\overline{A \rightarrow S}$

48. $R \rightarrow (-A\&T)$

$B \lor -S$

$R \lor S$

$\overline{A \rightarrow B}$

49. $A \rightarrow B$

$C \rightarrow D$

$(B \lor D) \rightarrow E$

$-E$

$\overline{-(A \lor C)}$

50. $M \leftrightarrow N$

$\overline{-N \lor M}$

51. $Q \rightarrow W$

$-P \rightarrow -W$

$-N$

$W \rightarrow (P \lor L)$

$R \rightarrow (S \lor \top)$

$S \rightarrow (Q \lor N)$

$\overline{R \rightarrow (-Q \rightarrow W)}$

52. $A \rightarrow (B\&C)$

$-D \lor -E$

$D \rightarrow (A \lor F)$

$F \rightarrow (C \rightarrow E)$

$\overline{F \lor -D}$

53. $(A\&B) \rightarrow (C \lor D)$

$C \rightarrow A$

$-C \lor -D$

B

$\overline{A \rightarrow D}$

54. $P \rightarrow (Q \lor R)$

$-R$

$\overline{-Q \rightarrow -P}$

55. $P \rightarrow (Q\&R)$

$-Q$

$\overline{-P}$

56. $P \rightarrow (Q \rightarrow R)$

$-R$

$\overline{Q \rightarrow -P}$

57. P→(Q→R)

　Q

　─────────

　−R→−P

58. (P→Q)&(Q→R)

　−Q∨−R

　─────────

　−P

59. (P&Q)→(R&S)

　−(Q→R)

　─────────

　−P

60. (P&Q)→(R∨S)

　−(Q→R)

　─────────

　−S→−P

61. (P∨Q)→R

　P&S

　─────────

　P

62. P→Q

　R→−S

　T→S

　T→−Q

　U∨R

　─────────

　−P∨−T

63. (P→Q)∨(Q→R)

　─────────────

　−(P→Q)&(−Q→P)

64. (R→−P)∨(Q&−S)

　−Q↔(P→S)

　P&−R

　─────────

　P→(S∨−Q)

65. −Q→−R

　(S↔P)∨−Q

　−(P→R)

　─────────

　−S∨P

66. (Q&−R)↔−P

　P↔(R∨S)

　−S∨(−R→P)

　−Q

　─────────

　S

67. (Q∨R)→−P

　(P&Q)∨(R&−P)

　−P→Q

　─────────

　P∨−R

68. P↔(Q&−R)

　−R↔−P

　Q→R

　─────────

　P→−R

69. −P∨−Q

　(−Q↔R)&−P

　─────────

　R→−P

九、有效性 (Validity)

利用真值樹可以演算推論之是否能夠成立。但有些推論形式相當簡單，一看就可以推斷那種推論有效還是無效，如果此時還要運用真值樹或其他技巧去演算，那不學邏輯也罷。一般說來，最簡單的推論有效之原則有：

1. 肯定前項 (affirming the antecedent, or *modus ponens*)

$$A \to B$$
$$\frac{A}{B}$$

前提之 A→B 是條件語句，A 是前項，B 是後項。肯定 A 再肯定 B，則推論有效。這種形式是恆真 (tautology)。A→B 乃是 $\dfrac{A \to B}{A \to B}$ 之變形。

$$\frac{A}{B}$$

2. 否定後項 (denying the consequent, or *modus tollens*)，否定後項再否定前項，則推論有效。

$$A \to B$$
$$\frac{-B}{-A}$$

其實這是 A→B 之變形。因為 $\dfrac{A \to B}{-B \to -A}$ 與 $\dfrac{A \to B}{A \to B}$ 是同等的。

$$\frac{A}{B}$$

1 與 2 之所以推論有效，因為它符合了 A→A 的條件。也可以

說，1 與 2 的符號都是 A→A 的變形，它們都是「恆真」。

$$A \to B$$
$$\frac{A}{B}$$

就是： 〔(A→B)&A〕→B

而：
$$A \to B$$
$$\frac{-B}{-A}$$

就是： 〔(A→B)&−B〕→−A

這兩組符號都得 T。此種算法，早在第六單元介紹過，讀者可自作，其實二者符號都是 A→A，或 B→B。

如： 〔(A→B)&A〕→B
=〔(−A∨B)&A〕→B
=(A&B)→B
=−(A&B)∨B
=−A∨−B∨B
=B→B

又如： 〔(A→B)&−B〕→−A
=〔(−A∨B)&−B〕→−A
=(−B&−A)→−A
=−(−B&−A)∨−A
=B∨A∨−A
=A→A

A→A 既是恆真，是邏輯上必然的真，則〔(A→B)&A〕→B 及〔(A→B)&−B〕→−A 也恆真，也是邏輯上必然的真。A→A 是邏輯推論有效性的最基本且最簡單法則，則根據此而形變出來的推論，在邏輯上是必然有效的。

　　恆真語言雖經維根斯坦斷定為廢話，其實從邏輯推論立場而言，它是非常重要的「形式」。依「形式」而言，A→A「必然」是「恆真」；依「文字約定」而言，又那裡有人能否認「不一樣就是不一樣」呢？或「女人就是女人」呢？邏輯推論如「有效」，那是「邏輯上的真」。「邏輯上的真」是「必然的真」，它與「經驗上的真」不同，「經驗上的真」只是「可能的真」而已。

　　推論無效之原則也有：

　1.肯定後項 (affirming the consequent)：肯定後項再肯定前項，推論無效。

$$A \to B$$
$$\frac{B}{A}$$

　2.否定前項 (denying the antecedent)：否定前項再否定後項，推論無效。

$$A \to B$$
$$\frac{-A}{-B}$$

　　簡言之，上述 1、2 式之不能成立，也可以說，不能算出 A→A 或 B→B 的結果，它們不是「恆真」語言，而卻是「恆假」或「或真或假」語言。

　　在有效推論原則中，推論語句之真假不會妨礙推論有效性之成立，這種論點，前已一再述及。茲為增加印象起見，特再舉例強調之：

　1.前提真，結論真，推論有效：

(1)雅典人是希臘人 (T)

蘇格拉底是雅典人 (T)

蘇格拉底是希臘人 (T)（肯定前項，下同）

(2)生物學家是科學家 (T)

孔子不是科學家 (T)

孔子不是生物學家 (T)（否定後項，下同）

2.前提真，結論假；這種情況在邏輯有效推論中是不可能的，因之沒有例子可以說明——邏輯上的不可能 (logical impossibility)。

3.前提假，結論真，推論有效：

(1)數學家都是哲學家 (⊥)

孔子是數學家 (⊥)

孔子是哲學家 (T)

注意：前提有一語句為 ⊥，則全部前提都可視為 ⊥。因為前提如有數個，數個是使用「&」這個連接符號的。假定其中有一個得假，則全部就得 ⊥。

(2)狗用二足走路　 (⊥)

人不用二足走路 (⊥)

人不是狗　　　　 (T)

4.前提假，結論假，推論有效：

(1)狗都是貓　　　 (⊥)　　　(2)中國人是山東人 (⊥)

蘇格拉底是狗 (⊥)　　　　孔子不是山東人 (⊥)

蘇格拉底是貓 (⊥)　　　　孔子不是中國人 (⊥)

上述每一種情況皆各舉兩例，(1)例的「形式」就是：

A→B

A

B

⑵例的「形式」是：

A→B

−B
─────
−A

這兩種「形式」都符合邏輯推論的有效性原則，因此都有效。
下述 1、2、3、4 都是不能成立的推論。

1.前提真，結論真，推論無效：

⑴山東人是中國人 (丁)　　⑵山東人是中國人　　　　(丁)

　孔子是中國人　(丁)　　　羅斯福總統不是山東人(丁)
　─────────　　　───────────
　孔子是山東人　(丁)　　　羅斯福總統不是中國人(丁)

2.前提真，結論假，推論無效：

⑴山東人是中國人(丁)　　⑵生物學家是科學家　　　(丁)

　老子是中國人　(丁)　　　愛因斯坦不是生物學家(丁)
　─────────　　　───────────
　老子是山東人　(⊥)　　　愛因斯坦不是科學家　(⊥)

3.前提假，結論真，推論無效：

⑴人是狗　　　　(⊥)　　⑵人是狗　　　　　　(⊥)

　蘇格拉底是狗 (⊥)　　　蘇格拉底不是人 (⊥)
　─────────　　　──────────
　蘇格拉底是人 (丁)　　　蘇格拉底不是狗 (丁)

4.前提假，結論假，推論無效：

⑴狗是貓　　　　(⊥)

　蘇格拉底是貓 (⊥)
　─────────
　蘇格拉底是狗 (⊥)

⑵ㄅ.畫家都不是美術系畢業生 (⊥)

　洪通不是畫家　　　　　　(⊥)
　───────────────
　洪通是美術系畢業生　　　(⊥)

ㄆ.美國總統都是花生農出身 (⊥)

　卡特不是美國總統　　　　(⊥)

　卡特不是花生農出身 (⊥)

ㄇ.動物說人話　　(⊥)

　人不是動物　　(⊥)

　人不會說人話 (⊥)

ㄈ.狗是哲學家　　　　　(⊥)

　蘇格拉底不是狗　　　(⊤)

　蘇格拉底不是哲學家 (⊥)

上述例子的⑴都是 A→B，⑵即是 A→B，這些「形式」都是無效的。

$$\frac{B}{A} \qquad \frac{-A}{-B}$$

　　由上述例子，更可說明推論語句的真假，影響不了推論之能夠成立或不能夠成立。推論之有效性，如果推論過程相當複雜，用「真值樹」來演算，可以說是無往而不利；但簡單的推論程序，一如上述例子，則習過邏輯的人應該一眼即可見出該推論之有效與否。

　　一般證明推論之不能成立，還可運用「反例法」(counterexamples)。

　　例如：　　在台北的大學就是在台灣的大學

　　　　　　台大是在台灣的大學

　　　　　　台大是在台北的大學

上述推論語句都真，但推論無效。在上述推論的「形式」中，我們可以換上下述「內容」的語句進去，就可以知道推論的結論語句變假：

　　　　　　在台北的大學就是在台灣的大學 (⊤)

　　　　　　成功大學是在台灣的大學　　　　(⊤)

　　　　　　成功大學是在台北的大學　　　　(⊥)

　　推論中所使用的語句，有時在經驗中或事實裡，很難證明其為真或為假。當然假的前提語句與假的結論語句，仍然能夠構成推論之有效「形式」；但最好的推論方式，是拿已經證實為真的語句當前提。以真的語句當前提的有效推論，稱之為「健全的」(sound) 推論；以假的語句當前提的有效推論，稱為「不健全的」(unsound) 推論。前提有假，即表示前提是矛盾，或「不一致」(inconsistency)。以矛盾或不一致的語言或文字來支持結論，雖然論證可以成立，但卻是有瑕疵的，也不具說服力。最具說服力的推論，就是「健全的論證」(sound argument)。

　　當然，前提的語句與結論的語句如果絲毫無關，則推論根本無法成立。推論不能成立，就是推論的謬誤 (fallacies)。推論的謬誤種類很多，這等到「謬誤」單元時再來討論。

　　設若一種推論語句譯成符號後，它的形式如下：

$$A \rightarrow B$$
$$\frac{A}{C}$$

這種推論是推論者誤以 C 為 B 的結果，因之認為推論可以成立。但推論語句仔細分析的結果，C 不等於 B，則推論無效。如果推論者明顯的承認 C 不等於 B，而還堅持該種推論可以成立，那麼他們不是神經有毛病，就是專制的暴君，以武力強迫別人接受他們「有效」的推論。當我們談及 A 為 B 之「必要條件」，「充分條件」，「充要條件」時，表明 A 與 B 發生了某種情況的關係；但如果「有 A 不一定有 B，無 A 也不一定有 B」，則 A 與 B 根本不相干，不相干也強要相干，那不是瘋了嗎？就如同「卡特 (J. Cart) 之當選美國總統」與「台北市老松國小學生成績低落」，二者之間絲毫無關一樣。

　　前提不一致，一定會露出毛病，好比說假話一般。其實，說假話比說真話難。因為說真話的人只要把真相道出即可。真相是事實，

事實本身是前後一致且左右連貫的，不會有矛盾情事發生。說謊的
人如果要取信於人，則必須「捏造」事實，或「編造」假話。捏造
的事實或編造的假話，都容易被發現。

設若一個人在說話當中，使用了四個命題——A、B、C、D，
則由這四個命題中又可形成 15 個「附屬集合」(subset) 命題，如下
表：

1. A	5. AB	11. ABC	15. ABCD
2. B	6. AC	12. ABD	
3. C	7. AD	13. ACD	
4. D	8. BC	14. BCD	
	9. BD		
	10. CD		

公式如下：

$$m=2^n-1$$

（m：附屬組合命題的數目，n：原先命題的數目）

假定 ABCD 四個原先命題中，有一個（比如說 C）是假的（即
ABCD 彼此之間不一致），則在 15 個附屬組合命題中，就有 8 個含
有 C，因此也是假的。8 個附屬組合命題是 3、6、8、10、11、13、
14 及 15。

公式如下：

$$q=2^n-2^{(n-f)}$$

（q：假的附屬組合命題數目，f：假命題數目）

如果原先命題有 20 個之多，其中有 2 個假，則由此所組合而成
的不一致（假）命題共有 786,432 個。

$$(q=2^{20}-2^{(20-2)}=1,048,576-262,144=786,432)❶$$

上面的敘述提醒我們，我們最好要說「真話」，否則一定很容易

---

❶　Raymond Bradley and Norman Swartz, ibid., pp. 345–346.

露出馬腳。

習題七

一、下列是推論，橫線之上是推論的條件，橫線之下是推論之結論，
試問推論是否成立？

1.假如 A 聽從 B 的勸告，則 A 就不會失敗

　A 聽從 B 的勸告

　A 不會失敗

2.假如張三用功，則張三能考取大學

　張三不用功

　張三不能考取大學

3.英雄不能過美人關

　張三能過美人關

　張三是英雄

4.識時務者為俊傑

　張三不是俊傑

　張三不識時務

5.

　凡單身漢都是未婚的

　凡未婚的都是單身漢

6.大丈夫能屈能伸

　張三能屈能伸

　張三是大丈夫

7.拿破崙的爸爸是人

　希特勒是人

　希特勒是拿破崙的爸爸

8.馬不是羊

　牛不是羊

　馬不是牛

9.台南不在美國

　台灣不在美國

　台南在台灣

10.不是張三考 100 分就是李四考 100 分

　張三沒有考 100 分

　李四考 100 分

11. 馬是四隻腳的動物
　　牛不是馬
　　―――――――――
　　牛不是四隻腳的動物

12. 神仙是不吃飯的
　　人不是神仙
　　―――――――――
　　人不是不吃飯的

13. 馬是四隻腳的動物
　　牛是四隻腳的動物
　　―――――――――
　　牛是馬

14. 運動可以強身
　　散步可以強身
　　―――――――――
　　運動是散步

15. 浙江人是中國人
　　孔子是浙江人
　　―――――――――
　　孔子是中國人

16. 台南人是台灣人
　　孔子是台南人
　　―――――――――
　　孔子是台灣人

17. 所有物理學家是中國人
　　牛頓是物理學家
　　―――――――――
　　牛頓是中國人

18. 魚是水棲的
　　狗不是魚
　　―――――――――
　　狗不是水棲的

19. 假如虔誠是取悅於神的舉動，而取悅於神的舉動有時是虔誠的有時則不虔誠，則可見「虔誠是取悅於神的舉動」這句話為非。

20. 字典是有用的書
　　有用的書是有價值的書
　　―――――――――
　　字典是有價值的書

21. 甲乙兩人之一謀害丙
　　甲並未謀害丙
　　―――――――――
　　乙謀害丙

22. 甲乙兩人之一謀害丙
　　乙謀害丙
　　―――――――――
　　甲並未謀害丙

23. 國家強盛，必普及教育
　　教育經費拮据，則必不能普及教育
　　―――――――――
　　教育經費拮据，則國家必不能強盛

24. 教育不普及，則民族意識不能增強
　　民族意識增強則教育普及

25. 動物不是礦物
    礦物不是有機物
    ─────────
    動物不是有機物

26. 魚生活於水中
    犬非魚
    ─────────
    犬非生活於水中

27. 便宜貨非好貨
    ─────────
    非便宜貨是好貨

28. 便宜貨非好貨
    ─────────
    好貨非便宜貨

29. 嘴上無毛作事不牢
    張三嘴上並非無毛
    ─────────
    張三作事牢

30. 嘴上無毛作事不牢
    張三作事不牢
    ─────────
    張三嘴上無毛

31. 學則不固
    ─────────
    固則不學

32. 名不正則言不順
    ─────────
    名正則言順

33. 嘴上無毛作事不牢
    ─────────
    嘴上有毛作事牢

34. 孔子說：「自行束脩以上，未嘗不誨焉。」有人就用孔子所說
    的這句話推論成孔子只教付學費的學生，顯然與他自己所主
    張的「有教無類」相違背。試問這種說法在推論上有無錯誤？

35. 好男不與女鬥
    張三與女鬥
    ─────────
    張三非好男

36. 好男不當兵
    張三當兵
    ─────────
    張三非好男

37. 不遭人忌是庸才
    張三遭人忌
    ─────────
    張三非庸才

38. 己所不欲，勿施於人
    ─────────
    施於人者乃己之所欲者

39. 共產黨員使用簡體字
    某些候選員使用簡體字
    ─────────
    某些候選員是共產黨員

40. 己所不欲，勿施於人
    ─────────
    己所欲，施於人

41. 唯唯諾諾者不是 I.Q. 很低，就是作假
    張三是唯唯諾諾者，但張三 I.Q. 並非很低
    ─────────
    張三作假

二、利用真值樹，回答下述問題： ❷

　1.「如果阿土出國去，那麼如果阿蘭尚未訂婚，則阿土會很快
　　回來。阿土出國了，但他沒有很快回來。」

　　從上述前提可以有效地推出下面那一結論?

　　㈠如果阿土出國去，則不會很快回來。

　　㈡阿蘭訂婚了。

　　㈢如果阿土很快回來，則阿蘭尚未訂婚。

　　㈣以上皆非。

　2.設 A：春天到了；B：桃花盛開；C：阿土樂融融。問從
　　(A→B)∨C 和 –C&–B 中可推得：

　　㈠如果春天到，則阿土有無限的沉思。

　　㈡春天到了，如果桃花恰好盛開。

　　㈢如果阿土樂融融，則瑪麗回信給他了。

　　㈣以上皆是。

❷　錄自劉福增，邏輯觀點，台北，長橋，民 69，頁 70 及 120。

十、量化符號 (Quantifiers)

「凡人都是會死的」，這個語句的主詞「人」是泛指所有的「人」；「有些人是聰明的」，這個語句的主詞「人」卻指部份的「人」。可見這兩個語句的主詞所涉及的「量」，是有差別的。

㈠ (x)

假定我們說「張三是會死的」，「李四是會死的」，「王五是會死的」……。在上述語句裡，「會死的」是每個語句的共同述詞，稱為「屬性常數」(property constants)。假定我們以大寫的英文字母，如 M 來代替「會死的」這個詞；又以小寫英文字母來代表所述及的個別事物，如 a 代表張三，b 代表李四，c 代表王五……，a、b、c……稱為個別常數 (individual constants)，則上述語句的符號化就是 Ma，Mb，Mc……。同理，「張三是人」，「李四是人」，「王五是人」……。若以 N 代表「人」這個詞，則符號化就變成 Na，Nb，Nc，……。如此的符號化自比以 A 代表張三是人，B 代表李四是人，C 代表王五是人而譯成 A，B，C 更來得精確。因為 A，B，C 三個字母當中，看不出彼此有何關係；但 Na，Nb，Nc 三者中，就可知三者都有一個共同的 N。

「凡人都是會死的」，經過分析可以改寫為：「對所有 x 而言，假如 x 是人，則 x 是會死的」。依上兩段所述，則此一語句可以部份符號化為：「對所有 x 而言，Nx→Mx」。邏輯學者又以 (x) 來表示

「對所有 x 而言」，因之「凡人都是會死的」的全部符號化就是：

$$(x)(Nx \to Mx)$$

「人非狗」的語句，可以改寫成為：「對所有 x 而言，如果 x 是人，則 x 不是狗」。它的符號化就是：

$$(x)(Ax \to -Bx)$$

在這裡有兩點要注意：

1. $(x)(Nx \to Mx)$ 符號中的 N 與 M 是「→」的關係，換句話說，該語句的主詞與述詞是充分條件的關係。讀者當未忘記，所謂充分條件就是「有之必然」的關係。在「凡人都是會死的」的語句裡，「人」與「是會死的」構成為充分條件關係。因之在翻譯時，應該用箭頭符號。

2. 上述語句的符號化不可寫成 $(x)Nx \to Mx$，因為如此會有如下的兩種結果：

①Mx 的 x 是無所指的，它變成不受前面的 (x) 所管制 (govern)，好似孤魂野鬼一般，無所歸屬。Mx 的 x 到底代表全部的量還是部份的量，吾人就不知了。

②$(x)Nx \to Mx$ 是說 $(x)Nx$ 箭頭 Mx，因之會變成與 $-(x)Nx \lor Mx$ 的符號同等，這是不對的。

全部的量用 (x) 表示。(x) 是一種 universal quantifier（全部的量），英文可唸為 universal x，中文可以唸為「全部 x」。當然，(y)、(z)、(w) 也可以代表全部的量。

㈡ (∃x)

「有些人是聰明的」，這個語句可以改寫成「對有些 x 而言，x 是人且 x 是聰明的」。假定我們用 (∃x) 來代表「對有些 x 而言」，以 Nx 代表 x 是人，以 Ix 代表 x 是聰明的，則「有些人是聰明的」的

全部符號化就是 (∃x)(Nx&Ix)。(∃x) 是一種 existential quantifier（部份的量），英文可唸為 existential x，中文可以唸為「存有的 x」。當然，(∃y)，(∃z)，(∃w)，……也都可以代表「存有的量」。

「有些人不愛哭」，可以改寫成為「對有些 x 而言，x 是人而 x 不愛哭」。它的符號化就是：

$$(∃x)(Ax\&-Bx)$$

在這裡也有兩點要注意：

1. 在存有的量語句中，主詞與述詞不是構成充分條件的關係。因為在「有些人是聰明的」這個語句裡，「人」（主詞）並不「必然的」「是聰明的」。因之不能用「→」來翻譯，而應該以「&」來翻譯。因為存有的量語句，是說明主詞與述詞的兩種情況兼而有之。

2. (∃x)(Nx&Ix) 也不可以寫成 (∃x)Nx&Ix，因為後者符號的 Ix 之 x 變成不受外面 (∃x) 所管制，因之吾人不知 Ix 的 x 到底是含多少量的 x。可知括號的應用是相當重要的。

我們在此可以獲得一種概念，即 (x) 的符號是以「→」來翻譯括號裡面的命題，而 (∃x) 的符號是以「&」來翻譯括號裡面的命題。

㈢ –(x)

在「並非所有的狗都是哈巴狗」的語句裡，如以 Ax 表示 x 是狗，Bx 表示 x 是哈巴狗，則上述語句的符號化就是：–(x)(Ax→Bx)。我們在語句意義上來解析此一語句，此一語句也就是「有些狗『不是』哈巴狗」的意思。而「有些狗不是哈巴狗」的符號化就是 (∃x)(Ax&–Bx)。這個符號也可以由前面的 –(x)(Ax→Bx) 變化而來。

我們先要記住 –(x)=(∃x)–，即「並非所有……」是等於「有些不是……」。則：

$$-(x)(Ax{\rightarrow}Bx)=(\exists x)-(Ax{\rightarrow}Bx)$$
$$=(\exists x)-(-Ax{\vee}Bx)$$
$$=(\exists x)(Ax\&-Bx)$$

㈣ $-(\exists x)$

在「並非有人是狗」的語句裡，符號化就變成 $-(\exists x)(Ax\&Bx)$ （Ax：x 是人，Bx：x 是狗）。而「並非有人是狗」的語意，也就是「人都不是狗」。「人都不是狗」的符號化就是 $(x)(Ax{\rightarrow}-Bx)$。因之我們可以說：

$$-(\exists x)(Ax\&Bx)=(x)(Ax{\rightarrow}-Bx)$$
$$\therefore\ -(\exists x)(Ax\&Bx)=(x)-(Ax\&Bx)$$
$$=(x)(-Ax{\vee}-Bx)$$
$$=(x)(Ax{\rightarrow}-Bx)$$

$-(\exists x)=(x)-$ 即「並非有些……」是等於「所有都非……」。

$(x)(Ax{\rightarrow}Bx)$ 的符號，乃是由下列符號所組成：$(Aa{\rightarrow}Ba)\&(Ab{\rightarrow}Bb)\&(Ac{\rightarrow}Bc)\&(Ad{\rightarrow}Bd)\&\cdots\cdots$。「凡人都是會死的」此一語句等於是「張三是會死的」和「李四是會死的」和「王五是會死的」和……。「凡人都是會死的」此一語句如為真，則「張三是會死的」……等所有語句必須同時為真。只要其中有一句為假，則「凡人都是會死的」就為假。

但 $(\exists x)(Ax\&Bx)$ 卻是等於 $(Aa\&Ba){\vee}(Ab\&Bb){\vee}(Ac\&Bc){\vee}(Ad\&Bd){\vee}\cdots\cdots$。「有些人是聰明的」這一語句，只要有一個人是聰明的，則該語句就可以成立；當然，有兩個人是聰明的，該語句照樣可以成立；三個人，四個人，……亦然。因此 $(Aa\&Ba)$ 與 $(Ab\&Bb)$ 等其他符號連在一起時，是使用「$\vee$」這個符號。

有些量化語句並不明確標明「凡」「所有」「一切」「全部」

……，或「有些」「部份」「一些」……等字眼；但我們應先判斷它是屬於 (x) 形式還是 (∃x) 形式。如「糖是甜的」，這個語句顯然是 (x) 形式，如以 Ax 表示 x 是糖，Bx 表示 x 是甜的，則此一語句的符號化就是 (x)(Ax→Bx)。

　　量化符號比較精確。本書開始的頭幾部份所舉的例子語句，都可以用量化符號來表示。如：

「女子與小人難養」之量化符號就是

$$(x)[(Ax∨Bx)→Cx]$$

（Ax：x 是女子，Bx：x 是小人，Cx：x 難養）

「只有品學兼優而家境清寒者，得獎學金」的符號化就是

$$(x)[Dx→(Ax\&Bx\&Cx)]$$

（Ax：x 品優，Bx：x 學優，Cx：x 家境清寒，Dx：x 得獎學金）

「沒有人不愛惜名譽」的符號化就是

$$(x)-(Ax\&-Bx)$$

（Ax：x 是人，Bx：x 愛惜名譽）

此一語句就等於「凡人都愛惜名譽」，或「是人而又不愛惜名譽，是沒有的」。

$$(x)-(Ax\&-Bx)=(x)(-Ax∨Bx)$$
$$=(x)(Ax→Bx)$$

因之：「沒有非英雄是可以配美人的」的符號化就是 (x)-(-Ax&Bx)，也就是 (x)(-Ax→-Bx)，即：「凡非英雄皆不可以配美人」。

　　下述各組的兩個語句都同等，符號也相同：

1.①英雄皆好大喜功：

$$(x)(Hx→Bx)$$

（Hx：x 是英雄，Bx：x 好大喜功）

②是英雄而不好大喜功，是沒有的：

$$(x)-(Hx\&-Bx)$$

因為:

$$(x)-(Hx\&-Bx)=(x)(-Hx\lor Bx)$$

$$=(x)(Hx\to Bx)$$

2.①沒有守財奴是慷慨好義的:

$$(x)(Ax\to -Bx)$$

②是守財奴而又慷慨好義,是沒有的:

$$(x)-(Ax\&Bx)$$

3.①有些思想家是性情孤僻的:

$$(\exists x)(Ax\&Bx)$$

②並非凡是思想家都是性情不孤僻的:

$$-(x)(Ax\to -Bx)$$

因為:

$$-(x)(Ax\to -Bx)=(\exists x)-(Ax\to -Bx)$$

$$=(\exists x)(Ax\&Bx)$$

4.①有些詩人不好飲酒:

$$(\exists x)(Ax\&-Bx)$$

②並非凡是詩人皆好飲酒:

$$-(x)(Ax\to Bx)$$

因為:

$$-(x)(Ax\to Bx)=(\exists x)-(Ax\to Bx)$$

$$=(\exists x)(Ax\&-Bx)$$

習題八

一、譯下列語句為量化邏輯符號:(符號自定,劃線的詞,要用符號
代表)

1.尼姑是女人。

2. 沒有獨裁者是講民主的。

3. 有些紅顏是薄命。

4. 有些薄命是紅顏。（注意，3 與 4 是否同等）

5. 並非所有學生都考 100 分。

6. 蔬菜及水果都有營養。

7. 只有教師與警察是國家不可缺少的公務員,但他們待遇菲薄。

8. 有些人個子高，他們又是友善的。

9. 無英雄能過美人關。

10. 不自愛的人是不受他人敬重的。

二、簡化下列符號:

1. –(x)–(Ax&–Bx)

2. (∃x)–〔(Ax&–Bx)→–Cx〕

3. –(∃x)(–Ax&–Bx)

4. –(∃x)–〔(–Ax∨–Bx)&Cx〕

5. (x)–〔Ax&–Bx&(Cx∨–Dx)〕

十一、對待關係 (Square of Opposition)

　　英文的 opposition 是「對立」的意思，反對黨稱為 opposition party。反對或贊成，在「選言」(∨) 單元裡（第三單元）已言之，這不是「二分」(dichotomy)，沒那麼單純，尤其在「量」上。「反對」力道之強弱，就性質的「明辨」上，有必要作進一步的解析。

　　量化的語句在量上既有全部量及部份量之別，而在質上又有肯定及否定之異。因之，我們可以說有四種不同的語句類型：

1. 全量肯定句 (universal affirmative propositions)：語句如「凡人是會死的」，屬於此種類型。我們用一個簡單的語句代表之，即「所有 x 是 P」，它的符號化就是 (x)Px。全量肯定句在邏輯上有個代號，即稱為 A 語句。

2. 部份肯定句 (particular affirmative propositions)：語句如「有些人是笨的」，屬於此種類型。我們用一個簡單的語句代表之，即「有些 x 是 P」，它的符號化就是 (∃x)Px。部份肯定句在邏輯上有個代號，即稱為 I 語句。

3. 全量否定句 (universal negative propositions)：語句如「英雄好漢是不怕死的」，屬於此種類型。我們用一個簡單的語句代表之，即「所有 x 都非 P」，它的符號化就是 (x)–Px。全量否定句在邏輯上有個代號，即稱為 E 語句。

4. 部份否定句 (particular negative propositions)：語句如「有些女人不愛打扮」，屬於此種類型。我們也用一個簡單的語句代

表之，即「有些 x 不是 P」，它的符號化就是 (∃x)−Px。部份否定句在邏輯上也有個代號，即稱為 O 語句。

A、I、E、O 四個代號都有它們的拉丁語根。我們不是研究拉丁文的，讀者只要記住它們所代表的語句意義，倒不必去深究為何以 A、I、E、O 來代表不同的語句。

現在我們把上述四種代號及符號總括如下：

A： 全量肯定句， (x)Px

I： 部份肯定句， (∃x)Px

E： 全量否定句， (x)−Px

O： 部份否定句， (∃x)−Px

A、I、E、O 彼此之間的真假關係，在亞里士多德的著作裡就討論得頗為詳盡；傳統的邏輯書也因敘述這種關係而佔了許多篇幅。本書將利用真值樹的計算技巧，來解決 A、I、E、O 真假關係問題。有了這種技巧，則可以計算出結果來，而不必仰賴記憶。

此處的計算，我們只能舉幾個例子來說明。至於其他未舉的部份，則留給讀者作作業。

(一) A 語句得真時，I、E、O 如何？

1. A 真時，則 I 能否為真？ A 的符號是 (x)Px，而 I 的符號是 (∃x)Px。真值樹的計算就是看看 A 真時能否推論成 I 必真。

$$\underline{\quad\text{(x)Px}\cdots\cdots\cdots\cdots\text{A 真}\quad}$$

√(∃x)Px⋯⋯⋯ I 真

√−(∃x)Px⋯⋯⋯反結論（以後的計算同此）

(x)−Px

　−Pa⋯⋯⋯以 a 作為 (x)−Px 的一分子

　Pa⋯⋯⋯以 a 作為 (x)Px 的一分子

×

此種推論成立，因之 A 真時 I 必真。當「所有同學都考及格」之語句 (A) 為真時，則「有同學考及格」之語句 (I) 必真。

2. A 真時，E 如何？

①先計算 A 真時 E 是否必真？

$$\frac{(x)Px\cdots\cdots A\ 真}{}$$

✓　(x)–Px……E 真

✓–(x)–Px

✓　(∃x)Px

　　　　Pa……以 a 作為 (∃x)Px 的一分子

　　　　Pa……以 a 作為 (x)Px 的一分子

發展結果，並不封閉，因之推論無效。也就是說，A 真時推論不出 E 必真。

②A 真時，E 能否必得假？

$$\frac{(x)Px\cdots\cdots A\ 真}{}$$

✓　–(x)–Px……E 假

✓– –(x)–Px

　　(x)–Px

　　　　–Pa……以 a 作為 (x)–Px 之一分子

　　　　Pa……以 a 作為 (x)Px 之一分子

　　　　　　×

可見 A 真時，E 必假。當「數學家都是科學家」(A) 為真時，則「數學家都非科學家」(E) 為假。

3. A 為真時，O 如何？

①先計算 A 為真時，O 是否必真？

$$\frac{(x)Px\cdots\cdots A\ 真}{\checkmark\quad (\exists x)-Px\cdots\cdots O\ 真}$$

$\checkmark -(\exists x)-Px$

$(x)Px$

Pa……以 a 作為 (x)Px 的一分子

Pa……以 a 作為 (x)Px 的一分子

上述推論無效。因之 A 真時，O 不會得真。

②A 真時，是否 O 必假？

$$\frac{(x)Px\cdots\cdots A\ 真}{\checkmark\quad -(\exists x)-Px\cdots\cdots O\ 假}$$

$\checkmark -\ -(\exists x)-Px$

$\checkmark\quad (\exists x)-Px$

　　　　－Pa……以 a 作為 (∃x)－Px 之一分子

　　　　Pa……以 a 作為 (x)Px 之一分子

$\times$

上述推論可以成立，因之 A 真時 O 必假。當「數學家都是科學家」(A) 為真時，則「有些數學家不是科學家」(O) 就為假。

㈡O 為真時，A、I、E 如何？

1. O 為真時，則 A 如何？

①先算 O 為真時，是否 A 必真？

$$\frac{(\exists x)-Px\cdots\cdots O\ 真}{\checkmark\quad (x)Px\cdots\cdots A\ 真}$$

$\checkmark -(x)Px$

$\checkmark\quad (\exists x)-Px$

　　　　－Pa……以 a 作為 (∃x)－Px 之一分子

　　　　－Pb……以 b 作為 (∃x)－Px 之一分子

上述推論無效，上述式子計算到最後的結果，變成兩個 (∃x)−Px，當然這兩個符號都是否定句，是不會衝突的。（兩個都是肯定句時也不會衝突。）樹幹不能封閉，是無效的。在兩個符號都是 (∃x) 時，如以 a 作為其中一個 (∃x) 的分子後，則另一個 (∃x) 就應該以 a 之外的其他符號代表之。所以上式的計算用 a 與 b 作為兩個 (∃x)Px 的分子。「有人抽香煙」，「有人打瞌睡」這兩個語句中的「有人」也許指的是同一個人，就是說「張三抽香煙」且「張三打瞌睡」，但卻「不必」一定是同一個人，也許是「張三抽香煙」，「李四打瞌睡」。注意！邏輯推論講求的是「必然」關係。

②O 真時，是否 A 必假？

$$\frac{\checkmark\quad(\exists x)-Px\cdots\cdots O\ 真}{\checkmark-(x)Px\cdots\cdots\cdots A\ 假}$$

$$\checkmark--(x)Px$$

$$(x)Px$$

$$-Pa$$

$$Pa$$

$$\times$$

上述推論成立。可知 O 真時，A 必假。當語句「有人不是狗」(O) 為真時，則「人是狗」(A) 就為假。

2. O 真時，I 如何？

①O 真時是否 I 必真？

$$\frac{(\exists x)-Px\cdots\cdots O\ 真}{\checkmark\quad(\exists x)Px\cdots\cdots I\ 真}$$

$$\checkmark-(\exists x)Px$$

$$(x)-Px$$

$$-Pa$$

$$-Pa$$

上述推論無效。

②O 真時，是否 I 必假？

$$\frac{(\exists x)-Px\cdots\;\;O\;真}{-(\exists x)Px\cdots\cdots I\;假}$$

$$--(\exists x)Px$$

$$(\exists x)Px$$

Pa⋯⋯以 a 作為 $(\exists x)Px$ 之一分子

−Pb⋯⋯以 b 作為 $(\exists x)-Px$ 之一分子

上述推論仍然無效。上述式子計算到最後，剩下 $(\exists x)-Px$ 及 $(\exists x)Px$，一個是肯定符號，一個是否定符號。但因為二者都是 $(\exists x)$ 式符號，因之樹幹發展不能封閉，是無效的推論。當語句「有人不戴眼鏡」(O) 為真時，語句「有人戴眼鏡」(I) 則亦為真。但語句「有些人不是狗」(O) 為真時，語句「有些人是狗」(I) 則為假。「形式邏輯」告訴我們，O 為真時，I 是真假不定的。

其餘情況可依此類推。我們可以下表來作為 A、I、E、O 得「真」的相互對待關係：

⊤

	A	I	E	O
A	/	?	⊥	⊥
I	⊤	/	⊥	?
E	⊥	⊥	/	?
O	⊥	?	⊤	/

㈢ A 假時，則 I、E、O 如何？

1. A 假時，I 如何？

　　① A 假時，是否 I 必真？

$$\frac{\checkmark -(x)Px\cdots\cdots A\ 假}{\checkmark\ (\exists x)Px\cdots\cdots I\ 真}$$

　　　　$\checkmark -(\exists x)Px$

　　　　　$(x)-Px$

　　　　　$(\exists x)-Px\cdots\cdots$ 由前提而得

　　　　　　　$-Pa$

　　　　　　　$-Pa$

上述推論不能成立。因此 A 假時推論不出 I 必真。

　　② A 假時，是否 I 必假？

$$\frac{-(x)Px\cdots\cdots A\ 假}{-(\exists x)Px\cdots\cdots I\ 假}$$

　　　　$- -(\exists x)Px$

　　　　　$(\exists x)Px$

　　　　　$(\exists x)-Px\cdots$ 由前提而得

　　　　　　　Pa

　　　　　　　$-Pb$

　　上述推論也不能成立。因此 A 假時推論不出 I 必假。當語句
「人是狗」(A) 為假時，則語句「有些人是狗」(O) 為假。但當語句
「數學家都是哲學家」(A) 為假時，則語句「有些數學家是哲學家」
(I) 就為真。可見 A 語句為假時，I 語句真假不定。

　　其他的對待關係，留給讀者自己計算。下表即表示 A、I、E、
O 得「假」的互相對待關係：

⊥

	A	I	E	O
A	/	⊥	?	⊤
I	?	/	⊤	⊤
E	?	⊤	/	⊥
O	⊤	⊤	?	/

把前表與本表合起來看，可以看出直行每一行各有兩個真 (⊤)，兩個假 (⊥)，兩個真假不定 (?)。

對待關係的結論如下：

1. 在 A、I、E、O 四方形的圖裡（見下圖），對角線的關係最為單純。A 與 O，及 I 與 E 之關係稱為「矛盾」(contradictories)。矛盾關係即彼方真，此方就假；此方真，彼方就假；此方假，彼方就真；彼方假，此方就真。即 A 真 O 就假，O 真 A 就假；A 假 O 就真，O 假 A 就真。I 與 E 之關係亦同。

2. A 與 E 之關係稱為「反對」(contraries)：即 A 真 E 假，E 真 A 假；但 A 假時 E 則不定，E 假時 A 也不定。

3. A 與 I，及 E 與 O 之關係稱為「等差」(subalternates)：即 A 真 I 真，I 真 A 真假不定；A 假 I 真假不定，I 假 A 假。E 與 O 之關係亦同。

4. I 與 O 之關係稱為「小反對」(subcontraries)：即 I 真 O 真假不定，O 真 I 真假不定；I 假 O 真，O 假 I 真。

這四種關係非常嚴謹。當 O 得真時，我們可以由 O 與 A 之關係（對角線關係）得知 A 必假；而 A 得假時，I 是真假不定的。因此 O 得真時，I 是真假不定的。同理，當 E 得假時，可以由 E 與 I

之關係（對角線關係）得知 I 必真，而 I 得真時，A 是真假不定的。
因之 E 假時，A 是真假不定的。

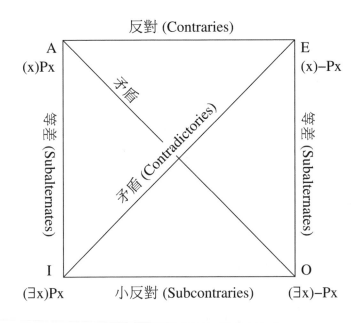

A、I、E、O 也可以形成如下的相互關係：

1. A↔−O

   I↔−E

   −A↔O

   −I↔E

2. A→−E

   E→−A

3. A→I

   E→O

4. −I→O

其實，這些關係都可用「真值樹」算出來，不必去記得頭昏腦

賬。

　　本節的討論，也可以使我們了解為何語句「並非所有狗都是哈巴狗」應該改成「有些狗『不是』哈巴狗」(O)，而不可以改成「有些狗『是』哈巴狗」(I)。因為 I 語句得真時，A 語句也有得真的可能；因之語句「有些狗是哈巴狗」(I) 為真時，語句「所有狗都是哈巴狗」(A) 就有得真的可能，而語句「所有狗都是哈巴狗」卻與語句「並非所有狗都是哈巴狗」不能兩存的。因之語句「並非所有狗都是哈巴狗」並不與語句「有些狗是哈巴狗」同等。而語句「並非所有狗都是哈巴狗」與語句「有些狗不是哈巴狗」是同等的。因為後者語句表示三種情況都有得真的可能，即：

　　1.「有些狗不是哈巴狗」(O)

　　2.「有些狗是哈巴狗」(I)

　　3.「所有狗都不是哈巴狗」(E)

O 得真時，I 及 E 都真假不定。

　　讓我們再舉個例子。假定現在邏輯老師要發表邏輯考試成績，未發表之前，有個學生去看了考卷，他看了第一張試卷，及格了；第二張，及格了；第三張，也及格了。此時他可以向同學說：「有人考及格了。」「有人考及格」意謂：1.「有人考及格」(I) 為真；2.可能「有人考不及格」(O) 為真；3.可能「所有人都考及格」(A) 為真。這名看成績的學生只看了三張都及格的試卷，因之斷定「有人考及格」(I)。其實，也許是 1.所有同學都及格了，2.有些同學沒考及格。因為 I 為真時，A 及 O 都有得真的可能。這種情況如了解，則 O 為真時，E 與 I 也都有得真的可能，也就不難領會了。

　　用「真值樹」計算，結果相當精確，不必靠舉實例。舉實例是以「經驗事實」為主，但「經驗事實」的範圍甚廣，吾人可能只知其一而不知其餘。因此靠「經驗事實」來說明推論之可靠與否（如「反例法」），是不太保險的。符號邏輯之運算則無此毛病。

在理論及實際上，「對待關係」既有如上述四類，強弱度極為清晰。與人相處或國與國之來往，「對立」在所難免，一流外交官或個人，如能把第一級的對立，即「矛盾」，降低到第二級，即「反對」，再想辦法成為第三級，即「等差」，最後更化解成最低一級的「小反對」，則就任務達成了。讀者也可就實例來一一說明。當今世界各國，彼此之間的「對立關係」是處在那一級，我國台灣呢？

習題九

一、　1.試用「真值樹」計算出 E 得真時，A、I、O 的真假情況，並舉實例證之。

2.試用「真值樹」計算出 I 得假時，A、E、O 的真假情況，並舉實例證之。

3.當「有同學考 100 分」為真時，則「同學都考 100 分」是有可能真的，此種說法對嗎？

4.試問下述推論正確嗎？

①凡人皆死　　　②並非有人會死　　　③有人戴眼鏡
　孔子會死　　　　有人不會死　　　　　有人不戴眼鏡

④並非所有同學都考及格
　有些同學考及格

二、試問下述語句是何種對待關係？

1.美國於 1917 年加入第一次世界大戰，且美國於 1914 年加入第一次世界大戰。

2.今天考試且今天不考試。

3.今天考地理且今天考歷史。

4.全世界國家都在紛爭中，且中國在紛爭中。

5.今天有些科目要考試，且今天有些科目不考試。

6. 中國於 1930 年第一次對日抗戰，且中國於 1936 年第一次對日抗戰。

7. 「今天是星期三」與「今天是星期四」。

「今天是星期三」與「今天是星期六」。

8. 「今天是星期三」與「今天非星期三」。

十二、量化符號的推論演算
(Demonstration)

人是會死的

孔子是人

———————

孔子是會死的

在上述的推論中，吾人已知它是屬於「肯定前項」（是人）然後再「肯定後項」（是會死的）的推論類型，因之是有效的推論。不過，我們可以拿這個推論作例子，先作量化符號的翻譯，並用「真值樹」方法演算出該推論是否可以成立。

$$(x)(Nx{\rightarrow}Mx)$$

$$\frac{Nc}{Mc}$$

定義： Nx： x 是人

Mx： x 是會死的

c： 孔子

「真值樹」的演算如下：

$-$Mc

Nc

Nc$\rightarrow$Mc　　以 c 作為 (x)(Nx→Mx) 的一分子

$-$Nc　　Mc

×　　　×

此棵樹發展的所有樹幹都已封閉，因之推論有效。

　　量化符號在「真值樹」的演算過程中，有下列幾項原則應予注意：

1. 全量符號〔如 (x)〕可以無窮的以各個個別常數符號代表之。在 (x)(Nx→Mx) 的符號中，它乃是由 (Na→Ma)&(Nb→Mb)&(Nc→Mc)&……所組成。當我們以 a、b、c、……的其中一個來作為 (x) 的一分子時，不可以說 (x) 的符號已發展完畢，它是無窮的。因之當以 a、b、c、……其中的一個作為 (x) 的一分子後，(x) 的符號不要作發展完畢的記號（即✓），還應留待以後再予發展（如果樹幹不能封閉時）。

2. 在 (x) 的無窮盡符號中，吾人選擇可以「封閉」的個別符號發展。如上例 (x)(Nx→Mx) 中，我們選擇 c 作為 (x) 的一分子。

3. 在 (∃x) 的符號中，只要選擇 a、b、c、……的任何一個符號作為 (∃x) 的分子時，則 (∃x) 的符號就算已發展完畢，可以作上「✓」的記號。而選擇 a 或 b 或……作為 (∃x) 的個別分子，要視它能否與已發展的樹幹符號「封閉」而定。

4. 如有兩個部份量化符號，如 (∃x)Nx 及 (∃x)Mx，則作為 (∃x)Nx 一分子的個別符號不要與作為 (∃x)Mx 一分子的個別符號相同（見前節）。當以 a 作為 (∃x)Nx 的一分子後——即 Na，則應以 a 之外的其他個別符號當中的一個去作為 (∃x)Mx 的一分子，如 Mb。

5. 部份量化符號所選用的個別符號，都可以重複出現在全量符號中。

6. 在發展「真值樹」時，當然要先用反證法，這是和以前所介紹的規則相同的。將反結論符號予以發展之後，應該先發展部份量化符號，因為部份量化符號只用一個個別常數符號（如

a、b、c、……）去發展就已完畢；然後再發展全量符號。

7.在全量符號的所有可能發展的個別常數符號都發展之後，如
　仍然未能把發展的樹幹封閉，則可以判定該推論無效。

底下分別舉數例說明之：

1.　　✓　　(x)(Rx→Bx)……①

　　　✓　　(∃x)–Bx………　②
　　　────────────
　　　✓　　(∃x)–Rx

　　✓–(∃x)–Rx………　反結論

　　　　(x)Rx…………　③　由上式得來

　　　　–Bb……………　以 b 作為 (∃x)–Bx 的一分子

　　　　Rb……………　以 b 作為③ (x)Rx 的一分子

　　　　Rb→Bb…………以 b 作為 (x)(Rx→Bx) 的一分子

　　　　–Rb　　Bb
　　　　×　　　×

　　讀者或者會懷疑，在本題中的 (∃x)–Bx，或有可能以 a 為它的
分子，這是不錯的。當以 a 作為 (∃x)–Bx 的一分子時，則其他兩個
全量符號，(x)(Rx→Bx) ①及 (x)Rx ③就以 a 作為它們的分子，如此
發展的結果照樣可以封閉所有樹幹。如 (∃x)–Bx 以 b 作為分子，而
兩個 (x) 卻以 a 作為分子，則初步發展的結果並不封閉，情形如下：

　　　　　　　　–Bb

　　　　　　　　Ra
　　　　　　 ／　　＼
　　　　　–Ra　　Ba
　　　　　　×

此時，我們再以 b 作為 (x)(Rx→Bx) 的一分子，將它發展在開放的
樹幹底下，即：

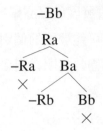

結果仍然不能封閉，但不可以因此死心，就遽下判斷此種推論無效。
我們還可以發展 (x)Rx 並以 b 作為它的一分子，將 Rb 發展在開放的
樹幹底下，情形如下：

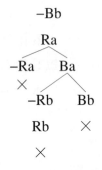

結果，推論成立。

此外，(∃x)–Bx 的符號，也有可能是 –Ba∨–Bb，或 –Ba∨–Bb∨
–Bc……，不一定只是 –Ba 或 –Bb 而已，這是沒有錯的。我們習慣
上在遇到 (∃x) 符號時，是只以一個個別常數符號去代表就算完畢。
其實用兩個常數符號去代表也行；同理，三個、四個……也都行。
如上例：

$$(x)(Rx{\rightarrow}Bx)\cdots\cdots①$$

$$(\exists x)–Bx\cdots\cdots②$$

$$\overline{\phantom{(\exists x)(Rx{\rightarrow}Bx)\cdots}}$$

$$(\exists x)–Rx$$

$$–(\exists x)–Rx$$

$$(x)Rx\cdots\cdots③$$

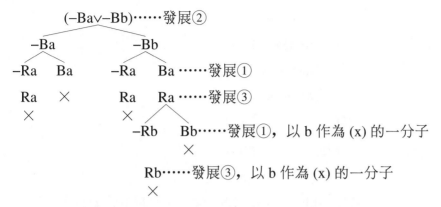

注意，(x)(Rx→Bx) 是 (Ra→Ba)&(Rb→Bb)&……所組成，不可以為 (x) 是全量符號，因之 Ra→Ba 乃是 (x)(Rx→Bx) 的一組成符號。如以 a 作為它的一分子時，應是 Ra→Ba，而不可以為 Rx 的 x 可以是 a，而 Bx 的 x 就用 b 了。

2.

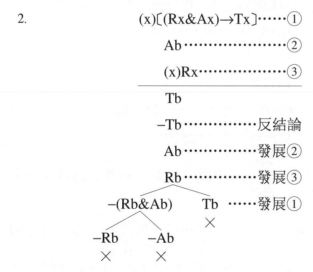

本題中，因為個別常數符號已有 b，因之在全量符號中，就以 b 作為它們的一分子。但如果題目中已有個別常數符號，而又有部份量化符號，則不可以以已出現的個別常數符號去作為部份量化符號的分子。如：

3.
$$(x)(Kx \rightarrow -Lx) \cdots\cdots ①$$
$$\checkmark \quad (\exists x)(Mx \& Lx) \cdots\cdots ②$$

$$\checkmark \quad Ma \& -Ka$$

$$-(Ma \& -Ka) \cdots\cdots\cdots 反結論$$

```
        -Ma           Ka
        Mb            Mb  ┐
                          ├ 發展②
        Lb            Lb  ┘
    -Kb  -Lb      -Kb  -Lb  …發展①，以 b 作為分子
          ×            ×
  -Ka  -La      -Ka   La  ……發展①，以 a 作為分子
          ×
```

此棵樹有好多枝樹幹開放，因之推論無效。

4.
$$(x)[(Rx \vee Qx) \rightarrow Sx] \cdots ①$$
$$\checkmark \quad (\exists x)(-Qx \vee -Rx) \cdots\cdots ②$$
$$\checkmark \quad (\exists x)-(Px \vee -Qx) \cdots\cdots ③$$

$$\checkmark \quad (\exists x)Sx$$

$$\checkmark \quad -(\exists x)Sx \cdots\cdots\cdots\cdots 反結論$$

$$(x)-Sx \cdots\cdots\cdots\cdots ④$$

```
            -Pa  ┐
                 ├ 發展③，以 a 作為 (∃x) 的一分子
            Qa   ┘

        -Qb                 -Rb  ………發展②，以 b 作為 (∃x) 的
                                        一分子

  -(Ra∨Qa)  Sa    -(Ra∨Qa)  Sa  …發展①，以 a 作為 (x) 的
                                        一分子

  -Ra    -Sa    -Ra    -Sa  …發展④，以 a 作為 (x) 的
                                        一分子

  -Qa     ×     -Qa     ×
   ×             ×
```

本題推論仍屬有效。在發展過程中，先發展③而不先發展②，因為
③發展的結果只存在一根樹幹，而②則有兩根。發展③然後發展②，
與發展②然後發展③都會得同樣的結果，但取其方便簡單的為之。

5.　　　　　✓　(∃x)(Px&−Qx)‥‥‥‥①

　　　　　　　(x)(Rx→Px)‥‥‥‥‥②
　　　　───────────────
　　　　　✓　(∃x)(Rx&−Qx)

　　　　　✓　−(∃x)(Rx&−Qx)‥‥‥反結論

　　　　　　　(x)−(Rx&−Qx)‥‥‥③

　　　　　　　　　Pa

　　　　　　　　−Qa‥‥‥‥‥發展①

　　　　　　−Ra　　　Qa‥‥‥發展③
　　　　　　　　　　　×
　　　　　−Ra　　Pa‥‥‥‥‥發展②

本題無效。

6.　　　　　(x)〔Px→(Qx∨Rx)〕‥‥‥‥‥‥‥①

　　　　　　(x)〔(Sx&Px)→−Qx〕‥‥‥‥‥‥②
　　　　──────────────────
　　　　✓　(x)(Sx→Px)→(x)(Sx→Rx)

　　　✓−〔(x)(Sx→Px)→(x)(Sx→Rx)〕‥‥‥反結論

　　　　　(x)(Sx→Px)‥‥‥‥③
　　　　　　　　　　　　　　　　＞發展上式
　　　✓　−(x)(Sx→Rx)‥‥‥‥④

　　　✓　(∃x)−(Sx→Rx)‥‥‥‥‥‥‥⑤　　　由④而來

　　　　　　Sa
　　　　　　　＞發展⑤
　　　　　−Ra

　　　　−Sa　　Pa‥‥‥發展③
　　　　　×
　　　　　　−Pa　　Qa∨Ra‥發展①
　　　　　　　×
　　　　　　　Qa　　Ra
　　　　　　　　　×

$$-(Sa\&Pa) \quad -Qa \cdots\cdots 發展②$$

$$-Sa \quad -Pa$$

本題有效。注意，在反結論時，是把整個結論都反了，因之是 $-[(x)(Sx \to Px) \to (x)(Sx \to Rx)]$，而非 $-(x)(Sx \to Px) \to (x)(Sx \to Rx)$，這是應予留心的。

習題十

一、 用真值樹來演算下列的量化符號推論有效抑無效：

1.　$(x)(Mx \to Sx)$

$\dfrac{(x)(-Bx \lor Mx)}{(x)(-Sx \to -Bx)}$

2.　$(x)Rx$

$(x)(-Gx \to -Rx)$

$\dfrac{(x)Mx}{(\exists x)Gx\&(\exists x)Mx}$

3.　$(x)[(Fx \lor Rx) \to -Gx]$

$\dfrac{(x)-(-Fx\&-Rx)}{(\exists x)-Gx}$

4.　$(x)(Kx \to -Lx)$

$\dfrac{(x)(Mx\&Lx)}{(\exists x)(Mx\&-Kx)}$

5.　$(\exists x)(Ax\&-Bx)$

$(\exists x)(Ax\&-Cx)$

$\dfrac{(\exists x)(-Bx\&Dx)}{(\exists x)(Ax\&-Bx\&Dx)}$

6.　$(x)(Fx \to Gx)$

$\dfrac{(x)(-Fx \to Ex)}{(x)(-Gx \to -Ex)}$

7.　$(x)[(Fx \lor Hx) \to (Gx\&Ax)]$

$\dfrac{-(x)(Ax\&Gx)}{(\exists x)-Hx}$

8.　$\dfrac{-(\exists x)Fx}{Fa \to Ga}$

9. $(x)[(Px\&Qx){\rightarrow}Rx]$

$(x)(Qx\&{-}Rx)$

$\dfrac{(\exists x)(Px\&{-}Rx)}{(\exists x)({-}Px\&{-}Qx)}$

10. $(x)(Px{\rightarrow}Qx)$

$\dfrac{(x)(Qx{\rightarrow}Rx)}{(\exists x)(Px\&Rx)}$

11. $(x)[Mx{\rightarrow}(Nx{\rightarrow}Px)]$

$\dfrac{(x)({-}Qx{\rightarrow}{-}Px)}{(x)[{-}Qx{\rightarrow}(Mx{\vee}Nx)]}$

12. $(x)(Gx{\rightarrow}Hx)$

$(x)(Ix\&{-}Hx)$

$\dfrac{(x)({-}Fx{\vee}Gx)}{(\exists x)(Ix\&{-}Fx)}$

13. $(x)[(Ax\&Bx){\rightarrow}Cx]$

$Aa\&Ba$

$\dfrac{{-}Cb}{{-}(Ab\&Bb)}$

14. $(\exists x)({-}Ax\&Bx)$

$\dfrac{(x)({-}Bx{\vee}{-}Cx)}{(x)({-}Ax{\vee}{-}Cx)}$

15. $(\exists x)(Ax{\vee}{-}Bx)$

$\dfrac{(x)[(Ax\&{-}Bx){\rightarrow}Cx]}{(\exists x)Cx}$

16. $(x)[(Bx\&Ax){\rightarrow}Dx]$

$(\exists x)(Qx\&Ax)$

$\dfrac{(x)({-}Bx{\rightarrow}{-}Qx)}{(\exists x)(Dx\&Qx)}$

17. $(x)[Px{\rightarrow}(Ax{\vee}Bx)]$

$\dfrac{(x)[(Bx{\vee}Cx){\rightarrow}Qx]}{(x)[(Px\&{-}Ax){\rightarrow}Qx]}$

18. $(x)(Px{\rightarrow}Lx)$

$\dfrac{(x)(Lx{\rightarrow}Sx)}{(x)[Px{\rightarrow}(Lx\&Sx)]}$

19. $(x)[(Dx\&Lx){\rightarrow}Cx]$

$(x)(Ax{\rightarrow}Ix)$

$(\exists x)(Ax\&Ix)$

$\dfrac{(\exists x)(Dx\&Ax)}{(\exists x)(Cx\&Ix)}$

20. ${-}(x)[(Mx{\rightarrow}Cx){\rightarrow}(Cx{\rightarrow}Dx)]$

$(x)[(Mx{\rightarrow}Rx){\rightarrow}Cx]$

$(x)[(Cx{\rightarrow}{-}Dx){\rightarrow}Ex]$

$\dfrac{(x)[(Mx{\rightarrow}Ex){\rightarrow}Cx]}{(x)[(Mx{\rightarrow}Rx){\rightarrow}(Ex{\leftrightarrow}Cx)]}$

二、依各題括號內的定義譯下列各推論為量化符號，並演算其是否
　　可以有效：

1. 有些師大學生不想當老師   （Ax：x 是師大學生

不想當老師就不應該當老師   Bx：x 不想當老師

有些師大學生不應該當老師   Cx：x 不應該當老師）

2. 有些老師是品德差的   （Ax：x 是老師

上課留一手是品德差的   Bx：x 上課留一手

有些老師上課留一手   Cx：x 是品德差的）

3. 沒有英雄人物可以過美人關   （Ax：x 是英雄

有些人物可以過美人關   Bx：x 是人物

有些人物不是英雄   Cx：x 可以過美人關）

4. 有些候選人是民主黨員   （Ax：x 是候選人

民主黨員都是忠貞的   Bx：x 是民主黨員

有些忠貞的是候選人   Cx：x 是忠貞的）

5. 沒有醫生怕打針   （Ax：x 是醫生

有些醫生是音樂家   Bx：x 怕打針

有些音樂家怕打針   Cx：x 是音樂家）

6. 有些古國是大國   （Ax：x 是古國

有些大國是強國   Bx：x 是大國

有些古國是強國   Cx：x 是強國）

7. 有些男人愛打架   （Ax：x 是男人

有些愛打架的是狗   Bx：x 愛打架

有些男人是狗   Cx：x 是狗）

8. 有些師大學生是活潑的   （Ax：x 是師大學生

活潑的是樂觀的   Bx：x 是活潑的

沒有樂觀的是臉色難看的   Cx：x 是樂觀的

有些臉色難看的不是師大學生   Dx：x 是臉色難看的）

9. 所有科學家都是理性主義者　　　　（Ax：x 是科學家

　　沒有英國哲學家是理性主義者　　　Bx：x 是理性主義者

　　沒有英國哲學家是科學家　　　　　Cx：x 是英國哲學家）

10. 外交官都是政治家　　　　　　　　（Ax：x 是外交官

　　有些外交官善於口才　　　　　　　Bx：x 是政治家

　　善於口才的政治家是雄辯家　　　　Cx：x 善於口才

　　有些外交官是雄辯家　　　　　　　Dx：x 是雄辯家）

11. 阿花沒有雙眼皮　　　　　　　　　（Ax：x 有雙眼皮

　　阿雄只要與有雙眼皮的人結婚　　　f：阿花

　　阿雄不要與阿花結婚　　　　　　　Mx：阿雄要與 x 結婚）

12. 人是動物　　　　　　　　　　　　（Ax：x 是人

　　有些動物是短命的　　　　　　　　Bx：x 是動物

　　有些人是短命的　　　　　　　　　Cx：x 是短命的）

13. 有些女人喝啤酒　　　　　　　　　（Ax：x 是女人

　　有些學生不喝啤酒　　　　　　　　Bx：x 喝啤酒

　　有些學生不是女人　　　　　　　　Cx：x 是學生）

14. 老虎是既兇暴又危險的動物　　　　（Ax：x 是老虎

　　有些老虎是好看的　　　　　　　　Bx：x 是兇暴動物

　　有些危險的動物是好看的　　　　　Cx：x 是危險動物

　　　　　　　　　　　　　　　　　　Dx：x 是好看的）

15. 沒有存在主義者是實證主義者

　　維也納學派的學者都是實證主義者

　　沒有存在主義者是維也納學派的學者

　　（Ax：x 是存在主義者

　　　Bx：x 是實證主義者

　　　Cx：x 是維也納學派的學者）

16. 蜜蜂及黃蜂會刺人，假如牠們發怒或受驚嚇

假如黃蜂受驚嚇，則牠會刺人

（Ax：x 是蜜蜂

　　Bx：x 是黃蜂

　　Cx：x 發怒

　　Dx：x 受驚嚇

　　Ex：x 會刺人）

17. 家禽都是馴良的

假如狗易激動而沒有易激動的狗是馴良的，則狗不是家禽

（Ax：x 是家禽

　　Bx：x 是馴良的

　　Cx：x 是狗

　　Dx：x 易激動）

18. 凡行為出於無自由意志的不必受罰
　　有些犯罪行為是出於無自由意志的

有些犯罪行為不必受罰

（Ax：x 是行為出於無自由意志的

　　Bx：x 不必受罰

　　Cx：x 是犯罪行為）

19. 凡行為者所不能控制的行為不必受罰
　　無自由意志的行為是行為者所不能控制的行為
　　無自由意志的行為不必受罰

（Ax：x 是行為者所不能控制的行為

　　Bx：x 不必受罰

　　Cx：x 是無自由意志的行為）

20.沒有男人是女人

　尼姑是女人
　　─────────────────
　假如張三是尼姑，則張三不是男人

　　（Ax： x 是男人

　　Bx： x 是女人

　　　c： 張三

　　Cx： x 是尼姑）

十三、多量化符號 (Multi-quantifiers)

　　在「討論界域」(domain of discourse) 涉及到兩個領域時，精確的量化符號只使用一個就感到不足，如下例：

　　　　「有人愛眾人」

在上述例子中，就得使用兩個不同的量化符號來區別「有人」及「眾人」這兩個量詞。它的符號化就是 $(\exists x)(y)Lxy$。這個符號唸成中文，是「對某些 x 及所有 y 而言，x 愛 y」。依此，則：

　1.人人愛人人，符號為 $(x)(y)Lxy$

　2.人人愛某些人，符號為 $(x)(\exists y)Lxy$

　3.某些人愛某些人，符號為 $(\exists x)(\exists y)Lxy$

　4.並非人人愛人人，符號為 $-(x)(y)Lxy$

　　而 $-(x)(y)Lxy=(\exists x)-(y)Lxy$

　　　　　　　　$=(\exists x)(\exists y)-Lxy$（某些人不愛某些人）

　5.並非有人愛人，符號化為 $-(\exists x)(\exists y)Lxy$

　　而 $-(\exists x)(\exists y)Lxy=(x)(y)-Lxy$（人人不愛人人）

　6.某些人不愛某些人，符號化為 $(\exists x)(\exists y)-Lxy$

　7.某些人不愛眾人，符號化為 $(\exists x)(y)-Lxy$

　8.所有人不愛某些人，符號化為 $(x)(\exists y)-Lxy$

　9.人人自愛，符號化為 $(x)Lxx$

　10.並非人人自愛，符號化為 $-(x)Lxx$，亦即 $(\exists x)-Lxx$（有些人不自愛）

11.人人都不自愛，符號化為 (x)–Lxx

讀者當可看出 10 與 11 的符號意義是不同的。

「愛」是一種關係詞（有關關係詞之討論，詳見「關係」節），除了自愛之外，愛的界域是涉及到兩個個別常數符號的，如 A 愛 B，符號化則為 Lab〔a，b 等小寫英文字母代表個別常數符號 (individual constants)，而「愛」L 這個大寫英文字母則代表屬性常數符號 (property constants)，見第十節〕。其他關係詞也需要使用兩個或兩個以上的個別常數符號。底下的推論所使用的關係詞就是例子：

1.　　　支持 I 者，必投 J 的票

　　　　A 投 H 的朋友的票

　　　　沒有 K 的朋友視 J 為朋友
　　　　_____
　　　　假如 H 是 K 的朋友，則 A 不支持 I

設若我們把一些關係詞如「支持」以 S 表示，「投票」以 V 表示，「朋友」以 F 表示，則上述推論語句就符號化為：

$$(x)(Sxi \rightarrow Vxj) \cdots\cdots\cdots\cdots ①$$
$$(x)(Vax \rightarrow Fxh) \cdots\cdots\cdots\cdots ②$$
$$(x)(Fxk \rightarrow -Fjx) \cdots\cdots\cdots ③$$
$$\overline{}$$
$$Fhk \rightarrow -Sai$$

推論演算如下：

$-(Fhk \rightarrow -Sai)\cdots\cdots\cdots$反結論

Fhk

Sai

$-Sai$　　Vaj$\cdots\cdots\cdots\cdots\cdots\cdots$以 a 作為①的 (x) 之分子
　×

　　　$-Vaj$　　Fjh$\cdots\cdots\cdots\cdots$以 j 作為②的 (x) 之分子
　　　　×

　　　　　$-Fhk$　　$-Fjh$$\cdots\cdots$以 h 作為③的 (x) 之分子
　　　　　　×　　　　×

在上例中，「沒有 K 的朋友視 J 為朋友」此一語句可以改寫為「所有 K 的朋友都不以 J 為朋友」。也就是說，「凡是 K 的朋友都不把 J 當朋友」。

2. $$\frac{圓形是圖形}{畫圓形就是畫圖形}$$

Cx：x 是圓形，Fx：x 是圖形，D：畫（Dxy：x 畫 y）

根據上述定義，則此題之符號化為：

$$\frac{(x)(Cx{\rightarrow}Fx) \quad\cdots\cdots\cdots\cdots\text{①}}{\checkmark(x)\lbrack(\exists y)(Cy\&Dxy){\rightarrow}(\exists z)(Fz\&Dxz)\rbrack}$$

符號演算如下：

$\checkmark{-}(x)\lbrack(\exists y)(Cy\&Dxy){\rightarrow}(\exists z)(Fz\&Dxz)\rbrack$……………反結論

$\checkmark(\exists x){-}\lbrack(\exists y)(Cy\&Dxy){\rightarrow}(\exists z)(Fz\&Dxz)\rbrack$…………發展上式

$\checkmark(\exists y)(Cy\&Day)$ ……② 　以 a 作為 (∃x) 之分子，發展

$\checkmark{-}(\exists z)(Fz\&Daz)$ ……③ 　上式

$(z){-}(Fz\&Daz)$ ……④　發展③

Cb
Dab ………以 b 作為 (∃y) 之分子，發展②

$-$Cb　　Fb………以 b 作為 (x) 之分子，發展①
×

$-$Fb　　$-$Dab 以 b 作為 (z) 之分子，發展④
×　　×

本題結論之作如上翻譯，解釋如下：畫，可以畫圓形也可以畫方形，畫圓形只不過是所有的畫當中的一種而已，因之用 (∃y)Cy 表示圓形；同理，畫圓形亦然。但所有畫圓形就必然是畫圖形，因之用 (x) 表示。

3.　　　　　 A 的朋友是 B 的朋友
　　　　　────────────────
　　　　　認識 A 的朋友就認識 B 的朋友

　　　　F：朋友（Fxy：x 是 y 的朋友），R：認識（Rxy：x 認識 y）
根據上述定義，則本題之符號化為：

$$(x)(Fxa \rightarrow Fxb) \cdots\cdots\cdots\cdots ①$$
────────────────────────────
$$\checkmark (x)〔(\exists y)(Fya\&Rxy) \rightarrow (\exists z)(Fzb\&Rxz)〕$$

推論演算如下：

　　　$\checkmark -(x)〔(\exists y)(Fya\&Rxy) \rightarrow (\exists z)(Fzb\&Rxz)〕$ 反結論

　　　$\checkmark (\exists x)-〔(\exists y)(Fya\&Rxy) \rightarrow (\exists z)(Fzb\&Rxz)〕$ 發展上式

　　　$\checkmark (\exists y)(Fya\&Rby)$ ……② 以 b 作為 $(\exists x)$ 的分子發展上式

　　　$\checkmark -(\exists x)(Fzb\&Rbz)$ ……③

　　　$(z)-(Fzb\&Rbz)$ ……④　　由③發展而成

　　　　　　　Fca
　　　　　　　　　　⟩ 以 c 作為 $(\exists y)$ 之分子，發展②
　　　　　　　Rbc

　　　　 −Fcb　　−Rbc　　　　以 c 作為 (z) 之分子，發展④
　　　　　　　　　　　×
　　−Fca　　　Fcb ……………… 以 c 作為 (x) 之分子，發展①
　　　×　　　　×

4.　　　　　　　$\checkmark$　$(\exists x)〔Ax\&(y)(Qy \rightarrow Lxy)〕$ ……①
　　　　　　　　　　$(x)〔Ax \rightarrow (y)(Iy \rightarrow -Lxy)〕$ ……②
　　　　　────────────────────────────
　　　　　　　$\checkmark$　$(x)(Qx \rightarrow -Ix)$

　　　　　$\checkmark -(x)(Qx \rightarrow -Ix)$　反結論

　　　　　$\checkmark$　$(\exists x)-(Qx \rightarrow -Ix)$　發展上式

Qa·························· 以 a 作為 (∃x) 之一分子，發展

Ia　　　　　　　　上式

　Ab　　　　　　　　　　　　以 b 作為 (∃x) 之一分子，

(y)(Qy→Lby)···············③　　　發展①

–Qa　　Lba··············以 a 作為 (y) 之一分子，發展③

　×

　　–Ab　(y)(Iy→–Lby)······④

　　　×

　　　　·············以 b 作為 (x) 之一分子，發展②

　　　–Ia　–Lba··········以 a 作為 (y) 之一分子，發展④

　　　　×　　×

5.　　　　　(x)[Ax→(Bx→–Cx)]···········①

　✓　　–(∃x)(Cx&Dx)→(x)(Dx→Ex) ···②

　✓　　–(∃x)[Dx&(–Ax∨–Bx)]→(x)(Dx→Ex)

　✓–{–(∃x)[Dx&(–Ax∨–Bx)]→(x)(Dx→Ex)}···反結論

　✓　　–(∃x)[Dx&(–Ax∨–Bx)]　·········③　　發展上式

　✓　　–(x)(Dx→Ex)　·················④

　　　　(x)–[Dx&(–Ax∨–Bx)]　·········⑤　　由③來

　✓　　(∃x)–(Dx→Ex)　················⑥　　由④來

　　　　　Da　以 a 作為 (∃x) 之一分子，發展⑥
　　　　–Ea

　–Da　　–(–Aa∨Ba)····················以 a 作為 (x) 之一分
　×　　　　Aa　　　　　　　　　子，發展⑤
　　　　　　Ba
　✓(∃x)(Cx&Dx)　　(x)(Dx→Ex)··············發展②

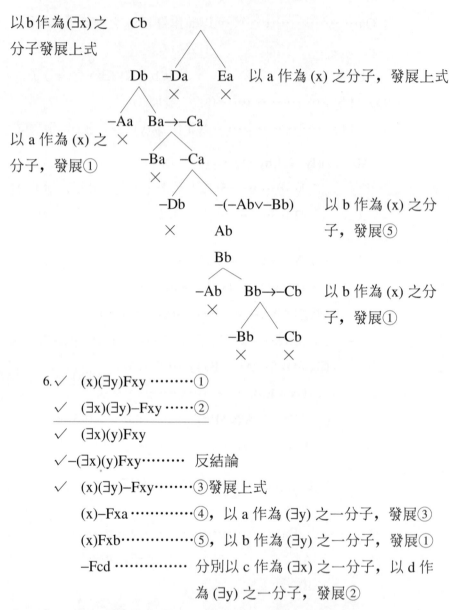

以b作為(∃x)之　　Cb
分子發展上式

　　　　　　　　Db　–Da　　Ea　以a作為(x)之分子，發展上式
　　　　　　　　　　　 ×　　 ×

　　　　　　　 –Aa　Ba→–Ca
以a作為(x)之　×
分子，發展①　　 –Ba　–Ca
　　　　　　　　　×

　　　　　　　　　–Db　　–(–Ab∨–Bb)　以b作為(x)之分
　　　　　　　　　 ×　　　　Ab　　　　子，發展⑤

　　　　　　　　　　　　　　Bb

　　　　　　　　　–Ab　　Bb→–Cb　以b作為(x)之分
　　　　　　　　　 ×　　　　　　　 子，發展①

　　　　　　　　　　　 –Bb　–Cb
　　　　　　　　　　　　×　　×

6. ✓　　(x)(∃y)Fxy ………①

　　✓　　(∃x)(∃y)–Fxy ……②
　　─────────────────
　　✓　　(∃x)(y)Fxy

　　✓ –(∃x)(y)Fxy ……… 反結論

　　✓　　(x)(∃y)–Fxy ……③發展上式

　　　　(x)–Fxa …………④，以 a 作為 (∃y) 之一分子，發展③

　　　　(x)Fxb …………⑤，以 b 作為 (∃y) 之一分子，發展①

　　　　–Fcd …………… 分別以 c 作為 (∃x) 之一分子，以 d 作
　　　　　　　　　　　　 為 (∃y) 之一分子，發展②

④與⑤兩個符號雖然都是 (x)，可以用 c 或其他符號作為分子，但發
展出來卻無法封閉，此題是無效的。

習題十一

一、計算下列諸式，是否可以成立:

1. $(\exists x)[Fx\&(y)(Gx\rightarrow Hxy)]$

   ―――――――――――――――

   $(\exists x)[Fx\&(Ga\rightarrow Hxa)]$

2. $-(\exists x)(Axa\&-Bxb)$

   $-(\exists x)(Cxc\&Cbx)$

   $(x)(Bex\rightarrow Cxf)$

   ―――――――――――――

   $-(Aea\&Cfc)$

3. 　$(x)(Ax\rightarrow Hx)$

   $(\exists x)Ax\rightarrow-(\exists x)Gx$

   ―――――――――――――

   $(x)[(\exists x)Ax\rightarrow-Gx]$

4. 　　$(x)[(Fx\lor Gx)\rightarrow(Hx\&Kx)]$

   $(x)\{(Hx\lor Lx)\rightarrow[(Hx\&Nx)\rightarrow Px]\}$

   ――――――――――――――――――

   $(x)[Fx\rightarrow(Nx\rightarrow Px)]$

5. 　　　　$(x)(Ex\lor Gx)$

   $(x)(y)[(-Lx\lor Mx)\rightarrow Nxy]$

   ――――――――――――――――――

   $(x)[-(\exists y)(Gy\lor Lx)\rightarrow(\exists z)(Ex\&Nxz)]$

6. 　　$(x)[(\exists y)(Ay\&Bxy)\rightarrow Cx]$

   $(\exists y)[Dy\&(\exists x)(Ex\&Fx\&Byx)]$

   　　　　$(x)(Fx\rightarrow Ax)$

   ―――――――――――――

   　　$(\exists x)(Cx\&Dx)$

7. 　　　　$(x)(Ax\rightarrow Bx)$　　　　(此題即本節例題之一)

   ――――――――――――――

   $(x)[(\exists y)(Ay\&Cxy)\rightarrow(\exists z)(Bz\&Cxz)]$

8.　(∃x)Fx→(x)〔Px→(∃y)Qxy〕

　　　　(x)(y)(Qxy→Gx)
　　　──────────────────
　　　(x)〔(Fx&Px)→(∃y)Gy〕

9.　(x)〔Fx→(∃y)Gxy〕

　　　　　(∃x)Fx

　　　　(∃x)(∃y)Gxy
　　　──────────────
　　　(x)(∃y)Gxy

10.　(x)(Fx∨Gx)
　　　──────────
　　(x)〔Fx∨(x)Gx〕

11.　(x)〔(∃y)(Ryb&Lxyb)→Fx〕

　　　　(∃z)(Tzb&Lzab)
　　　──────────────────
　　　(x)〔(Txb→−Fx)→−Rxb〕

12.　　(x){(Sx&Wx)→〔(Lx→Ix)→Lx〕}
　　──────────────────────────
　　(∃x){(Wx&Ix)→〔(y)(Wy→Sy)→−Lx〕}

13.　　　　(x){〔Wx&(∃y)(Sy&Txy)〕→(z)(Pz→Uzx)}

　　　　　(∃x)〔Wx&Rx&(∃y)(Ay&Cyx)〕

　　　　　(x)〔(Wx&Rx)→(∃y)(Sy&Iy&Txy)〕
　　──────────────────────────────────
　　(∃x)〔Px&(y)(Axy→−Uxy)〕→

　　　　　　　　(∃x)(∃y)〔Ax&Cxy&−(z)(Pz→Azy)〕

14.　(x)〔(∃y)(Byb&Lxyb)→Fx〕

　　　　(∃x)(Cbx&Lxab)
　　　──────────────────
　　　(x)(Cxb→−Fx)→−Bab

15.　　(x)〔(∃y)(∃z)(Sxyz&Gy&−Ry)→Cx〕

　　　(x)〔(Slxy∨Smxr)→(Wx&Oxr)〕
　　──────────────────────────────
　　(∃x)〔Orx&(∃y)(Gy&−Ry)〕→−(x)(Smxr→Cl)

二、譯下列推論語句為符號，然後演算其推論能否成立：

1. 每一位 A 所愛的人都愛 A

   假如 A 愛每一個人，則每一個人也愛 A

2. 所有愛 A 的人也受 A 所愛

   有些人是 A 所不愛的

   有些人不愛 A

3. A 並不愛所有愛他的人

   有些人愛 A 但 A 並不愛他們

4. 紅顏薄命

   娶紅顏就是娶薄命

5. 喜歡看三國演義的人必敬佩關公

   沒有敬佩關公的人不同情諸葛亮

   不同情諸葛亮的人是沒有良心的人

   沒有良心的人不喜歡看三國演義

   （Ixy：x 喜歡看 y。a：三國演義。Bxy：x 敬佩 y。b：關公。

   　Axy：x 同情 y。c：諸葛亮。Cx：x 是沒有良心的。）

6. 如果某人是另些人的父親，則該另些人不是該某人的父親

   沒有人是自己的父親

7. 馬是動物

   馬的頭是動物的頭

8. 販賣無照手槍是犯法的。R 所擁有的武器不是自 L 買來就是
   自 M 買來。因此假如 R 的武器之中有無照手槍，而假如 R
   並不向 M 買，則 L 是犯法的。

   （Rx：x 是有照的。Gx：x 是手槍。Cx：x 是犯法的。Wx：
   　x 是武器。Oxy：x 擁有 y。Sxyz：x 賣 y 給 z。r：R。l：
   　L。m：M。）

9. 在我桌上的書都是令人拍案叫絕的書。寫令人拍案叫絕的書
   之作者是天才，在我桌上的一些小說是某些怪人寫的。所以
   某些怪人是天才。

（Dx：x 在我桌上。Mx：x 是令人拍案叫絕的書。Px：x 是
人。Gx：x 是天才。Ox：x 是怪的。Nx：x 是小說。Wxy：
x 寫 y。）

10.只有並且也只有作品被廣為閱讀時，作家才算成名。所有作
家都是知識分子。有些作家成名但作品卻未被廣為閱讀。所
以所有知識分子都是作家。

（Ax：x 是作家。Sx：x 成名。Wx：x 的作品被廣為閱讀。
Ix：x 是知識分子。）

11.跳舞者都是體態優美者。瑪麗是學生。瑪麗是跳舞者。所以
有些學生是體態優美者。

（Dx：x 是跳舞者。Gx：x 是體態優美者。Sx：x 是學生。
m：瑪麗。）

12.沒有法官是白癡，張三是白癡，所以張三不是法官。

（Jx：x 是法官。Ix：x 是白癡。c：張三。）

13.約會是令人心迷的，只有漂亮小姐才是令人心迷的。漂亮小
姐是不可多得的。所以約會是不可多得的。

（Dx：x 約會。Ex：x 是令人心迷的。Bx：x 是漂亮小姐。
Gx：x 是不可多得的。）

14.醫生和律師都是大學畢業生。有些醫生是利他主義者，利他
主義者是理想主義者。有些律師不是理想主義者，所以有些
大學畢業生是理想主義者。

（Dx：x 是醫生。Lx：x 是律師。Cx：x 是大學畢業生。Ax：
x 是利他主義者。Ix：x 是理想主義者。）

15.不是所有客人都盡情歡樂，就是有些客人隱瞞了真情。沒有
誠實的人隱瞞真情。所以假如客人都是誠實的人，則所有客
人都盡情歡樂。

（Gx：x 是客人。Ex：x 盡情歡樂。Cx：x 隱瞞真情。Hx：
x 是誠實的。Px：x 是人。）

十四、同一 (Identity)

所有正在談戀愛的人都是意亂情迷的

綽號「阿媽」的正在談戀愛

綽號「阿媽」的就是阿花

阿花是意亂情迷的

如果：Ax：x 是正在談戀愛的人

　　　Bx：x 是意亂情迷的

　　　c：綽號「阿媽」

　　　d：阿花

則上述例子的符號化就變成：

$$(x)(Ax \rightarrow Bx)$$

$$Ac$$

$$\underline{c=d}$$

$$Bd$$

　　本題的符號化中，有個新的符號，即「=」。「=」就是「同一」(identity) 的符號。上題符號的「真值樹」演算如下：

　　　－Bd

　　　c=d

　　　　Ac

－Ac　　　Bc……以 c 作為 (x)(Ax→Bx) 之一分子

　×　　　Bd……因 c=d，故 Bc 可改為 Bd

　　　　×……Bd 與 －Bd 衝突

「同一」符號可以符號化「至少」、「至多」及「恰好」三個詞的語句。底下就是幾個例子：

1. 至少有一個 x 是 P，即 $(\exists x)Px$

2. 至少有兩個 x 是 P，即 $(\exists x)(\exists y)[Px\&Py\&(x\neq y)]$

此種符號限定了 $(\exists x)$ 的分子與 $(\exists y)$ 的分子絕不同一。

3. 至少有三個 x 是 P，即 $(\exists x)(\exists y)(\exists z)[Px\&Py\&Pz\&(x\neq y)\&(y\neq z)\&(x\neq z)]$

其餘依此類推。

4. 頂多有一個 x 是 P，即 $(x)(y)[(Px\&Pz)\rightarrow(x=y)]$

5. 頂多有兩個 x 是 P，即 $(x)(y)(z)\{(Px\&Py\&Pz)\rightarrow[(x=y)\vee(y=z)\vee(x=z)]\}$

6. 頂多有三個 x 是 P，即 $(x)(y)(z)(w)\{(Px\&Py\&Pz\&Pw)\rightarrow[(x=y)\vee(y=z)\vee(z=w)\vee(x=z)\vee(x=w)\vee(y=w)]\}$

其餘依此類推。

7. 恰好只有一個 x 是 P，這個語句就是「至少有一個 x 是 P」加上「頂多有一個 x 是 P」而成。因此它的符號就是：

$$(\exists x)Px\&(x)(y)[(Px\&Py)\rightarrow(x=y)]$$

其實，它與 $(\exists x)\{Px\&(y)[Py\rightarrow(x=y)]\}$ 是同等的。此種符號更容易了解「恰好只有一個 x 是 P」的語句意義。

8. 恰好只有兩個 x 是 P：

$(\exists x)(\exists y)[Px\&Py\&(x\neq y)]\&(x)(y)(z)\{(Px\&Py\&Pz)\rightarrow[(x=y)\vee(y=z)\vee(x=z)]\}$

也等於 $(\exists x)(\exists y)([Px\&Py\&(x\neq y)]\&(z)\{Pz\rightarrow[(x=z)\vee(y=z)]\})$

9. 恰好只有三個 x 是 P：

$(\exists x)(\exists y)(\exists z)[Px\&Py\&Pz\&(x\neq y)\&(y\neq z)\&(x\neq z)]\&(x)(y)(z)(w)\{(Px\&Py\&Pz\&Pw)\rightarrow[(x=y)\vee(x=z)\vee(x=w)\vee(y=z)\vee(y=w)\vee(z=w)]\}$

上述符號也等於：

$(\exists x)(\exists y)(\exists z)(Px \& Py \& Pz \& [(x{\neq}y) \& (y{\neq}z) \& (x{\neq}z)] \& (w)\{Pw{\rightarrow}$
$[(x{=}w) \lor (y{=}w) \lor (z{=}w)]\})$

其餘依此類推。

底下舉幾個推論例子加以說明：

1.　　本班只有阿花和阿桃兩個女同學

阿花和阿桃都是漂亮的

本班女同學都是漂亮的

設：a：阿花，b：阿桃，Fx：x 是本班女同學，Bx：x 是

漂亮的

則符號化即為：

$Fa \& Fb \& (a{\neq}b) \& (x)\{Fx{\rightarrow}[(x{=}a) \lor (x{=}b)]\}\cdots\cdots①$

$Ba \& Bb$

$\checkmark$　$(x)(Fx{\rightarrow}Bx)$

推論演算如下：

$\checkmark$　$-(x)(Fx{\rightarrow}Bx)$

$\checkmark$　$(\exists x)-(Fx{\rightarrow}Bx)$

Fc

$-Bc$

Ba

Bb

Fa

Fb

$a{\neq}b$

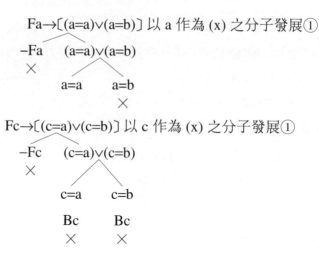

$$Fa→[(a=a)∨(a=b)]$$ 以 a 作為 (x) 之分子發展①

−Fa　　(a=a)∨(a=b)

×

　　　　a=a　　a=b

　　　　　　　　×

$$Fc→[(c=a)∨(c=b)]$$ 以 c 作為 (x) 之分子發展①

−Fc　　(c=a)∨(c=b)

×

　　　　c=a　　c=b

　　　　Bc　　Bc

　　　　×　　　×

此樹發展到最後步驟，在 c=a 時，則 Ba 就與 Bc 同一，因而與 −Bc 衝突；而在 c=b 時，則 Bb 就與 Bc 同一，因而與 −Bc 衝突。此樹的所有樹幹都封閉，故推論有效。（本題若先以 c 作為 (x) 之分子，發展①，就可結束發展。此種方式，更為便捷。）

2.　　　　現在只有阿丁、阿桃和阿雄跳舞

阿丁、阿桃和阿雄都跳扭扭舞

現在跳舞的人都跳扭扭舞

　　設：a：阿丁；b：阿桃；c：阿雄；Ax：x 是現在跳舞者；

　　Bx：x 跳扭扭舞

則本題符號化為：

✓　Aa&Ab&Ac&(a≠b)&(a≠c)&(b≠c)&(x){Ax→[(x=a)∨(x=b)∨(x=c)]}⋯⋯⋯⋯⋯①

✓　Ba&Bb&Bc

✓　(x)(Ax→Bx)

✓−(x)(Ax→Bx)⋯⋯⋯反結論

✓　(∃x)−(Ax→Bx)⋯⋯②

　　　　a≠b

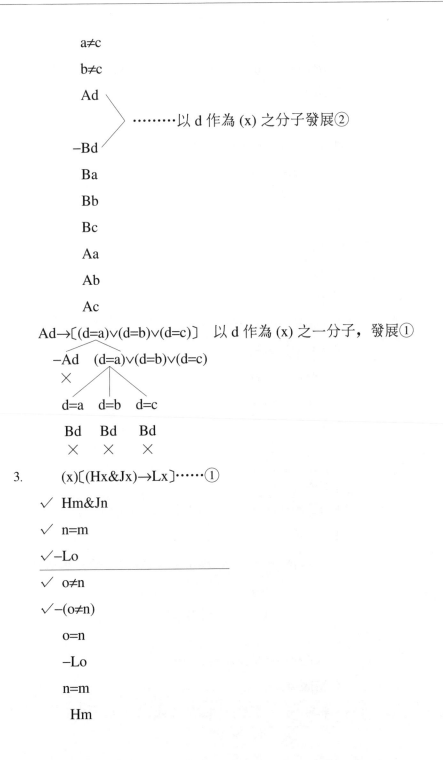

a≠c

b≠c

Ad

⎫
⎬ ⋯⋯⋯以 d 作為 (x) 之分子發展②
⎭

−Bd

Ba

Bb

Bc

Aa

Ab

Ac

Ad→〔(d=a)∨(d=b)∨(d=c)〕　以 d 作為 (x) 之一分子，發展①

−Ad　(d=a)∨(d=b)∨(d=c)

╳

d=a　d=b　d=c

Bd　Bd　Bd

╳　　╳　　╳

3.　(x)〔(Hx&Jx)→Lx〕⋯⋯①

√　Hm&Jn

√　n=m

√−Lo
_____

√　o≠n

√−(o≠n)

o=n

−Lo

n=m

Hm

```
                Jn
        (Hm&Jm)→Lm·········以 m 作為 (x) 之分子，發展①
        –(Hm&Jm)  Lm
                        Ln······因為 n=m
        –Hm  –Jm  Lo······因為 o=n
          ×   m=n   ×
                  –Jn
                   ×
```

4.　✓ Ej

　　✓ Fk

　　✓ j=k

　　　(x)(Fx→Gx)·········①
　　――――――――――――――
　　✓ (∃x)(Ex&Gx)

　　✓–(∃x)(Ex&Gx)

　　　(x)–(Ex&Gx)········②

　　　Ej

　　　Fk

　　　j=k

```
        Fk→Gk················以 k 作為 (x) 之分子，發展①
        –Fk    Gk
         ×    –(Ej&Gj) ·········以 j 作為 (x) 之分子，發展②
              –Ej    –Gj
               ×    –Gk ······因為 j=k
                     ×
```

5.　　(x)[Mx→(Nx→Lx)]······①

　　✓ Mj&–Lk

　　✓ j=k
　　―――――――――――――

$\checkmark$ (∃x)−Nx

$\checkmark$−(∃x)−Nx

(x)Nx·····················②

 j=k

 Mj

 −Lk

Mj→(Nj→Lj)············以 j 作為 (x) 之分子，發展①

−Mj Nj→Lj

 ×

   −Nj Lj

   Nj Nj ······以 j 作為 (x) 之分子，發展②

   × Lk ∵j=k

      ×

「同一」的符號，也就如同上述，可應用在「至少」、「至多」及「恰好」三個詞中。而「恰好」這個詞就是指涉「指定描述詞」(descriptive denoting)，指定描述詞就是英文的 "the"。下述是一個例子：

6. The author of *Waverly* died in 1832.

   （威法利這本書的作者死於 1832 年）

   Scott wrote *Waverly*.（斯各脫著威法利這本書）

   Scott died in 1832.（斯各脫死於 1832 年）

第一句的意思即是「恰好」只有一個人是威法利這本書的作者，而此作者死於 1832 年。

  設：Wx：x 是威法利這本書的作者

   Dx：x 死於 1832 年

   s：斯各脫

則本題符號化即為：

$\checkmark$ $(\exists x)\{Wx\&(y)[Wy\rightarrow(x=y)]\&Dx\}$……①

$\checkmark$ Ws

$\checkmark$ Ds

　　−Ds

　　Ws

　　Wa

　(y)[Wy→(a=y)]……………………② ⎫ 以 a 作為 (∃x) 之一分

　　Da 　　　　　　　　　　　　　　　　⎭ 子，發展①

　Ws→(a=s)……………………………… 以 s 作為 (y) 之一分

−Ws　a=s 　　　　　　　　　　　　　　　子，發展②

×　　Ds

　　×

本題若改為中文例子，即：

　　　三國演義的作者是元朝人

　　　羅貫中是三國演義的作者

　　　羅貫中是元朝人

上例的符號化，讀者可以自作。

7.　　那兩個手持鮮花而站在女生宿舍門口的青年人真是滑稽

　　　阿雄就是手持鮮花而站在女生宿舍門口的青年人之一

　　　阿雄真是滑稽

　設：Px：x 是手持鮮花而站在女生宿舍門口的青年人

　　　Dx：x 真是滑稽

　　　a：阿雄

則本題之符號化為：

$\checkmark$ $(\exists x)(\exists y)([Px\&Py\&(x\neq y)]\&(z)\{Pz\rightarrow[(z=x)\lor(z=y)]\}\&Dx\&Dy)$

　……①

$\checkmark$ Pa

✓　Da

　　–Da

　　Pa

　　Pb

　　Pc

　　b≠c

(z){Pz→[(z=b)∨(z=c)]}···②　　　以 b 作為 (∃x)，c 作為 (∃y) 的

　　Db　　　　　　　　　　　　　分子，發展①

　　Dc

　Pa→[(a=b)∨(a=c)]······以 a 作為 (z) 的一分子，發展②

　　　　–Pa　　(a=b)∨(a=c)
　　　　　×
　　　　　　　　a=b　　a=c

　　　　　　　　Da　　Da
　　　　　　　　×　　　×

8. ✓　(∃x)(y)[Fy↔(x=y)]······①
────────────────────────────

　✓　(∃x)Fx&(x)(y)[(Fx&Fy)→(x=y)]

　✓–{(∃x)Fx&(x)(y)[(Fx&Fy)→(x=y)]}

　✓–(∃x)Fx∨–(x)(y)[(Fx&Fy)→(x=y)]

　✓　(x)–Fx∨(∃x)(∃y)–[(Fx&Fy)→(x=y)]

　(x)–Fx···②　　(∃x)(∃y)–[(Fx&Fy)→(x=y)]······③

(y)[Fy↔(a=y)]···④　　(y)[Fy↔(a=y)]···⑤　　以 a 作為 (∃x) 之分子，
　　　　　　　　　　　　　　　　　　　　　　　發展①

　發展②　　　　–Fa　　　–[(Fb&Fc)→(b=c)]···以 b 作為 (∃x) 之分子，
　　　　　　　　　　　　　　　　　　　　　　以 c 作為 (∃y) 之分子，
　　　　　　　　　　　　　　　　　　　　　　發展③

發展④　　Fa↔a=a

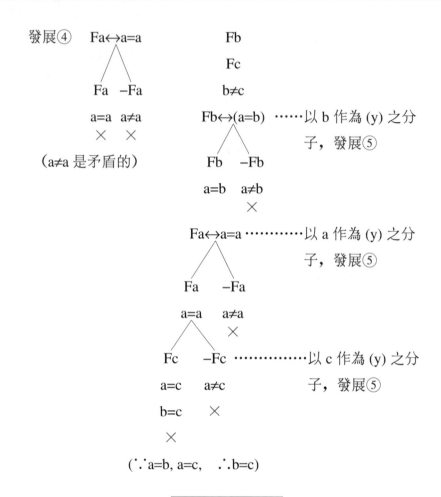

（∵a=b, a=c，　∴b=c）

習題十二

一、用真值樹方式，演算下列符號：

1. (x)(Ax→Bx)

　　Aj

　　j=k
　　────
　　Bk

2. $(x)(Cx \rightarrow -Dx)$

    Dm

    $m=n$
    ———————
    $-Cn$

3. $(x)(Mx \rightarrow -Sx)$

    Mj

    Sh
    ———————
    $j \neq h$

4. $(x)(y)[(Ux \& Uy) \rightarrow (x=y)]$

    Um

    $n \neq m$
    ———————
    $-Un$

5. $Ks \& Kg \& (s \neq g) \& (x)[Kx \rightarrow (x=s) \vee (x \neq g)]$

    $(\exists x)\{Kx \& (y)[Ky \rightarrow (x=y)] \& Tx\}$
    ——————————————————
    $Ts \vee Tg$

6. $(\exists x)\{Fx \& (y)[Fy \rightarrow (x=y)]\}$
    ——————————————
    $(\exists x)(y)[Fy \rightarrow (x=y)]$

7. $(\exists x)\{Mx \& (x)[Py \leftrightarrow (y=x)]\}$
    ——————————————————
  $(\exists x)\{Px \& (y)[Py \rightarrow (y=x)] \& Mx\}$

8. $Fc \& (x)[Fx \rightarrow (x=a)]$

    $(\exists x)(Fx \& Gx)$
    ————————————
    Ga

9. $(x)(Px \rightarrow Qx)$

  $(x)(Qx \rightarrow Rx)$

    $Pa \& -Rb$
    ————————
    $-(a=b)$

10. $(\exists x)\{Px\&(y)[Py\to(y=x)]\&Qx\}$

$$-Qa$$
$$\overline{}$$
$$-Pa$$

11. $(x)(y)\{[Pxy\&(x=y)]\to Qxy\}$

$$(\exists x)\{(y)[(x\neq y)\to Pxy]\}$$
$$\overline{}$$
$$(\exists x)(y)[(x\neq y)\to Qxy]$$

12. $(\exists x)\{Px\&(y)[Py\to(y=x)]\&Qx\}$

$$(\exists x)-(-Px\vee-Ex)$$
$$\overline{}$$
$$(\exists x)(Ex\&Qx)$$

13. $(\exists x)(y)\{[-Fxy\to(x=y)]\&Gx\}$
$$\overline{}$$
$$(x)\{-Gx\to(\exists y)[-(y=x)\&Fyx]\}$$

14. $a=b$
$$\overline{}$$
$$Pa\leftrightarrow Pb$$

15. $Pa\leftrightarrow Pb$
$$\overline{}$$
$$a=b$$

16. $(\exists x)Px$

$$(x)(y)[(Px\&Py)\to(x=y)]$$
$$\overline{}$$
$$(\exists x)\{Px\&(y)[Py\to(x=y)]\}$$

二、譯下列推論語句為符號，然後演算其是否可以成立：

1. 所有謀殺犯都是神智失常者

小李是謀殺犯

小李就是李三
$$\overline{}$$
李三是神智失常者

（Mx：x是謀殺犯。Ix：x是神智失常者。l：小李。c：李三）

2.沒有謀殺犯是清醒者

　　J 是謀殺犯

　　H 是清醒者

　　—————————

　　J 不是 H

3.有人愛眾人，那人就是耶穌

　　——————————————

　　耶穌愛眾人

三、譯下列語句為符號：

　　1.除了張三之外，沒有人幹此勾當。

　　　（Ax：x 幹此勾當。c：張三）

　　2.至少有四人及格。

　　3.頂多有四人及格。

　　4.恰好有四人及格。

十五、三段論式 (Syllogism)

所謂三段論式即推論當中使用三個「詞」(term)，且只使用三個詞。推論使用的命題，不管它是 A、I、E、O 中的任何一種，每一命題推論語句都有主詞 (subject) 及賓詞 (predicate) 二詞。但三段論式所講的「詞」，與文法上所說的主詞或賓詞等是不同的。

推論就是某個斷語陳述句與支持該種斷語陳述句彼此之間的關係。單說：「張三是好人」，這只是一種斷語陳述句；我們必得為「張三是好人」這句斷語提供理由，如：「凡正直不阿者都是好人，張三正直不阿，所以可見張三是好人」。如此才算是推論。「張三是好人」此一語句就是推論的「結論」，而「凡正直不阿者都是好人」及「張三正直不阿」此兩語句就是推論的前提。研究前提能否支持結論，或結論是否由前提而來，乃是邏輯學的主要課題。(參看「推論」一節)

作為結論語句的主詞，稱為「小詞」(minor terms)，作為結論語句的賓詞（或述詞），稱為「大詞」(major terms)。包括有小詞的前提語句，稱為「小前提」(minor premise)，包括有大詞的前提語句，稱為「大前提」(major premise)。底下作一表述之：

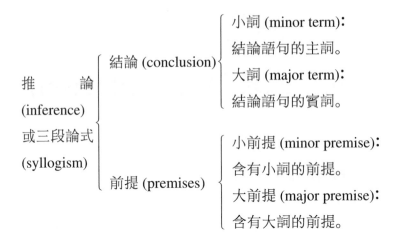

前面說，三段論式使用且只使用三個詞。那麼，三個詞是什麼呢？三個詞即大詞、小詞及中詞 (middle term)。大詞及小詞都已敘述過，而中詞呢？既然大詞及小詞都出現在結論語句裡，可見中詞一定出現在前提語句中；因之我們可以說，不出現在結論語句而出現在前提語句的詞，稱為「中詞」。中詞也是「媒介詞」(medium term)，它的功用在於把小詞與大詞建立起關係來。前提能否支持結論，或結論是否由前提而來，就要看中詞作媒是否作得成功而定。因之有人說，中詞就好比媒人，小詞及大詞就好比男女雙方；中詞各在男女一方說媒（前提），成功之後，男女（小詞及大詞）要進入洞房（結論）；此時，媒人（中詞）就不應該再在洞房裡出現，因此中詞不出現在結論裡。

讓我們拿前例來說明：

　　　　　凡是正直不阿者是好人…………大前提

　　　　　張三是正直不阿者……………小前提

　　　　　張三是好人…………………結　論

上例是典型的三段論式，它用了三個詞，且只用三個詞。上例中的三個詞是：正直不阿者、好人及張三。這三個詞中，何者是大詞，何者是中詞，何者是小詞，是很容易知悉的。「張三是好人」此

一語句既作為結論，而在此一語句中，「張三」是主詞，因之「張三」這個詞就是「小詞」；而「好人」是賓詞，因之「好人」這個詞就是「大詞」。在前提中，「正直不阿者」這個詞不在結論中，因之「正直不阿者」這個詞就是「中詞」。而「張三是正直不阿者」這個前提語句之一，因為含有「小詞」（「張三」），因此是小前提；另一前提含有「大詞」（「好人」），因此是大前提。此一推論的結論可作為他一推論的前提，如：

張三是好人……………小前提

好人是不會寂寞的……大前提

張三是不會寂寞的……結　論

上式推論中，「張三是好人」變成前提之一。而結論語句「張三是不會寂寞的」之「張三」是主詞，因此「張三」是小詞，而「不會寂寞的」是賓詞，因此「不會寂寞的」是大詞，由此大小詞來判斷前提兩個語句之何者屬大前提及小前提，是不困難的。至於中詞，那當然是「好人」這個詞了。

　三段論式使用三個詞，且三個詞各要出現兩次；這個規定是容易理解的。媒人要撮合雙方婚姻成功，必須到男女雙方去遊說，不能只到男方或到女方，如此才合「理」；而進入洞房時，也要男女雙方一同出現，如此婚姻才算成功。因之，三段論式除了這個規定之外，也有一項要求，即三個詞的使用要一致，否則易造成「謬誤」(fallacies)（詳後）。因為原先因說媒而同意結婚的男方或女方，如在進入洞房時不是原來的男方或女方，則婚姻會破裂；而當媒人的「中詞」也須是原來的媒人。碰到三段論式所使用的三個詞如果不一致時，要改寫但意思不能有所更改，如此才能成立（推論有效）。如：

好花不常開

曇花是好花

曇花一現

上式推論使用了「好花」、「曇花」、「不常開」及「一現」四個詞。
其中「好花」及「曇花」各出現兩次，而「不常開」及「一現」只
出現一次，這是不合規定的。此時，我們就應把「不常開」改寫為
「一現」，或把「一現」改為「不常開」，則該詞也出現兩次，而使
整個推論只使用三個詞。並且「不常開」與「一現」是同意義的。
如：

好花不常開		好花一現
曇花是好花	或	曇花是好花
曇花不常開		曇花一現

改過後的詞句，如「曇花不常開」沒有原先「曇花一現」來得美，
但邏輯推論時，卻非如此不可。

如果「不常開」與「一現」意義有別，則推論就不能成立。

三段論式之能成立與否，可以用英文字母並把語句符號化來代
替三個詞，然後用真值樹去演算就可判別推論有效或無效。像本節
上面所述的例子，都屬有效的推論。

簡單的量化推論如不使用符號去演算，也可以用「反例」
(counter examples) 去辯駁原來推論之不可能成立。因為我們知道，
所謂有效的推論，是前提真而結論必真的；也可以說不可能前提真
而結論假的。如果：

> 山東人是中國人
> 孔子是中國人
> 孔子是山東人

在此一推論中，前提及結論都是真的語句，但此一推論是不能成立
的。(肯定後項) 駁斥此種推論之不能成立，可以用符號去演算，如：

$(x)(Ax \rightarrow Bx)$	Ax：x 是山東人
Bc	Bx：x 是中國人
Ac	c：孔子

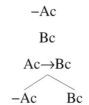

$$-Ac$$
$$Bc$$
$$Ac{\rightarrow}Bc$$

結果都不能使樹幹封閉，因之推論無效。如不使用符號去演算，則可舉一形式與上式相同的例子，說明前提皆真而結論假，如：

山東人是中國人

老子是中國人

老子是山東人

在上式中，前提的兩個語句皆真，但結論卻假。歷史事實告訴我們，老子是楚國人，不是山東人；當然「山東人是中國人」，且「老子是中國人」二語句皆真；但此處的兩個前提語句卻無法支持「老子是山東人」這個結論語句。

在三段論式中，如有量化的詞，則需考慮「周延」(distribution)問題。當「詞」所涉及的量是指「全量」而無一例外時，該詞是「周延的」，反之即「不周延」。因此，「全量」的詞，就是周延的詞；部份量的詞，就是不周延的詞。

1.在 A 語句中，主詞周延，賓詞不周延。

2.在 I 語句中，主詞不周延，賓詞也不周延。

3.在 E 語句中，主詞周延，賓詞也周延。

4.在 O 語句中，主詞不周延，賓詞周延。

若以○表示周延，⌣表示不周延，則上式可簡示如下：

1. A：○⌣

2. I：⌣⌣

3. E：○○

4. O：⌣○

在「數學家都是科學家」這個 A 語句中，主詞是泛指所有的數學家，也可以說它指涉了「一切的數學家」，因之主詞是周延的。但賓詞的「科學家」卻只涉及部份量而已，而非「一切的科學家」。「一切的數學家是科學家」並不等於「一切的數學家是一切的科學家」。因為一切的數學家也只不過是一切的科學家當中的部份而已。所以「科學家」這個詞在這裡是不周延的。由於主詞與賓詞之周延情況不同，因之主詞賓詞不能互換；也就是說：「數學家都是科學家」並不等於「科學家都是數學家」。如以 Ax: x 是數學家，Bx: x 是科學家代之，則「數學家是科學家」就變成 $(x)(Ax \rightarrow Bx)$。$(x)(Ax \rightarrow Bx)$ 並不等於 $(x)(Bx \rightarrow Ax)$。

在「有些數學家是哲學家」這個 I 語句中，主詞是指「有些」數學家，因之是不周延的；同理，賓詞的「哲學家」也非指一切的哲學家，而是部份哲學家而已，因之賓詞也不周延。主詞和賓詞既都不周延，因之可以互換而意思不變，如「有些數學家是哲學家」，可以改成「有些哲學家是數學家」。如用符號表示，更為明顯：

$$(\exists x)(Ax \& Bx)=(\exists x)(Bx \& Ax)$$

（有些數學家是哲學家）　（有些哲學家是數學家）

這裡更可以明瞭為何 (x) 的符號要使用 $\rightarrow$ 作為括號內的連接符號，而 $(\exists x)$ 的符號要使用 $\&$ 作為括號內的連接符號了。

在「一切尼姑都不是男人」這個 E 語句裡，主詞已明確的涉及「一切」，因之是周延的；而賓詞的「男人」也涉及「一切」男人，因之也是周延的。主詞和賓詞既都是周延的，因之可以互換。符號化即是：

$$(x)(Ax \rightarrow -Bx)=(x)(Bx \rightarrow -Ax)$$

（一切尼姑都不是男人）　（一切男人都不是尼姑）

在「有些學生不是聰明的」這個 O 語句裡，主詞「學生」已明確的指涉了「部份」而已，因之是不周延的；但賓詞「聰明」卻是

周延的，因為「所有聰明的」之中沒有「有些學生」在內。主詞與賓詞之周延情況不同，因之不能互換。「有些學生不是聰明的」並不等於「有些聰明的不是學生」。該兩句符號化即為：

$$(\exists x)(Ax \& -Bx) \quad 及 \quad (\exists x)(Bx \& -Ax)$$

（有些學生不是聰明的）（有些聰明的不是學生）

但：　　　　　　$(\exists x)(Ax \& -Bx)$ 卻等於 $(\exists x)(-Bx \& Ax)$

（有些學生不是聰明的）　　（有些不聰明的是學生）

不過，右邊符號 $(\exists x)(-Bx \& Ax)$ 已經變成 I 語句形式，而非 O 語句形式了。

　　可知 A、E 的主詞及 E、O 的賓詞都是周延的；而 I、O 的主詞及 A、I 的賓詞都是不周延的。

　　周延觀念的認識，對於三段論式推論之有效與否之判斷，在不使用符號演算時，有很大的幫助。邏輯傳統裡有關三段論式之有效推論之規定，涉及「周延」的部份至少有二，①中詞至少須周延一次，②結論周延的詞必須在前提周延。

1.　　幾何學家是數學家

　　　數學家是科學家

　　　————————————

　　　幾何學家是科學家

上式的「數學家」是中詞，它在兩個前提中出現。在「幾何學家是數學家」這個 A 語句裡，「數學家」這個詞是不周延的，但在「數學家是科學家」這個 A 語句裡，它卻是周延的。這種情況符合了①之規定。同時，結論語句的「幾何學家」這個詞是周延的，而前提的「幾何學家」也是周延的，因之也符合②之規定。此題推論可以成立。

2.　　幾何學家是數學家

　　　有些數學家是哲學家

　　　————————————

　　　幾何學家是哲學家

上例推論不能成立，因為作為中詞的「數學家」雖在前提中出現兩次，但兩次都不周延，因之推論無效。雖然結論的「幾何學家」周延，而前提的「幾何學家」也周延，但因不符合①之規定，故推論不成立。

上題證之事實，可以發現兩個前提皆真，但結論假。

3.　　　　幾何學家是數學家　　　Ｔ

有些數學家是哲學家　　Ｔ

幾何學家是哲學家　　　⊥

但：

4.　　　　幾何學家是數學家　　　　Ｔ

有些數學家是哲學家　　　Ｔ

有些幾何學家是哲學家　Ｔ

是否可以成立呢？我們知道，推論所使用的命題語句（包括前提與結論）都是真的，也不能保證推論一定有效。上題所有語句皆真，但因中詞沒有至少周延一次，因之推論不能成立。我們可以舉一個「反例」反它：

5.　　　　狗是動物　　　Ｔ

有些動物是貓　Ｔ

有些狗是貓　　⊥

二者推論形式相同，但結論的真假就異。

6.　　　　有些古國是大國　Ｔ

有些大國是強國　Ｔ

有些古國是強國　Ｔ

上例非常明顯的犯了中詞不周延一次的錯誤，因之推論無效。

7.　　　　有些作曲家是指揮家

指揮家都是音樂家

作曲家都是音樂家

此一推論語句皆真，中詞（指揮家）也周延一次，但因結論周延的
詞（作曲家，即小詞）並不在前提周延，因之推論不能成立。我們
舉個反例駁之：

> 有些物理學家是小提琴家
> 小提琴家都是音樂家 ———
> 物理學家都是音樂家

上例的意思就是說：根據「有些物理學家是小提琴家」以及「小提
琴家都是音樂家」這樣子的前提，如推論出「物理學家都是音樂
家」，那是不能成立的。

其實，上述例子都可以符號化，然後用「真值樹」算出推論能
否成立。

如 1：

> $(x)(Ax \rightarrow Bx)$ 　　Ax：x 是幾何學家
> $(x)(Bx \rightarrow Cx)$ 　　Bx：x 是數學家 ———
> $(x)(Ax \rightarrow Cx)$ 　　Cx：x 是科學家
>
> $-(x)(Ax \rightarrow Cx)$
>
> $(\exists x)-(Ax \rightarrow Cx)$
>
> Aa
>
> $-$Ca

```
              -Ca
             /    \
          -Ba      Ca
         /   \      ×
      -Aa     Ba
       ×       ×
```

推論有效。

如 4:

$(x)(Ax \rightarrow Bx)$ ·············①   Ax：x 是幾何學家

$\checkmark (\exists x)(Bx \& Cx)$ ·············②   Bx：x 是數學家

$\checkmark (\exists x)(Ax \& Cx)$ ·············結論   Cx：x 是哲學家

    $\checkmark -(\exists x)(Ax \& Cx)$ ······反結論

    $(x) -(Ax \& Cx)$ ······③   發展上式

        Ba   先發展 $(\exists x)$，以 a 作為 $(\exists x)$ 之分

        Ca   子，發展②

     −Aa   −Ca ······以 a 作為 (x) 之分子，發展③
             ×

    −Aa   Ba

有兩個樹幹開放，推論不能成立。

又如 6:

$\checkmark (\exists x)(Ax \& Bx)$ ·············①   Ax：x 是古國

$\checkmark (\exists x)(Bx \& Cx)$ ·············②   Bx：x 是大國

$\checkmark (\exists x)(Ax \& Cx)$ ·············結論   Cx：x 是強國

    $\checkmark -(\exists x)(Ax \& Cx)$ ······反結論

    $(x) -(Ax \& Cx)$ ······③   發展上式

      Aa

      Ba   ······ 以 a 作為 $(\exists x)$ 之分子，發展①

      Bb

      Cb   ······ 以 b 作為 $(\exists x)$ 之分子，發展②

   −Aa   −Ca ······ 以 a 作為 (x) 之分子，發展③
    ×

       −Ab   Cb ···以 b 作為 (x) 之分子，發展③
          ×

雖然 $(x)-(Ax \& Cx)$ 有無窮的個別常數符號可以作為分子，但已

無法使樹幹封閉，故推論不能成立。

　　在符號邏輯裡，如果語式都是(∃x)作開頭，則該推論一定無效。

　　利用真值樹來演算符號邏輯，方便之處就在於：

①不必記住邏輯傳統裡的許多推論有效或無效原則，而直接演
　算出推論結果。

②演算過程可以檢查，非常明確。

③在複雜的推論過程中，只要能予以符號化，則就能演算出結
　果來。

　　如前節（十三）舉的一個例子：

　　　　　支持 I 者，必投 J 的票

　　　　　A 投 H 的朋友的票

　　　　　沒有 K 的朋友視 J 為朋友
　　　　　─────────────────
　　　　　假如 H 是 K 的朋友，則 A 不支持 I

這個推論如用周延方法或圖解方法去解析，都比不上使用真值樹演
算符號推論來得便捷與精確。

　　此外，在三段論式中如都出現否定句，則推論也無效，如：

　8.　　　女人不是狗

　　　　　狗不是貓
　　　　　──────
　　　　　女人不是貓

　　雖然使用的推論語句在經驗事實上都是真的，且中詞（狗）周
延了一次，結論周延的詞（女人，即小詞）也在前提裡周延過，但
因三語句都是否定句，故推論不能成立。我們舉一個反例駁之：

　9.　　　尼姑不是和尚

　　　　　和尚不是女人
　　　　　──────────
　　　　　尼姑不是女人

8 與 9 之形式是相同的，如 8 能成立，9 亦能成立。但其實二者都不
能成立。符號演算也是如此：

$$(x)(Ax \rightarrow -Bx)$$
$$(x)(Bx \rightarrow -Cx)$$
$$\overline{(x)(Ax \rightarrow -Cx)}$$

Ax：x 是女人		Ax：x 是尼姑
Bx：x 是狗	或	Bx：x 是和尚
Cx：x 是貓		Cx：x 是女人

$$-(x)(Ax \rightarrow -Cx)$$
$$(\exists x)-(Ax \rightarrow -Cx)$$

Aa

Ca

　　　　　−Ba　　　−Ca
　　　　　　　　　　　×

−Aa　　　−Ba
×

　　一般說來，「三段論式」有「若言」(hypothetical，有人譯為「假言」(因為可能為「假」)，及「定言」(categorical) 之分，二者是有別的。

　　1. 「若言」：「假如地球繞日運轉」，則……。此種說法，在太陽中心說或地球中心說爭論極為敏感時，天文學家為了自保，免遭天主教會的控訴，常以「假言」作掩飾，即不明言該句為真，純屬「假設」而已。

　　2. 「定言」：「地球繞日而行」，這是一種「確信不移」的「定見」。

　　「假言」的陳述，藏有如下的語意，讀者當能知悉：試舉一段對話就更清楚不過了。

　　A：老兄，我倆交情這麼好，你如中樂透五億新台幣，能分給我一千萬嗎？

B：那還用說嗎！沒問題。

A：你如有兩棟豪宅，可送我一棟嗎？

B：deal，不必第二句話。

A：你口袋如有一百元，能否可以給我以便吃中飯？

B：不行。

A：為什麼，你剛剛不是相當慷慨嗎？

B：是的，因為我不會中樂透，我也沒豪宅，可是呢！我口袋
　真的有一百元，且我正要用它。

　　許多人從「假言」就跳躍到「定言」。其實，「假言」的「真假」
不定，但「定言」則「真假」已定。這種跳躍，許多人在推論中常
有此種心理習慣。

　　「總統如是無能或貪污，這是最被人民唾棄的，

　　我們選過的總統，不是貪污，就是無能，所以最為人民唾棄！」

習題十三

一、判斷下列三段論式，是否有效：

　1.一切楊梅是酸的

　　沒有香瓜是楊梅（即一切香瓜都不是楊梅）

　　沒有香瓜是酸的

　2.凡劍橋大學學生都喜愛分析問題

　　凡三一學院學生都是劍橋大學學生

　　凡三一學院學生都喜愛分析問題

　3.凡活人是有生命的　　　　4.拿破崙的爸爸是人

　　杜魯門是有生命的　　　　　希特勒是人

　　杜魯門是活人　　　　　　　希特勒是拿破崙的爸爸

5. 沒有自私的人是快樂的人
   凡損人利己者是自私的人
   ───────────────
   沒有損人利己者是快樂的

6. 凡信戒殺論者是吃素的
   凡中國和尚是吃素的
   ───────────────
   凡中國和尚是信戒殺論者

7. 沒有草食獸是兇猛的
   一切山兔是草食獸
   ───────────────
   沒有山兔是兇猛的

8. 鋼琴家是音樂家
   有些音樂家是作曲家
   ───────────────
   有些作曲家是鋼琴家

9. 有些人是愛打瞌睡者
   愛打瞌睡者是胖子
   ───────────────
   有些人是胖子

10. 有些人是胖子
    有些人愛打瞌睡
    ───────────────
    胖子愛打瞌睡

二、將上述作業中不能成立的推論，各舉一反例辯駁之。

三、將一的各題符號化，然後用真值樹計算出結果。

四、舉例說明下列各詞之意義：

　　1. 中詞

　　2. 大前提

　　3. 周延

十六、省略式 (Enthymeme)

「君自故鄉來，應知故鄉事」，在這二句詩裡，為詩者也運用了推論。上節我們已讀過三段論式，三段論式即使用三個詞，且各詞使用兩次；不過，各詞在重複使用時要一致。根據如此規定，我們可以把該詩改寫為：

> 君自故鄉來
>
> 君知故鄉事

但這兩句到底是前提還是結論呢？我們首先應了解的是，此首詩如要構成為標準的三段論式的話，顯然是缺少或省略了一個語句的。找出省略語句的方法很簡單，既知三段論式必使用三個詞，且每詞各使用兩次，則此首詩當中，我們已發現它使用了「君」、「自故鄉來」及「知故鄉事」三個詞；其中，「君」使用了兩次，其餘只使用一次；因此省略的語句應該是「凡自故鄉來，皆知故鄉事」。現在我們補上此句，則該詩就變成：

> 君自故鄉來
>
> 君知故鄉事
>
> 凡自故鄉來，皆知故鄉事

上式如要構成有效的三段論式，則須把補上的一句作為前提，而把「君知故鄉事」作為結論，其式如下：

> 凡自故鄉來，皆知故鄉事
>
> 君自故鄉來
> ─────────────
> 君知故鄉事

　　上式推論符合「肯定前項」——「自故鄉來」，然後「肯定後項」——「知故鄉事」的有效推論原則。如果寫成底下的幾種形式，推論都不能成立：

1.　　　　君自故鄉來

　　　　　君知故鄉事

　　　　　———————————————

　　　　　凡自故鄉來，皆知故鄉事

2.　　　　君自故鄉來

　　　　　君知故鄉事

　　　　　———————————————

　　　　　凡知故鄉事，皆自故鄉來

3.　　　　凡自故鄉來，皆知故鄉事

　　　　　君知故鄉事

　　　　　———————————————

　　　　　君自故鄉來

1 與 2 的謬誤在於「結論周延的詞不在前提周延」，而 3 之謬誤則在於肯定後項再肯定前項。若 Ax: x 自故鄉來，Bx: x 知故鄉事，c: 君，則上三例的符號化為：

1.　　　　　　Ac　　　　2.　　　　　Ac

　　　　　　　Bc　　　　　　　　　　Bc

　　　　　———————————　　　　———————————

　　　　　(x)(Ax→Bx)　　　　 (x)(Bx→Ax)

3.　　　　 (x)(Ax→Bx)

　　　　　　　Bc

　　　　　———————————

　　　　　　　Ac

上三例的符號演算，讀者可以自己為之。

　　莊子秋水篇有一段記載「個人為萬物尺度」的故事，其言如下：

　　　「莊子與惠子遊於濠梁之上。莊子曰：儵魚出遊從容，是魚樂也。惠子曰：子非魚，安知魚之樂？莊子曰：子非我，安知我不知魚之樂？……」

　　在此段引話裡，莊子與惠子都使用三段論式，但都省略了推論

語句。我們先看莊子的推論：

「儵魚出遊從容，是魚之樂也。」（「儵」即今之「倏」）

這一句改寫成有效推論形式為：

　　　　凡出遊從容，皆是快樂的

　　　　魚出遊從容
　　　　─────────────
　　　　魚是快樂的

其次，莊子又說：

「子非我，安知我不知魚之樂？」

這一句如果改寫為有效的三段論式，則應是：

　　　　凡非我，皆不知我知魚之樂

　　　　子非我
　　　　─────────────
　　　　子不知我知魚之樂

而惠子所反駁莊子的那句話（「子非魚，安知魚之樂？」），如改寫為有效的三段論式，就變成：

　　　　凡非魚，皆不知魚之樂

　　　　子非魚
　　　　─────────────
　　　　子不知魚之樂

由上述例子看來，莊子與惠子的辯論，都省略了大前提。省略的語句，我們應該把它補上去。但要注意，補上去的語句要使全部推論有效。如果上述例子中，各如下面的補法，則推論都不能成立：

　　　　我必知我知魚之樂（補上去的語句）

　　　　子非我　　　　　　（原來語句）
　　　　─────────────
　　　　子不知我知魚之樂（原來語句）

　　　　凡魚皆知魚之樂

　　　　子非魚
　　　　─────────────
　　　　子不知魚之樂

（上兩式推論之不能成立，原因非常明顯）

　　省略式有時省略了大前提，有時省略了小前提，有時則省略結論。省略大前提的例子我們已經舉了不少，現在舉省略小前提的例子：

　　　　　　凡精忠報國者都是民族英雄
　　　　　　岳飛是民族英雄

上一例子省略了小前提「岳飛是精忠報國者」。下例亦是如此：

　　　　　　好花不常開
　　　　　　曇花不常開

上例省略了小前提「曇花是好花」。

　　省略結論的例子如下：

　　　　　　好花不常開
　　　　　　曇花是好花
　　　　　　（曇花不常開）

　　　　　　熱心公益的學生是品德優秀的學生
　　　　　　品德優秀的學生是心地善良的學生
　　　　　　（熱心公益的學生是心地善良的學生）

　　但是除了邏輯書以及少數的思想家在推論時使用了如此一致的推論語句之外，其他推論語句都非如此。因此有必要予以改寫，如：

　　1.天地開闢，人皇以來，隨壽而死或中年夭亡，以億萬數；計今人之數不若死者多。如人死輒為鬼，則道路之上，一步一鬼也；人且死為鬼，宜見數百千萬，滿堂盈之，填塞巷路，不宜徒見一兩人也。（王充論衡卷二十論死篇）

此段論人死不變為鬼之辯，可以改寫成三段論式如下：

　　　　　　如果人死了都變成鬼，則鬼的數目就比人的數目多
　　　　　　如果鬼的數目比人的數目多，則隨時隨地都會碰到鬼
　　　　　　如果人死了都變成鬼，則隨時隨地都會碰到鬼

以及　　　　如果人死了都變成鬼，則隨時隨地都會碰到鬼

　　　　　　並非隨時隨地都會碰到鬼
　　　　　　─────────────────
　　　　　　並非人死了都變成鬼

2. 人類的進化是什麼？簡括言之，即是人性中獸性的淘汰。人性中的獸性減少一分，人類便進化一步。而人性中獸性的減少，非借助於教育不為功，此為古今中外所認同的至理，無可移易。所以只有發展教育，才能促進人類的進化。

本論題改寫為：

　　　　　　只有發展教育才能減少人性中的獸性

　　　　　　只有減少人性中的獸性才能促進人類的進化
　　　　　　───────────────────────
　　　　　　只有發展教育才能促進人類的進化

或　　　　　減少人性中的獸性，則必須發展教育

　　　　　　促進人類的進化則必須減少人性中的獸性
　　　　　　───────────────────────
　　　　　　促進人類的進化則必須發展教育

習題十四

一、改寫（補充）下列語句，使之成為有效的三段論式：

1.「我心匪石，不可轉也。」（詩經邶風）

2.「我心匪席，不可卷也。」（詩經邶風）

3.「吾豈匏瓜也哉，焉能繫而不食。」（論語）

4. 東吳大學的學生沒有修過教育學分，是不可以當老師的。

5.「呂布有勇無謀，不足慮也。」（三國演義曹操語）

6.「回也非助我者也，於吾言無所不說（悅）。」（論語先進）

7. 張三既沒有參加考試，當然就沒有張三的成績。

8. 張三過的是多采多姿的生活，是令人羨慕的。

9. 阿花沒有雙眼皮，是不漂亮的。

10.「阿福，看你這麼胖，不怕得心臟病嗎?」

11.這隻鳥不是烏鴉，因為牠會唱歌。

二、整理下列語句，使之成為有效的三段論式：

　1.編寫教學用書，取材有一個頗為重要的原則，就是要切合學生經驗。教材與學生經驗越接近，則學生學習起來，就越能夠領會與了解。

　2.批評風度是否良好，關係批評風氣的健全甚大。唯有良好的批評風度，所批評的事項才比較容易被人接納改進，而達到批評的目的。

十七、兩難式 (Dilemma)

(一)兩難式的原由

古希臘在盛行民主政治時期，有一批能言善辯之士雲集雅典，他們誇稱可以教導人們任何想要得到的知識或技巧，這批人叫做「辯者」 (sophists)。辯者當中最有名的一位就是普洛塔哥拉斯 (Protagoras)，哲學史上提出「個人為萬物尺度」(Man is the measure of all things) 的主張者就是他。普氏在進行教學時，碰到一位叫做伊納塞拉斯 (Enathlas) 的青年人，向他請教如何在法庭裡辯論成功的秘訣，普氏答允要教他這門技術，不過卻要繳交學費。伊氏說，交學費可以，不過要有條件，如果能讓他第一次在法庭訴訟時辯論成功，則他就交學費，否則（即第一次在法庭訴訟時辯論失敗）他就不交學費。雙方同意了這種條件之後，隨即簽了契約。普氏也就教導這位門徒如何在法庭裡辯論成功的技巧。過了一段時日，普氏認為這位門徒已經學有所成，可以「畢業」了，但伊氏就是不交學費。普氏想了一個計策，乃到法庭裡控告這名學生應該交學費。他認為不論自己告贏或告輸，伊氏都必須繳交學費。他的推論方式如下：

1. 如果伊氏勝訴，則伊氏必須交學費

   如果伊氏敗訴，則伊氏必須交學費

   伊氏勝訴或敗訴

   ───────────────

   伊氏必須交學費

　　普氏認為到法庭訴訟，不是自己勝訴就是對方勝訴；如果伊氏勝訴，則伊氏第一次在法庭訴訟已經成功，證明他已學會了辯論訣竅；根據師生原先所訂的契約，伊氏當然應該付學費。如果伊氏敗訴，則法院更會判決伊氏要交學費。因為普氏到法庭告他，本就要他交學費。因此無論勝訴或敗訴，伊氏都得交學費。

　　普氏讓伊氏落入如此的「兩難」──勝訴得不好結果，敗訴也得不好結果，邏輯上稱為「兩難式」(dilemma)。dilemma 這個字有人譯為「兩刀論」，即讓對方陷於左右為難或進退不得的困境中。

　　上述的推論，在「形式」上是可以成立的。我們試用符號予以表示，即：

$$A \to B \qquad （A：伊氏勝訴$$
$$-A \to B \qquad B：伊氏必須交學費）$$
$$\frac{A \lor -A}{B}$$

用「真值樹」方法，可以演算出推論有效的結果：

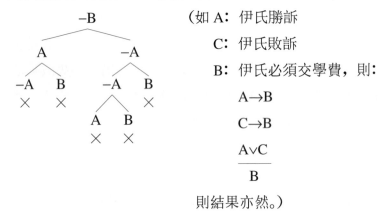

（如 A：伊氏勝訴

　　C：伊氏敗訴

　　B：伊氏必須交學費，則：

$$A \to B$$
$$C \to B$$
$$\frac{A \lor C}{B}$$

則結果亦然。）

㈡兩難式舉例

　　兩難論式的例子甚多，下面就是一些比較有趣的例子：

2.　告訴家人自己生病則增加家人擔心

　　不告訴家人自己生病則無錢就醫

　　告訴家人自己生病或不告訴家人自己生病

　　────────────────────

　　增加家人擔心或無錢就醫

3.　上學被老師打

　　不上學被母親打

　　上學或不上學

　　──────────

　　被老師打或被母親打

4.　笑生皺紋

　　哭生皺紋

　　笑或哭

　　──────

　　生皺紋

5.　就現實則為理想之逃兵

　　就理想則為現實之逃兵

　　就現實或就理想

　　──────────────

　　為理想之逃兵或為現實之逃兵

6.　明知有害而作此事，則是惡人

　　不知有害而作此事，則是愚人

　　知有害而作此事或不知有害而作此事

　　────────────────────

　　惡人或愚人

7.　前有懸崖，前進必死

　　後有追兵，後退必死

　　前有懸崖，後有追兵

　　──────────────

　　前進必死，後退必死

8.　欲寄君衣君不還

　　不寄君衣怕君寒

　　寄君衣或不寄君衣

　　──────────

　　君不還或怕君寒

兩難式的形式有二：

甲、 　　　　A→B　　　　　　　A→B

　　　　　　C→B　　或　　　−A→B

　　　　　　<u>A∨C</u>　　　　　　　<u>A∨−A</u>

　　　　　　B　　　　　　　　　B

乙、 　　　　A→B　　　　　　　A→B

　　　　　　C→B　　或　　　C→D

　　　　　　<u>−B</u>　　　　　　　<u>−(B&D)</u>

　　　　　−(A&C)　　　　　−(A&C)

　　　甲式符合「肯定前項」的有效推論原則，乙式則符合「否定後項」的有效推論原則。

㈢兩難式的解決方法

　　　解兩難式的方法有三：一是提出一個與造成兩難相反的論式，則結果非但不是兩難，反而是「兩樂」。

　　　當普洛塔哥拉斯告伊納塞拉斯時，普氏自鳴得意，暗中竊喜已把對方陷入兩難中；卻不料這位門徒青出於藍，在聽到其師到法庭告他的原委之後，繼而一想，沒關係，告贏告輸都不必交學費，因為：

　　　　　假如伊氏勝訴，則伊氏不必交學費

　　　　　假如伊氏敗訴，則伊氏不必交學費

　　　　　<u>伊氏勝訴或敗訴</u>

　　　　　伊氏不必交學費

　　　伊納塞拉斯認為：假如自己贏了這場官司，他就不必交學費；假如他敗訴了，則表示他第一次在法庭訴訟沒有成功，根據師生契約，他不必交學費。因此這場官司不管勝訴或敗訴，他都不必交學費。

伊氏的反駁論調，形式與其師同，即：

$$A \rightarrow -B \qquad\qquad A \rightarrow -B$$
$$-A \rightarrow -B \qquad 或 \qquad C \rightarrow -B$$
$$\underline{A \vee -A} \qquad\qquad \underline{A \vee C}$$
$$-B \qquad\qqu\qquad -B$$

（A 或 C：伊氏勝訴，B：伊氏必須交學費。）

上式仍是有效的推論形式。伊氏的推論，獲得了「不必交學費」的結果，那不是兩樂嗎？伊氏「以子之矛攻子之盾」，不愧是有「辯才」之士，而普氏能教導出如此的學生，也可以當「名師」了。

例 3 亦如此，我們可以改成：

上學則不被母親打

不上學則不被老師打

上學或不上學
_____

不被母親打或不被老師打

本來「被老師打或被母親打」的「兩難」困境，現在變成為「不被母親打或不被老師打」的「兩樂」喜境，那不是樂融融嗎？

其實，把兩難造成兩樂，雖然非常實用，也是針鋒相對的辯論方式，但是反駁力道，頂多與原論相同。如果兩難之勢力是半斤，則兩樂之力道也只不過是八兩而已。因此「兩樂」式的方法並非是解開兩難式的真正方式。

第二種更強有力的方式，是否認兩難論式前提的前項可以作為後項之充分條件，也就是說「→」關係不能建立起來。比如：

前有懸崖，前進必死

後有追兵，後退必死

前有懸崖，後有追兵
_____

前進必死，後退必死

在這個情況中，是真的「兩難」了，要改成「兩樂」也不可能。

不過我們可以說，雖然「前有懸崖」，但「前進必死」是不一定能夠成立的；同理「後有追兵」，難道「後退必死」嗎？也可以說，我們否認前後者之間可以構成為「充分條件」的關係。如果「前有懸崖」不一定就「前進必死」，則「前有懸崖 → 前進必死」就不能成立。既然此種關係無法形成，因之整個推論就不會產生「前進必死，後退必死」的結果。歷史上，絕處逢生，死裡逃生，九死一生的例子也不少。這部份是由於機運，但絕大多數卻是運用「智慧」的結果。我們日常生活中碰到「兩難」的情況頗多，但真正能構成無法解決困境的兩難條件則不多，吾人應發揮我們的腦力，衝破艱險，渡過難關，則「兩難」又有何難哉！

如果妳嫁了一個在前線作戰的士兵，「寄君衣君則不還」，則這位夫君也太不體貼太太了；「不寄君衣君則受寒」，則這位丈夫也太不爭氣了。換句話說，「寄君衣」與「君則不還」，及「不寄君衣」與「君則受寒」二者之間是不一定成為「→」的關係的。

只是，像古希臘普氏與伊氏之間因互訂有契約在，且契約講明了條件，因此「→」關係是可以成立的。普氏原先已落入人家陷阱，是不能自逃的。

第三種解兩難方式倒可以解決普氏困難，但也對普氏不太有利，即否認前提的選取語句是窮盡的。如普氏與伊氏的訴訟案，我們可以說「勝訴」與「敗訴」並非窮盡了所有的訴訟結果，其他還有像「和解」或「不起訴」等之判決。

當普氏告伊氏的原式是：

$$A \rightarrow B$$
$$-A \rightarrow B$$
$$\frac{A \lor -A}{B}$$

則推論是可以成立的；但當我們把它改成：

$$A \rightarrow B$$
$$C \rightarrow B$$
$$\underline{A \lor C \lor D}$$
$$B$$

時，則推論就無效。用「真值樹」演算如下：

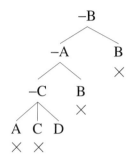

其中有一根樹幹開放，故推論不能成立。在上式符號中，A 表示訴訟勝訴，但訴訟敗訴則不用 −A 表示，A∨−A 是窮盡的；因勝訴與敗訴並不窮盡。（除非敗訴改為「非勝訴」，但「非勝訴」並非與「敗訴」同等，這是以前分析過的）有人或者以為如要伸張正義，維護公理，則在普氏與伊氏的訴訟案件中，那位仲裁的法官可以先判普氏敗訴，則根據契約，伊氏不必交學費；然後再請普氏控告其徒要交學費，因為其徒在法庭辯論已成功過，因之根據契約，他必須交學費。不過，如以當今訴訟過程來說，這種作法，也不見得對普氏有多大益處，除非普氏與伊氏原先所訂的「束脩」相當多，否則是不合算的。因為根據目前的訴訟規定，敗訴一方要負擔所有的訴訟費用，而普氏訴訟兩次，雖然第二次勝訴，但第一次敗了，必得承擔第一次訴訟費用，結果他也有損失。並且如此喜愛興訟，絕非「為人師表」之人所應為。

　　有些兩難論式比較複雜，但其形式仍一如其前。如：

　　　　　　學而不思則罔

　　　　　　思而不學則殆

　　　　　　學而不思或思而不學

　　　　　　罔或殆

本題論式的符號化，是：

　　　　　　(L&−T)→B

　　　　　　(T&−L)→E

　　　　　　(L&−T)∨(T&−L)

　　　　　　　　　B∨E

　　(L：學　T：思　B：罔　E：殆)

　　解本題方式，可以利用選言不窮盡（即上述之第三種解兩難法）來去除兩難。「學」與「思」並非窮盡了所有為學方法，且「學」與「思」也非為學方法之兩不相容之兩極，介於「學」「思」之間的過渡地帶甚多。

　　底下舉一個中國古代經籍的兩難例子。原文及改寫如下：

　　燕人畔，王曰：吾甚慙於孟子。

　　陳賈曰：王無患焉！王自以為與周公，孰仁且智？

　　王曰：惡，是何言也？

　　曰：周公使管叔監殷，管叔以殷畔。知而使之，是不仁也；不知而使之，是不智也。仁者，周公未之盡也，而況於王乎？

　　賈請見而解之。（孟子公孫丑下）

陳賈難周公之式如下：（改寫）

　　　　　　周公知而使之，周公是不仁也

　　　　　　周公不知而使之，周公是不智也

　　　　　　周公知而使之，或不知而使之

　　　　　　周公不仁或周公不智

　　讀者可以用 A：周公知之　B：周公使之　C：周公不仁　D：

周公不智，等符號去符號化上式推論，然後討論如何破解此種兩難式。

兩難式的應用頗廣，試看下列兩例：

例一：有一名學生考不及格，老師告訴他：「我已經決定不讓你及格了。」學生說：「老師，您真的決定要我不及格嗎?」老師問道：「難道你不知道?」學生答道：「老師，我真的不知道，不過讓我猜猜看，要是讓我猜對了，您要讓我及格。」老師說：「好吧! 你猜!」學生說：「我猜老師是不讓我及格的。」

例二：一對墜入愛河的青年男女，女的忽然移情別戀，決心要斬斷情絲，不答允嫁給這位男人。男的問道：「讓我猜猜妳內心是否真的不要嫁給我，如果我猜對了，妳要嫁給我。」結果女的也答應讓他猜，男的於是猜道：「我猜妳是不答應嫁給我的。」

例一的學生與例二的男生作那樣子的猜測，都是讓對方陷入兩難困境的猜測。如果學生猜對了，那麼老師要讓他及格；如果學生猜錯了，則「老師是不讓我及格的」為非，因之變成「老師是會讓我及格的」。因此學生猜對或猜錯，都能得到滿意的結果，此時老師就落入學生圈套，不能自拔。例二亦同，男生如猜對了，則女生要嫁給他；如猜錯了，則表示「妳是不答應嫁給我的」為非，因之變成「妳會答應嫁給我」。男生猜對或猜錯，都能合乎己意，真是何樂而不為?

不過，聰明的讀者，你（妳）如何替上面所舉例子的老師與女生解決那種「兩難」呢?

習題十五

分析下列各題的兩難式，並提出解決辦法：

1. 以德報怨則違天理報應原則

   以怨報怨則冤冤相報永無了期

   以德報怨或以怨報怨
   _____

   違天理報應原則或冤冤相報永無了期

2. 如果他是個忠信之人，則他不會作犯上悖亂之事

   如果他是個孝悌之人，則他不會作忤逆亂倫之事

   他犯上悖亂或忤逆亂倫
   _____

   他不是忠信之人或不是孝悌之人

3. 如果放棄她，則得不到快樂

   如果不放棄她，則失去許多朋友

   放棄她或不放棄她
   _____

   得不到快樂或失去許多朋友

4. 如果想賺錢，就須努力工作

   如果想得到好成績，就須努力讀書

   不努力工作，亦不努力讀書
   _____

   得不到錢也得不到好成績

5. 富歲子弟多賴

   凶歲子弟多暴

   富歲或凶歲
   _____

   子弟多賴或子弟多暴　　（孟子告子七）

6. 開夜車則不能早睡覺

   不開夜車則考試考不好

   開夜車或不開夜車
   _____

   不能早睡覺或考試考不好

7. 坐車要花錢

   不坐車要遲到

   坐車或不坐車
   _____

　　要花錢或要遲到

8. 當家教則耽誤功課成績不好

　　不當家教則入不敷出無錢可花

　　當家教或不當家教

　　耽誤功課成績不好或入不敷出無錢可花

9. 假如愛父母，就應為父母著想

　　假如了解父母，就應知道父母辛苦

　　不替父母著想或不知父母辛苦

　　不愛父母或不了解父母

10. 吃得好會發胖

　　吃得不好會營養不良

　　吃得好或吃得不好

　　發胖或營養不良

11. 奧麥 (Omar) 將軍攻陷 Alexandria 城，下令除了可蘭經之外，盡燒所有圖書，他說：

　　圖書與可蘭經相同，則圖書一無是處

　　圖書與可蘭經不同，則圖書必然有害

　　圖書與可蘭經相同或與可蘭經不同

　　圖書一無是處，或圖書必然有害

12. 東方朔吃下獻給漢武帝的長生不老藥，漢武帝要殺他，他說：

　　如果我吃的是長生不老藥，則我不會死（皇上殺不了我，因為我已能長生）

　　如果我吃的不是長生不老藥，則我不會死（因為皇上不應該因此而殺我）

　　我吃的是長生不老藥或不是長生不老藥

　　我不會死

13. 子貢問孔子曰：死者有知乎，將無知乎？

子曰：吾欲言死之有知，將恐為孝子順孫妨生以送死；吾欲言死之無知，將恐不孝之子棄其親而不葬……（孔子家語疏證，頁51）

死者有知，則孝子順孫妨生以送死

死者無知，則不孝子棄其親而不葬

死者有知，或死者無知，孝子順孫或不孝子
_____
孝子順孫妨生以送死，或不孝子棄其親而不葬

14.戴眼鏡則美變醜，醜更醜

不戴眼鏡，則如霧裡看花，濛濛一片

戴眼鏡或不戴眼鏡
_____
美變醜或醜更醜，或如霧裡看花，濛濛一片

15.考試若出申論題，則評分不客觀

考試若不出申論題，則難測出考生程度

考試出申論題或不出申論題
_____
評分不客觀或難測出考生程度

16.臣無祖母則臣無以至今日

祖母無臣則無以終餘年

臣無祖母或祖母無臣
_____
臣無以至今日或祖母無以終餘年

17.結婚則有家室之累

不結婚則寂寞難耐

結婚或不結婚
_____
有家室之累或寂寞難耐

討論下面兩段話：

18.陳臻問曰：前日於齊，王餽金一百鎰而不受，於宋餽七十鎰而受，於薛餽五十鎰而受。前日之不受是，則今日之受非也；今日之受是，則前日之不受非也。夫子必居一於此矣！

孟子曰：皆是也。當在宋也，予將有遠行。行者必以贐，辭曰「餽贐」，予何為不受？當在薛也，予有戒心。辭曰「聞戒」，故為兵餽之，予何為不受？若於齊，則未有處也，無處而餽之，是貨之也，焉有君子而可以貨取乎！(孟子公孫丑下)

19.洧水甚大，鄭之富人有溺者，人得其死者，富者請贖之，其人求金甚多，以告鄧析。鄧析曰：安之，人必莫之賣矣！

得死者患之，以告鄧析，鄧析又答曰：安之，此必無所更買矣。(呂氏春秋離謂)

20.作好官則壞人討厭

作壞官則好人討厭

作好官或作壞官

好人討厭或壞人討厭

21.為官清正則家貧

為官貪污則敗德

為官清正或為官貪污

家貧或敗德

22.凡物能動，則它必在其所在的地方動或在其所不在的地方動

物不能在其所在的地方動，也不能在其所不在的地方動

物不能動

十八、關係 (Relations)

關係詞的使用，會影響推論的有效性，比較下列兩例：

1. $\dfrac{A\ 在\ B\ 的對面}{B\ 在\ A\ 的對面}$　　2. $\dfrac{A\ 在\ B\ 的左面}{B\ 在\ A\ 的左面}$

推論 1 可以成立而推論 2 不可以成立。推論 1 與推論 2 之形式相同，但因使用了不同的關係詞，因之造成了一個推論有效而另一個推論無效的結果。無效的推論就是謬誤 (fallacies)，謬誤有很多種（詳「謬誤」一節），關係詞使用之不當而造成的謬誤，將在本節當中討論。因此在進行推論之前，有必要解析推論所使用的關係詞性質。

關係詞的性質共分成三種。第一種是詞本身與本身的關係；這種關係性質稱為「自反性」(reflexivity)。第二種性質是一詞與他詞之關係，也就是兩個詞彼此之間的關係；這種關係性質稱為「對稱性」(symmetry)。第三種性質是三個詞或三個詞以上的關係，這種關係性質稱為「遞移性」(transitivity)。但每一種性質又分正、反及有時可正有時可反的三種性質，因之一共有九種性質。底下就分述這幾種性質。

㈠自反性 (Reflexivity)——一個詞與本身的關係

1.可自反的 (reflexive)：一個詞本身都可以是「它」自己。如 X 是 X，A 是 A，長的是長的，long is long，等。這種性質用符號來

表示，就是 (x)x=x，或 (x)Rxx。

2.不可自反的 (irreflexive)：詞本身與本身如使用了「異於」、「小於」、「大於」、「重於」……等關係詞，則是不可自反的。因為 X 不會「異於」X，A 不會「小於」A，……。這種性質用符號來表示，就是 (x)x≠x，或 (x)-Rxx。

3.准自反的 (nonreflexive)：准自反的關係詞是詞自己有時可自反，有時不可自反。如「自傲」、「自愛」、「自憐」、「自卑」、「自大」……都是。有的人非常自愛，有的人則很恨自己。比如說恨自己的這副「尊」容，恨自己的毫無表現等。

(二)對稱性 (Symmetry)——兩個詞之間的關係

1.可對稱的 (symmetrical)：可對稱的關係詞，使得它的前後詞可以互換。「對面」就是可對稱的關係詞，如果 A 在 B 對面，則 B 一定在 A 對面。用符號表示，就是 (x)(y)〔(x=y)→(y=x)〕，或 (x)(y)(Rxy→Ryx)。可對稱的關係詞除了「對面」之外，另有「同年」、「同性」、「同窗」、「同學」、「配偶」、「同室」……等。

2.不可對稱的 (asymmetrical)：不可對稱的關係詞使得它的前後詞不可以互換。「大於」就是不可對稱的關係詞。A 如果大於 B，則 B 一定不會大於 A。用符號表示，就是：

$$(x)(y)〔(x>y)→-(y>x)〕$$

或　　　(x)(y)(Rxy→-Ryx)

不可對稱的關係詞除了「大於」之外，另有「小於」、「重於」、「在右邊」、「在前面」、「美於」……等等比較性的詞。

3.准對稱的 (nonsymmetrical)：准對稱性的關係詞就是有時它的前後詞可以互換，有時則不可以。「朋友」就是准對稱的關係詞。A

如果是 B 的朋友，則 B 不一定是 A 的朋友。兄弟、姊妹等詞亦然，下面有一句英文例子就是如此：

John is Mary's brother.（John 是 Mary 的兄弟）

但：　　　　Mary is not John's brother.（Mary 不是 John 的兄弟）

同性則兄弟、姊妹就可對稱，英文的 sibling 指兄弟姊妹，因此也是可對稱詞。如：

John is Smith's brother.

Smith is John's brother.

准對稱的關係詞還有「愛」、「喜歡」、「恨」、「討厭」、……等。

㈢遞移性 (Transitivity)——三個詞或三個詞以上的關係

1.可遞移的 (transitive)：可遞移的關係詞使得第一詞與最後一詞能夠建立起由該關係詞所建立的關係。「等於」就是可遞移的關係詞，如果 A 等於 B，B 又等於 C，則 A 等於 C。用符號來表示，就是：

$$(x)(y)(z)\{[(x=y)\&(y=z)]\to(x=z)\}$$

或　　　　$$(x)(y)(z)[(Rxy\&Ryz)\to Rxz]$$

可遞移的關係詞除了「等於」之外，另有「大於」、「小於」、「輕於」、「重於」、「高於」、「矮於」……等。

2.不可遞移的 (intransitive)：不可遞移的關係詞使得第一詞與最後一詞無法建立該關係詞所建立的關係。「作爸爸」的關係詞就是不可遞移的。當「A 是 B 的爸爸，B 是 C 的爸爸，則 A 一定不是 C 的爸爸」，用符號表示，就是：

$$(x)(y)(z)[(Rxy\&Ryz)\to -Rxz]$$

不可遞移的關係詞，另有「作兒子」、「作媽媽」、「作祖父」、「作媳

婦」、……等。

　　3.准遞移的 (nontransitive)：准遞移的關係詞使得第一詞與最後
一詞有時能夠建立該關係詞所建立的關係，有時則不能。試看下面
一例：

$$A 愛 B$$
$$\frac{B 愛 C}{A 愛 C}$$

「愛」這個關係詞是准遞移的，A 愛 B 而 B 又愛 C，則 A 可能愛 C
也可能不愛 C；由 AB 之愛與 BC 之愛，不能一定構成為 AC 之愛。
設若 A 為男生，B 為女生，C 又為男生；而 A 這位男生愛 B 這位女
生，但 B 這位女生又愛 C 這位男生，則 A 這位男生會愛 C 這位男
生，那才是怪事呢！准遞移的關係詞，除了「愛」之外，他如「朋
友」、「喜歡」、「討厭」……等亦屬於此類。（一般人都說，朋友的朋
友亦是朋友，但這是不一定的。）

　　根據上述的解析，我們就可以對關係詞作進一步的了解，並且
本節開始所舉的兩例之推論方式也可以解決。

　　1.
$$\frac{A 在 B 的對面}{B 在 A 的對面}$$

在本題中，推論使用了兩個詞，兩個詞之間的關係詞就是「對稱性」
的關係詞。「對面」是可以對稱的，因之如果我們以「Axy 作為 x 在
y 的對面」的符號，則本題推論符號如下：

$$(x)(y)(Axy \rightarrow Ayx)$$
$$\frac{Aab}{Aba}$$

推論有效性之符號演算如下：

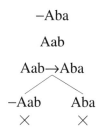

$$-Aba$$

$$Aab$$

$$Aab \rightarrow Aba$$

所以本題推論是有效的。

至於 2.　A 在 B 的左邊

B 在 A 的左邊

本題推論也只使用兩個詞，而「左邊」卻是不可對稱的，因之本題的符號化就是：

$$(x)(y)(Axy \rightarrow -Ayx)$$

Aab

Aba

（Axy：x 在 y 的左邊）

推論有效性的符號演算如下：

$$-Aba$$

$$Aab$$

$$Aab \rightarrow -Aba$$

因之推論不能成立。

3.　A 大於 B

B 大於 C

C 大於 D

A 大於 D

本題推論使用了 A、B、C、D 四個詞，四個詞之間的關係詞之性質就是「遞移性」。而「大於」這個關係詞在遞移性中是可遞移的，因

之我們可以把本題推論符號化為：

$$(x)(y)(z)(w)〔(Lxy\&Lyz\&Lzw)→Lxw〕$$

$$Lab$$

$$Lbc$$

$$Lcd$$

$$Lad$$

（Lxy：x 大於 y）

本題有效性的符號演算如下：

$$-Lad$$

$$Lcd$$

$$Lbc$$

$$Lab$$

$$(Lab\&Lbc\&Lcd)→Lad$$

因之本題推論有效。

4.　　　　A 是 B 的兒子

B 是 C 的兒子

A 是 C 的兒子

本題推論使用三個詞，而其關係詞「作兒子」是不可遞移的。因之本題推論之先，就得把不可遞移性加上去。符號化本題的結果，即：

$$(x)(y)(z)〔(Sxy\&Syz)→-Sxz〕$$

$$Sab$$

$$Sbc$$

$$Sac$$

（Sxy：x 是 y 的兒子）

本題推論有效性的符號演算如下：

$$-Sac$$
$$Sbc$$
$$Sab$$
$$(Sab\&Sbc)\rightarrow-Sac$$

因之本題推論無效。

　　至於關係詞的第一種性質──自反性，在可自反的情況裡，有時會產生詞本身自反的真假矛盾，如 "long is long" 這一語句又是真又是假。這種矛盾現象稱為「詭論」(paradox)。有關詭論的詳情，留到「詭論」一節來討論。

習題十六

一、除了本節所舉的關係詞之例子外，試各舉五例說明自反性、對稱性、遞移性的關係詞。（共 45 個例子）

二、符號化下列推論，並演算其是否推論有效。

1. A 重於 B
   B 重於 C
   ─────
   A 重於 C

2. B 與 C 同性
   A 與 B 同性
   ─────
   A 與 C 同性

3. A 是 B 的同志
   B 是 C 的同志
   ─────
   A 是 C 的同志

4. A 比 B 漂亮
   B 比 C 漂亮
   ─────
   A 比 C 漂亮

十九、累進式 (Sorites)

累進式可以說是三段論式的變式。由兩個或兩個以上的三段論式組成的論式，就是累進式。但累進式要能夠成立，必須使用「可遞移的」關係詞。在「關係」一節裡所舉的「可遞移的」關係詞之推論例子，都是累進式的例子。如：

1.　　A 小於 B　　2.　　　名不正則言不順
　　　 B 小於 C　　 或　　　言不順則事不成
　　　 C 小於 D　　　　　　 事不成則禮樂不興
　　　 ─────　　　　　　　禮樂不興則刑罰不中
　　　 A 小於 D　　　　　　 刑罰不中則民無所措手足
　　　　　　　　　　　　　　─────────────
　　　　　　　　　　　　　　名不正則民無所措手足

1 使用了可遞移的關係詞，2 是綜合式的三段論式。

累進式的形式有二：一為前進式的累進式 (progressive sorites)，又稱為亞里士多德累進式 (Aristotelian Sorites)；另一種為後退式的累進式 (regressive sorites)，又稱為葛克利累進式 (Goclenian Sorites)。底下分別討論此二種累進式。

(一)前進式的累進式

前進式的累進式之形式如下：

3.　　　A→B　　　第一前提的前項 (A) 作為結論的前項 (A)，
　　　　B→C　　　最後前提的後項 (F) 作為結論的後項 (F)。

C→D	第一前提的後項 (B) 作為第二前提的前
D→E	項，第二前提的後項作為第三前提的前項
E→F	⋯⋯。
A→F	

例如：

⑴ 欲平天下者先治其國　　　　　A→B

　欲治其國者先齊其家　　　　　B→C

　欲齊其家者先修其身　　　　　C→D

　欲修其身者先誠其意　　　　　D→E

　欲誠其意者先致其知　　　　　E→F

　欲致其知者先格其物　　　　　F→G

　欲平天下者先格其物　　　　　A→G

由 A（欲平天下者）遞移到 G（先格其物），可以說是 A 走到 G 的
「天路歷程」。其實，⑴是由許多三段論式組成的，我們把⑴拆開，
則如下式：

ㄅ、欲平天下者先治其國　　　　A→B

　　欲治其國者先齊其家　　　　B→C

　　欲平天下者先齊其家　　　　A→C

ㄆ、欲平天下者先齊其家　　　　A→C

　　欲齊其家者先修其身　　　　C→D

　　欲平天下者先修其身　　　　A→D

ㄇ、欲平天下者先修其身　　　　A→D

　　欲修其身者先誠其意　　　　D→E

　　欲平天下者先誠其意　　　　A→E

ㄈ、欲平天下者先誠其意　　　　A→E

　　欲誠其意者先致其知　　　　E→F

　　欲平天下者先致其知　　　　A→F

　　ㄅ、欲平天下者先致其知　　　　　A→F

　　　　欲致其知者先格其物　　　　　F→G

　　　　欲平天下者先格其物　　　　　A→G

底下的例子也如此：

　(2)　所任者得其人，則上下和

　　　　上下和則群臣親

　　　　群臣親則百姓附

　　　　百姓附則國家治

　　　　國家治則天下平

　　　　所任者得其人則天下平　　（淮南子主術論）

　(3)　所任非其人則上下乖

　　　　上下乖則群臣怨

　　　　群臣怨則百姓亂

　　　　百姓亂則國家危

　　　　國家危則天下大亂

　　　　所任非其人則天下大亂

　(4)　下擾則民怨

　　　　民怨則德薄

　　　　德薄則政亂

　　　　政亂則國家危

　　　　下擾則國家危

　　　淮南子的這些論調倒可以為當政者參考。不要小看「所任者得其人」或「所任非其人」及「下擾」所造成的結果，它能使「天下平」、「天下亂」、或「國家危」。

　(5)　道生一

　　　　一生二

　　　　二生三

三生萬物
———————
道生萬物

(6) 王法地

地法天

天法道

道法自然
———————
王法自然　(道德經二十五章)

(7) 君子知至學之難易而知其美惡，然後能博喻

能博喻然後能為師

能為師然後能為長

能為長然後能為君
———————
君子知至學之難易而知其美惡，然後能為君

(8) 逸則淫

淫則忘善

忘善則惡心生
———————
逸則惡心生　(國語魯語敬姜論勞逸)

　　底下舉兩例來說明累進式的應用。此兩例是韓非解老子的「禍兮福之所倚」及「福兮禍之所伏」兩句。韓非利用累進式來闡釋老子這兩句名言，他所使用的累進式是比較複雜的（中間有了變化）。試看下列第一例：

人有禍則心畏恐	A→B	✓
心畏恐則行端直	B→C	✓
行端直則思慮熟	C→D	✓
思慮熟則得事理	D→E	✓
行端直則無禍害	C→F	✓
無禍害則盡天年	F→G	✓
得事理則必成功	E→H	✓

盡天年則全而壽	G→I	✓
必成功則富與貴	H→J	✓
全而壽、富與貴就是福	(I&J)→K	✓
人有禍就是福（禍兮福之所倚）	A→K	✓

推論有效性的符號演算如下：

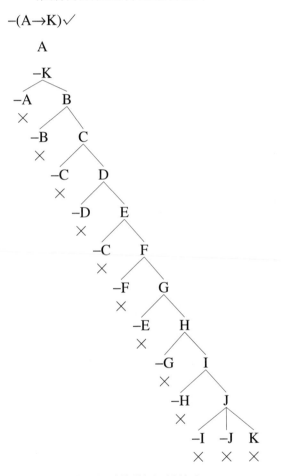

$-(A→K)$✓

A

$-K$

$-A$　　B
×

　$-B$　　C
　×

　　$-C$　　D
　　×

　　　$-D$　　E
　　　×

　　　　$-C$　　F
　　　　×

　　　　　$-F$　　G
　　　　　×

　　　　　　$-E$　　H
　　　　　　×

　　　　　　　$-G$　　I
　　　　　　　×

　　　　　　　　$-H$　　J
　　　　　　　　×

　　　　　　　　　$-I$　$-J$　K
　　　　　　　　　×　　×　　×

（本題發展，由上
而下較為簡便，
由下而上較為麻
煩）

第二例：「福兮禍之所伏」

　　人有福則富貴至

　　富貴至則衣食美

　　衣食美則驕心生

驕心生則行邪僻而動棄理

行邪僻則身夭死

動棄理則無成功

身夭死無成功則是禍（夫內有死夭之難，而外無成功

人有福就是禍 之名者，大禍也）

讀者可以仿第一例，用符號代替文字，然後演算其推論結果是否可以成立。

福至則興高采烈，快樂過度，「可能」因而「樂極生悲」。禍至則小心翼翼，謹慎將事，因而培養思慮周到的良好習慣。因此禍中有福，福中有禍，這就是老子的人生哲學。（但注意上面的「可能」一詞）

㈡後退式的累進式

後退式的累進式之形式如下：

4. $E \to F$ 最後前提的前項 (A) 作為結論的前項 (A)，

         $D \to E$ 第一前提的後項 (F) 作為結論的後項 (F)。

         $C \to D$ 第一前提的前項作為第二前提的後項，第

         $B \to C$ 二前提的前項作為第三前提的後項……。

         $A \to B$

         $\overline{A \to F}$

例如：

「在下位，不獲乎上，民不可得而治矣！獲乎上有道，不信乎朋友，不獲乎上矣！信乎朋友有道，不順乎親，不信乎朋友矣！順乎親有道，反諸身不誠，不順乎親矣。誠身有道，不明乎善，不誠乎身矣！」

⑴ 不獲乎上則民不可得而治

不信乎朋友則不獲乎上

不順乎親則不信乎朋友

不誠乎身則不順乎親

不明乎善則不誠乎身

————————————

不明乎善則民不可得而治　　（中庸二十）

(2)　沒有飯吃就會餓死

沒有錢就沒有飯吃

沒有工作就沒有錢

沒有謀生的技能就沒有工作

————————————

沒有謀生的技能就會餓死

(3)　彼此禮讓，婚姻才幸福

互相相愛，才能彼此禮讓

互相了解，方能互相相愛

————————————

互相了解，婚姻才幸福

　　累進式雖分為前進式及後退式兩種，其實二者是相同的。我們可以說後退式是前進式的變形，也可以說前進式是後退式的變形。試把 3 與 4 的形式作一比較，即可清楚的了解原來二式只是一式。因為：

3.	A→B	4.	E→F
	B→C		D→E
	C→D		C→D
	D→E		B→C
	E→F		A→B
	———		———
	A→F		A→F

若把 3 的前提次序調整一下，則變成 4；同理，若把 4 的前提次序調整一下，則照樣可以變成 3。

㈢有問題的累進式

累進式要能夠成立，必須每一推論語句都能建立連鎖關係，所以有些邏輯書把 sorites 譯為「連鎖式」。它就好比一串鐵鍊，鐵鍊的各環節緊密連在一起，則牽動第一環就能帶動最後一環（前進式）；同理，牽動最後一環也能帶動第一環（後退式）。數學上各種演算過程，式子很多，每一個式子都與它的上下式有關連，否則最後的結果（即演算答案）就不能成立。如下式：

$$A \to B$$
$$C \to D$$
$$D \to E$$
$$\underline{E \to F}$$
$$A \to F$$

在上式中，前提的第一式與第二式毫無「累進」之意，也不能產生第一前提與第二前提之「連鎖」關係，因之推論不能成立。

第二種有問題的累進式是使用了不能遞移的關係詞，或准遞移的關係詞，則推論無效。如：

行政院長怕總統
市長怕行政院長
警長怕市長
警察怕警長
強盜怕警察
人怕強盜
―――――――
人怕總統

上例是後退式的累進式。雖然「形式」上可以成立，但因為推論使用了准遞移的關係詞──「怕」，因之推論無效。

　　第三種有問題的累進式是推論所使用的主詞與賓詞不能建立起充分條件關係；也就是說，主詞與賓詞不能使用「→」這個符號。如上例「行政院長怕總統」之類的。在民主國家裡，人民（包括官員）要有「免於恐懼」的自由；則「行政院長」「必怕」「總統」——即「行政院長 → 必怕總統」，這是不能成立的。換句話說，在這裡所使用的「關係詞」——怕，是「准遞移」的，因此推論不能成立。

　　此外，如果累進式都使用否定句，則推論無效。如：

　　　　祖父不是父親

　　　　父親不是母親

　　　　母親不是男人

　　　　──────────

　　　　祖父不是男人

　　推論都使用否定句，推論就無效，這種規定在「三段論式」（十五）中早就提過。

習題十七

討論下列累進式，看它屬於何種形式的累進式，並批判其推論能否成立。

　　1. 不是整數就不是自然數

　　　　不是有理數就不是整數

　　　　不是實數就不是有理數

　　　　不是複數就不是實數

　　　　──────────

　　　　不是複數就不是自然數

　　2. 民敢言則民之言談屬實

　　　　民之言談屬實則上知民之疾苦安逸

　　　　上知民之疾苦安逸則上能體察民生

　　　　上能體察民生則上知民之所好惡

上知民之所好惡則行民之好正民之惡

行民之好正民之惡則應乎人

應乎人則安邦

民敢言則安邦　　（古文觀止：國語召公諫厲王止謗）

3. 太極生兩儀

兩儀生四象

四象生八卦

八卦生六十四卦

六十四卦生萬物

太極生萬物　　（易經）

4. 上好取而無量，則下貪狠而無讓

下貪狠而無讓，則民貧苦而忿爭

民貧苦而忿爭則社會不安

社會不安則上下相怨

上下相怨則號令不行

號令不行則天下亂

上好取而無量，則天下亂　　（淮南子，頁 128，世界書局）

5. A 是 B 的媳婦

B 是 C 的媳婦

C 是 D 的媳婦

A 是 D 的媳婦

二十、詭論 (Paradox)

　　詞本身自反時，產生「似乎是」又真又假的情況，稱為「詭論」
(Paradox)。 ❶

　　上述的詭論定義，有必要加以說明。詞本身自反即用了「是」
這個關係詞。如「我都在說謊話『是』我都在說謊話」，"long 'is'
long"，「查某『是』查某」……。這些語句「似乎是」又真又假的，
因為：

　　1.「我都在說謊話」的自反就是「我都在說謊話」。因此「我都
在說謊話」就變成「我不都在說謊話」——因為「我都在說謊話」
這句話的本身也是「謊話」。當「我都在說謊話」為真時，則「我都
在說謊話」就不能成立；也就是說，「我都在說謊話」為假。反之，
當「我都在說謊話」為假時，則「我都在說謊話」可能為真。

　　希臘有一個島叫克利特島 (Crete)，島上有一人（名為
Epimenides）說：「我們克利特島的人都在說謊話」。「謊話」的詭論
典故就由此產生。

　　打個比喻，當台北的人向台南人說：「我們台北的人都在說謊
話」時，則台南人對這句話可能採取如下的判斷：

　　①相信台北人所說的那句話——「我們台北的人都在說謊話」
為真。但如果台南人認為台北的人所說的那一句話是可信的（真
的），則至少台北的人不是都在說謊話，至少台北的人說了一句真

❶ 林正弘，邏輯悖論與公設集合論，思與言，19 卷 3 期，1981 年 9 月，
　　頁 1–16。

話，即「我們台北的人都在說謊話」。因之「我們台北的人都在說謊話」就不是「我們台北的人都在說謊話」了。這不就把「我們台北的人都在說謊話」這個詞變成不自反了嗎？比較下列兩句：

「我們台北的人都在說謊話」是「我們台北的人都在說謊話」。

「我們台北的人都在說謊話」不是「我們台北的人都在說謊話」。

如前句為真，後句就為假；如前句為假，後句就為真。

如果「我們台北的人都在說謊話」為真，則「我們台北的人都在說謊話」這句話也是謊話；既然「我們台北的人都在說謊話」為謊話，則應該是「並非我們台北的人都在說謊話」了。這不就變成「詭譎異常」嗎？名它為「詭論」，實在也有道理呢！

②不相信台北人所說的那句話——「我們台北的人都在說謊話」為真。但如果台南人認為台北人所說的那句話是不可信的（假的），則「我們台北的人都在說謊話」也就變成了「我們台北的人不是都在說謊話」了，這不也就前後真假發生矛盾現象嗎？

2.羅素 (Bertrand Russell, 1872–1970) 說了一個非常有趣的「詭論」故事，叫做「理髮師詭論」(Barber's Paradox)：

> 有人告訴我們一個有關他徒步旅行奧國山莊的故事。他說在山莊中看到一個引人的村落，村裡住了一位村民。告訴我們故事的人描述這位村民是個「老理髮師，但卻特別熱心」。他對這句話並無特別解釋或說明，就又繼續說他的故事。我們不知道他說「熱心」是何所指？他確信那位理髮師是熱心的。其後，我們問他，我們提出可能的領域——比如說那位理髮師是否是一個虔誠的上教堂者，或是衛道者，等等——向他質問他所說的「熱心」是否就是指這些。但非也，該理髮師並非是一個宗教的狂熱分子，卻是熱衷於自己職業的人。但這又是什麼意思呢？原來該理髮師被描述為熱心的緣故，乃

因他堅持替不為自己理髮的「所有」村人理髮，並且他也堅持「只」為不自己理髮的全村人理髮。我們乍聽之下，並不覺得此種陳述有何不妥，倒覺得相當有理。因為在該村中有兩組人，一組是自己理髮者，因而不必由理髮師理髮（根據該理髮師的政策）；一組是不自己理髮者，因而必由理髮師理髮（也是根據該理髮師的政策）。但我們想了想，發覺有些迷惑。說故事者所說「所有」村莊的人，那個「所有」不知何意？有沒有包括該理髮師在內？我們不等答案，就又馬上提出問題：說故事者堅信該理髮師是自己理髮的嗎？說故事者停頓了一下，答道：「不，當然不，因該理髮師只為不自己理髮的人理髮。」我們又問了：「你確信該理髮師不理自己的髮嗎？」說故事者又再度沉思了片刻，顯然遇到困擾，結果說了：「不，該理髮師只為不自己理髮者理髮。」到此，我們可以不必再問了。我們可以說，在奧國或在任何可能的世界裡，就本項目的討論而言，不可能有一位理髮師像那位說故事者所說那樣「熱心」的。就可能的世界而言，只有兩種情況有可能存在，一是理髮師自己理髮，一是理髮師不自己理髮。而講故事者所確信的、及他自己也承認的兩種可能世界的命題，都是假的。因而在可能的世界中，並無一位理髮師滿足該故事所說的「熱心」條件。簡言之，說該故事者所確信的命題——他在旅途中遇到一位特殊熱心的理髮師——是不可能真的，卻是必然的假。❷

3. Long is long：這句英語譯成中文就是「長的是長的」。「長的」這個詞在本身自反時，中文是比較不生詭論的，但英文就會。

❷ 譯自 Raymond Bradley and Norman Swartz, *Possible Worlds, An Introduction to Logic and Its Philosophy*, Oxford: Basil Blackwell, 1979, p. 117.

萬物應該有所比較才能顯現某物長某物短，我們看下列例子：

① Long is long.

② Long is not long.

③ Short is short.

④ Short is not short.

⑤ Long is shorter than short.

⑥ Short is longer than long.

上面六個英文語句中，如①為真，則②必假；如②為真，則①必假；同理，③與④之情況就如同①與②之情況。而⑤與⑥應該得假。但「從另一個角度來說」，上述六句可以說皆真，也可以說皆假。因之詭論情況又生。

各種語言的使用，大概都是約定俗成的，也可以說任性的。當我們畫兩條線段，如：

————————

————————

則我們說上面一條線段是「長的」，下面一條線段是「短的」；在中文，我們使用「長的」與「短的」兩個詞；但在英文就使用 "long" 與 "short" 兩個字。當然，日文、德文、法文、俄文……都會使用不同的文字去描述那兩線段的「長」「短」。不過，不管使用何種文字，也不管使用的文字差異如何大，它們都共同在「指涉」(referent)「長的」的意義，只是使用的文字 (words)「本身」不同罷了。

上段說「從不同的角度來說」的意義，即指詞本身在自反時之所以會產生詭論、或有真有假的情況，乃指文字的「指涉意義」與文字「本身」的角度而言。簡言之，語言文字有兩大功用，一是指涉語言文字的意義描述，一是指涉語言文字本身。前者指語言文字的「實」，後者則指語言文字的「名」。名實互混，是形成詭論的主因。中國古代的名家論調，就是根據名實不分而來。

就以上述六個語句為例，如果從指涉的文字意義來看，則：

① "Long is long"，「長的是長的」，此一語句為真；

③ "Short is short"，「短的是短的」，此一語句為真。

但如果「從文字本身」的角度來衡量，則：

② "Long is not long"，「long 是不長的」，此一語句為真。

④ "Short is not short"，「short 是不短的」，此一語句為真；

⑤ "Long is shorter than short"，「long 比 short 還短」，此一語句為真；

⑥ "Short is longer than long"，「short 比 long 還長」，此一語句為真。

相反的，如果從文字本身的角度來看，則：

① "Long is long"，「long 是長的」，此一語句為假；

③ "Short is short"，「short 是短的」，此一語句為假。

但如果從文字之指涉意義來衡量，則：

② "Long is not long"，「長的是不長的」，此一語句為假；

④ "Short is not short"，「短的是不短的」，此一語句為假；

⑤ "Long is shorter than short"，「長的比短的還短」，此一語句為假；

⑥ "Short is longer than long"，「短的比長的還長」，此一語句為假。

依上面之解析，則 long is long 等語句「似乎是」又是真又是假了。其實，long is long 等語句之會是真又是假，只不過「似乎是」而已。之所以產生此種情形，乃是混淆了「文字的指涉意義」與「文字本身」的結果。

"Long" 這個「文字本身」共由四個英文字母（即 l, o, n, g）所組成；由四個字母所組成的「字」是「不長的」；"short" 這個「文字本身」則由五個英文字母（即 s, h, o, r, t）所組成；由五個字母所

組成的字與由四個字母所組成的字，兩相比較，當然由五個字母所組成的字較「長」了，因之 "short" 是「不短的」。同理，"short" 這個字是比 "long" 這個字還長，而 "long" 這個字則比 "short" 這個字還短。經過此種解析，則 "long is long" 就會產生又是真又是假的結果。

4.「查某是查某」這句閩南語，也可以根據上段文字之解析，而釐清其「文字指涉意義」與「文字自身」二層之差別。

「查某是查某」在以「查某」來指涉查某的意義──即女人──而言，查某當然是查某。但查某如係指某一名叫「查某」的人而言，則該「查某」可能是男人而非女人呢！在此種層次上，「查某是查某」就為假了。

5. Monosyllabic is monosyllabic.

Monosyllabic is polysyllabic. (Monosyllabic is not monosyllabic.)

上面兩個英文語句，也是「詭論」語句的好例子。拼音字共分兩類，一類是單音節的，另一類則是多音節的；單音節的英文字就是 monosyllabic, 而多音節的英文字就是 polysyllabic。在上面二式中 Monosyllabic is monosyllabic，此一語句是 monosyllabic 這個字的自反，譯成中文就是：

單音節的是單音節的

但那是以 monosyllabic 這個字所指涉的意義而言，如果 Monosyllabic is monosyllabic 此一語句中的前面那個 monosyllabic 是指 monosyllabic 本身，而後面那個 monosyllabic 是指 monosyllabic 的指涉意義，則變成：

monosyllabic 是單音節的

說「monosyllabic 是單音節的」當然是假的。因為 monosyllabic 這個字有好多個音節，絕對不是單音節的。它倒變成多音節了呢！因

此：

> Monosyllabic is not monosyllabic, and
> monosyllabic is polysyllabic.

在 polysyllabic（多音節）之類中，有 university, understanding, comprehension, encyclopedia,……等，其中也有一個就是 monosyllabic。因之，Monosyllabic is polysyllabic。而 monosyllabic （單音節）之類中，有 yet, but, and, as, in, on……等，但卻沒有一個是 monosyllabic。因之 Monosyllabic is not monosyllabic。

文字語言指涉的意義有時是具體的，但文字語言本身卻是一種概念，概念是抽象的，它沒有本身所指涉的意義。了解這種分別，則中國古代名家之詭辯之一「火不熱」，就可迎刃而解。「火」的指涉意義是會熱的，我們也經驗了火會熱；但「火」這個字本身卻不會熱。如果地上寫很多「火」這個字，而我踩在「火」字上，當然不會覺得熱。同理，當你的電鍋壞了，你在飯鍋下寫好多個「火」字，難道飯會煮熟嗎？名家也提出「雞三足」之說法，依其原來解釋是「雞足一，數足二，二而一，故三」。這種論調即是把文字本身與文字指涉意義相混的結果。雞足一，表示雞足之概念，數足二，表示具體經驗上的雞足。但這兩者不能相加，怎能得「雞三足」的結語呢！這有如算術上出現如下的題目：

「三個蘋果」＋「兩條香蕉」是多少？

我們不禁要問，上面問題的「是多少」，是多少「什麼」？

有些父母希望用吉利、好聽、高雅等名字來為子女命名。筆者教過的大學女生中，有一位名「美女」的。「美女」這個詞在自反時，就是：

美女是美女

但如果名叫「美女」的這位女同學卻是醜八怪，則「美女是美女」就假了。另外一位小姐名叫「笑容」的。「笑容」這個詞的自反就是

> 笑容是笑容

但如果名叫「笑容」的這位女同學是晚娘面孔，則「笑容是笑容」就假了。（筆者的這兩位學生，卻一位是美女，一位是有笑容的）筆者家鄉有一位男子名叫「狀元」，但這位「狀元」卻是目不識丁，我想他要真能得狀元，是不可能的。

有些文字在自反時，是不會產生詭論的，如：

> 難寫是難寫的

當然，難寫是難寫的，而「難寫」這兩個字因不太好寫，因此也是難寫的。

有些語言文字毫無指涉意義，稱為「空類」(null class, or empty class)。如「美人魚」、「人面馬」、「圓形的四邊形」、「現在法國的皇帝」、「小人國人物」、「三頭六臂者」……等，這些詞都毫無所指。

中西思想史上都有一批辯士提出「詭論」的論調，他們的確是對語意學 (semantics) 的研究有貢獻的。只是他們的主張，似乎是是非不明，黑白不分，不能被一般人民所信服。「只能勝人之口，不能服人之心」，因之大受權貴及百姓所唾棄，有些辯士也因此而遭殺身之禍。茲引一段左氏春秋子產殺鄧析（詭辯者）的話如下：

> 子產治鄭，鄧析務難之。……以非為是，以是為非，是非無度，可與不可日變，所欲勝因勝，所欲罪因罪。鄭國大亂，民口日諠，子產患之，於是殺鄧析而戮之。民心乃服，是非乃定，法律乃行。

不過，要不是有那批「詭」學者的說法，現在語言文字的研究也許不會有那麼豐富的內容。

習題十八

解析並討論下列諸語句，是否能成為詭論：

1. 難了解的是難了解的。

2. 博士是博士。

3. 無黨無派是無黨無派。

4. 一切真理皆相對是一切真理皆相對。

5. 一切皆可懷疑是一切皆可懷疑。〔比較笛卡爾 (René Descartes) 的懷疑論〕

6. 台南市是市，所以新市也是市。（註：台南市有個地方叫作新市，但新市卻是區。）

7. 9/12=3/4，而 9/12 以 12 作為分母，因此 3/4 也以 12 作為分母。

8. 「輪不輾地」。

9. 「問題教學法」是問題教學法。

10. 牛羊足一，數足四，四而一，故五。

11. 英國的 public school 是 public school。（即英國的公學是公立的?）

12. high school 是 high school。（註：在教育史上，我們稱中學為 high school，因之 high school 並不是「高」等學校；「高」等學校——即大學，稱為 higher school。）

13. gymnasium is gymnasium.（註：德文的 gymnasium 是指學生程度相當高的古文中學，但英文的 gymnasium 即指體育館。）

14. 警察機關在要求民眾不得書寫文字的牆壁上寫著:「此處不得書寫文字。」

15. 老師要班長叫學生不可說話，班長說：「大家不可以說話。」

16. 交通單位規定駕車在路上行駛，不可以超速。一位駕駛者在路上超速駕駛，被一輛更超速的警車抓到，他向交通警察抗議如果他要受罰，則開該警車的駕駛員也得受罰。

17. 紅色的是紅色的。

18. It is impossible to do it, but he did it.

19. Everyone knows it, but he doesn't.

20. 第一題是錯的是錯的。

21. 並非「現在在下雨」與並非「我說：『現在在下雨』」，有何不同？

22. 我從來不說真話。

23. 台北是十筆劃的。

24. 珠寶是珠寶。

25. 飯是不能吃的，飲料是不能飲的。

26. 馬殺雞 (massage) 是馬殺雞。

27. 有一位老教授，忽然生了個兒子，為紀念晚年得子，就替他起名為「年紀」。不料第二年又生了個兒子，而且面貌不像媽媽而像爸爸。他想，此兒像我，將來必有學問，因此就替老二起名為「學問」。但第三年又生了個兒子，門生故舊都來道賀。他不好意思，當眾解嘲說：「如此老年，還接二連三的生兒子，真是笑話。」因此就替老三起名為「笑話」。

事隔多年，三個兒子都大了，老教授為磨練他們吃苦耐勞的美德，星期天就要兄弟三個上山砍柴，傍晚回家，老教授在書房問太太：「三兄弟打好多少柴？」太太說：「年紀有了一把，學問一點也沒有，笑話倒有一擔。」（錄自國語日報，民67.6.12，第七版，江天一，命名的笑話）

28. 我所堅持的原則，就是我不堅持原則。

29. 我所作的決定，就是我不作決定。

30. 甲：「你還有沒有啊！」

乙：「我還有沒有。」

31. 中國字只有三個字。

32. 「全盤西化」本身就不「全盤西化」。

33. 有人反對胡適的白話文運動，但卻用白話文予以反對。

34. 2 的一半是什麼？

附：以文字或語言來討論文字或語言本身，則被討論的文字或
　　語言稱為「對象語言」(object language)，而用來討論此語
　　言的語言，稱為「討論語言」(discussion language) 或「後
　　設語言」(metalanguage)。如「美女是美女」，此一語句的
　　前一美女是「對象語言」的詞；而後一美女則是「後設語
　　言」的詞。

二十一、謬誤（一）(Fallacies)

推論不能成立（無效），就是推論謬誤。推論謬誤的種類，大抵分成兩種：一是形式謬誤 (formal fallacies)，二是非形式謬誤 (informal fallacies)。

(一)形式謬誤

形式上的謬誤也可以說是邏輯上的謬誤，因為邏輯是講形式的。凡推論違反邏輯推論的有效性原則，則推論無效；如推論語句用符號予以表示，利用「真值樹」方法予以演算的結果，並非所有的樹幹都封閉，則推論不能成立。這些謬誤，統稱為形式上的謬誤。如：

1. $A \to B$
   $-A$
   ───
   B

2. $A \to B$
   B
   ───
   A

3. $(x)(Ax \to Bx)$
   $(\exists x)(Bx \& Cx)$
   ─────────
   $(x)(Ax \to Cx)$

4. $(\exists x)(Ax \& Bx)$
   $(\exists x)(Bx \& Cx)$
   ─────────
   $(\exists x)(Ax \& Cx)$

上四式的推論皆屬無效。因為：

　1 式符合了否定前項的無效原則，

　2 式符合了肯定後項的無效原則，

　3 式符合了中詞 (Bx) 不周延一次的無效原則，

　4 式符合了都使用部份量符號的無效原則。

因此推論都不能成立。下列文字例子亦然。

5.假如用功的結果就能考 100 分

────────────────────

假如能考 100 分就是用功的結果

6.有人是戴眼鏡的

戴眼鏡的都是近視的

────────────────────

人都是近視的

因為 5 的形式與 2 同，而 6 違反了「結論周延的詞」（即人）必須在前提中也周延的有效原則，因此推論都不能成立。

　　上面舉的例子，形式上都在本書的前幾節中出現過。讀者如果看得明白，當能認清何種推論有效，何種推論無效。本書前面的篇幅既大部份在談形式推論的有效原則及違反那些原則所造成的形式謬誤，因之本節及下節將談非形式的謬誤。

（二）非形式謬誤──語言文字因素

　　非形式謬誤 (informal fallacies) 的一部份，來自於推論語言使用的不當，另一部份則是使用與推論不相干的因素來作為推論的依據。本節討論語言文字所造成的推論謬誤，下節則討論不相干的推論因素所造成的推論謬誤。

　　推論要使用語言文字，但語言文字若使用不當，則推論無效。因之推論之先，必得作語意解析，對語詞性質及關係詞性質作進一步了解，否則易造成推論的無法成立。前幾節所述的詭論、關係、及其他有關語言文字性質的解析，都可幫助我們對推論語句的認識。

　　1.定義問題：

　　下面的一個推論例子，在「形式」上是合乎推論有效原則的，但卻是「謬誤」：

(1)　　　　有意殺人者處死刑　　　　　A→B

　　　　　創子手是有意殺人者　　　　C→A

　　　　　創子手處死刑　　　　　　　C→B

　　本題推論形式是可以成立的，它是典型的有效三段論式。三段論式必須使用三個詞，且每個詞必須使用兩次。而上面的推論，「乍看」之下，也使用了三個詞，即「有意殺人者」、「處死刑」及「創子手」，且三個詞各使用兩次。但仔細解析的結果，我們發現「有意殺人者」這個詞在出現第一次與出現第二次時之語意卻有出入。「有意殺人者處死刑」這個前提我們是可以確信的，但「創子手是有意殺人者」這個前提就不成立，因為創子手並非是有意殺人者，他是奉命殺人者。因此「有意殺人者」這個詞在本題推論中只使用一次。如把「創子手是有意殺人者」這個前提，改成「創子手是奉命殺人者」，則本題推論就一共使用了四個詞，這樣子推論是不能成立的。

(2)　　　　有意殺人者處死刑　　　　　A→B

　　　　　創子手是奉命殺人者　　　　C→D

　　　　　創子手處死刑　　　　　　　C→B

　　(1)的形式是後退式的累進式，(2)亦然。但(2)的推論無法有連鎖性，因此推論不能成立；這種錯誤在「累進式」一節裡也討論過。有些邏輯家把這種謬誤稱為犯了四詞 (four terms) 的謬誤。因為(2)已使用四個詞。

　　好在上式推論不能成立，否則又有誰願意當創子手呢?「創子手處死刑」，則處死創子手的人也是創子手，他也須處死刑，如此一個一個的殺下去，世界就不留一個人了。

　　上述的例子，可見語意的「定義」(definitions) 非常重要。因為語言文字經常有二義、三義或四義……。讀者如果一查字典，就可以看出一個字或一個詞有數種意義，且彼此意義有時甚有出入。

　　有人說錢是髒的，即使是台灣銀行剛印出來的鈔票也是髒的。

這個人顯然把髒定義為實質髒；如果說新印的鈔票不髒，則這種人只把「髒」定義為表面髒而已。由於對「髒」字定義之不同，因而產生爭論，這是沒有必要的。如果爭論之前，先作語意界說，則可以免除此種爭端。

一位不太會說中國話的美國人，有一次到某學校參觀該校校慶慶祝大會，該校校長很客氣的請他上台講話。這位美國人非常高興，豈知他上台第一句話就說：「今天校長好意思請我起來講話……」，校長及該校同事與學生被這句話弄得莫名其妙，場面尷尬萬分。原來這位美國朋友誤以為「好意思」就是「好意」。他不知這兩個詞的意義有霄壤之別。

一位返國任教的客座教授上課時向學生說：「我現在問大家一個問題，答對者有獎，獎品是鋼筆一打。」學生一聽到獎品竟然這麼優厚，他（她）們認為這位客座教授長期住在國外，一定很有錢，所以獎品多而貴，大家乃屏息靜氣的等他出問題。他問完後，馬上有學生舉手要回答問題，這位教授乃指了一位學生起來作答；因為題目不難，所以這位學生馬上答對了題目。教授說：「好吧！你到前面來領獎」，這位學生欣喜萬分，同學也都以欣羨與忌妒的眼光看他。豈知他走到教授面前時，教授即從上衣口袋裡拔出自用鋼筆往他頭上一打，說：「賞你鋼筆一打。」

數學上如果 x=y，則 x+2=y+2，或 2x=2y，邏輯語言裡也有類似情況，如馬是動物，則馬的頭是動物的頭。但有些語言並不這麼單純，如：

象是動物，所以小象是小動物

「象是動物」為真，但「小象是小動物」卻假。在「象」與「動物」之前各加「小」字，則「小象是小動物」是「應該」成立的；但衡諸事實，小象雖小，卻非「小動物」。

之所以如此，乃因「小」字有歧義 (ambiguity)。小字至少有體

積的小及年幼的小等意義。「小象」的小，是指年幼的小，小象即年幼的象；但「小動物」的小，卻是指體積的小，是大小的小。年幼的象在體積上比一隻大螞蟻還大呢！

幸而「小象是小動物」不能成立，否則：

　　　　師者人也，老師者老人也。

　　　　小姐者小人也。

　　　　鼠者動物也，老鼠者老動物也。

　　　　⋮

也就可以成立了。這不就是「是非不明」、「真假不分」了嗎？

美國哲學家詹姆斯 (William James) 曾舉一個例子，說明語言文字在定義上的重要性。有一個人看到樹幹上有一隻松鼠，他想過去看個究竟，豈知這隻松鼠看到有人過來，即繞著樹幹轉，而這位看松鼠的人也就尾隨其後繞著跑，他跑得快，松鼠也跑得快；此時，我們是否可以說這個人「繞」著松鼠跑？

列子裡也有一段文字，在說明「盜」這個字的不同意義，茲誌之如下：

　　齊之國氏大富，宋之向氏大貧，自宋之齊請其術。國氏告之曰：「吾善為盜」……向氏大喜。……遂踰垣鑿屋，手目所及，亡不探也。未及時，以贓獲罪沒其先居之財。向氏以國氏之謬己也，往而怨之。國氏曰：「……吾盜天地之時利，雲雨之滂潤，山澤之產育，以生吾禾，殖吾稼，築吾垣，建吾舍。陸盜禽獸，水盜魚鱉，亡非盜也。夫禾、稼、土、木、魚、鱉、禽、獸，皆天之所生，豈吾之所有，然吾盜天而亡殃；夫金、玉、珍、寶、穀、貝、財、貨，人之所聚，豈天之所與？若盜之而獲罪，孰怨哉？」

國氏向自然界「盜」取財富，即充分利用自然，因之大富，且不會

犯法；但向氏誤解國氏此種「盜」的意義，以為是向別人偷拿東西，即據別人之財物為已有，故而有罪。二氏對「盜」之意義各作不同解釋，乃產生兩種不同的結果。

推論要正確，必須使用的詞的意義前後一致 (consistency)。如果第一次出現的詞與第二次出現的同個詞，在意義上有了轉折，即造成「四詞」謬誤。因之在爭論之先，我們得先問對方，「此詞當作何義解？」(What do you mean?)

上述在說明文字謬誤的第一種因素，就是文字本身有歧義。

2.無標點或標點不當：

有些語句沒有標點，也易使人不解該語句的真義，這就造成模稜兩可的結果。相命先生說：「父在母先亡」，就是典型的一個例子。在這一句裡，我們不知父母的那一位先亡，解釋父先亡可以，解釋母先亡也可以。推論語句是不可以用此種方式來「騙」人的。如果把該句寫成「父在，母先亡」，則表示母先亡；寫成「父在母先，亡」，則表示父先亡。因之我們有必要問相命先生：“What do you mean?”

孔子說：「民可使由之不可使知之」這個語句亦同。攻擊孔子的人可以說，孔子這句話是愚民政策。因為他說：「民可使由之，(但)不可使知之」，這不是典型的愚民政策又是什麼？但替孔子辯護的人則可以說孔子這句話有高度民主意味，因為他說：「民可，使由之；不可，使知之。」上述在說明文字謬誤的第二種因素，即標點符號使用的不當。標點符號使用不當，則譯成符號時，它們的真值表是不會相等的，這在本書頭幾節已強調過。

3.語音問題：

另外有些語句是音同而字詞不同，因之意義也不同。

當同學畢業互相道別時，如果甲同學向乙同學言「前途無量」，而乙同學誤以為是「前途無亮」，則意義就有很大的出入。當然，

「前途」是否即為「錢途」，也是值得討論的。

　　蘇東坡跟一位和尚很要好，可是二者經常取笑挖苦對方。有一次兩人共同划船遊樂，恰好看到河流中有一隻狗咬著一根骨頭，蘇東坡看到此情此景，即出口說了一句話：

　　　　狗咬和尚骨

和尚聽了頗不高興，蘇東坡乃向他解釋道：我只不過是說，狗咬河上骨而已，你何必氣得如此，你看我把它寫在紙上，不就是「狗咬河上骨」嗎？蘇軾把寫詩的紙團遞給和尚，和尚立即把該紙團丟在河裡隨波逐流而去。但此時和尚卻也靈光一閃，登時向東坡回應了一句：

　　　　水流東坡屍

「水流東坡屍」與「水流東坡詩」是同音的。

　　有些教師是經師人師兼備，「『誨』人不倦」，學生也受益無窮。但有些教師則喜歡以訓人取樂，且染有惡習，致使學生受害，這樣子的教師也是「『毀』人不倦」者。

　　有二人，自認才華無雙；一天同遊於山川之間，詩興大發，乃為聯句：「看見兩隻鵝，慢慢走下河」而自鳴得意。頓之，發覺自己為詩甚佳，洩漏天地精華，必然短壽，故二人痛哭不已。適歐陽修至，問其故，二人乃具實以告。歐陽修遂加上「白毛浮綠水，紅掌泛清波」二句以成詩。二人覺得此人為詩不差，但比起自己仍然差得遠。二人說要去拜訪當代大儒歐陽條，歐陽修指正應為歐陽修而非歐陽條，且願意陪他們一塊去。三人乘船正往歐陽處，舟至江中，二人詩癮又作，乃又為聯句：「三人同一舟，去訪歐陽修」，歐陽修緊接著說：「修也不知爾，爾也不知修（羞）。」

　　佛印、黃庭堅、蘇軾為至交。一天佛印獨自享受一條魚，恰遇黃、蘇來訪。佛印即迅速地將魚藏在磬下，但被蘇、黃二人看到。二人入室後，蘇軾對佛印說，我有一句「向陽門第春先到」，但卻找

不到對句。佛印說，可以對「積善人家慶有餘（磬有魚）」。東坡乃大叫道：磬中有魚。於是蘇、黃二人乃得分享之。

金聖歎因連坐被殺之時，其子與之訣別，不勝傷心。金聖歎說他有一句「蓮（憐）子心中苦」的詩要其子來對。其子對不出，金乃自對曰：「梨（離）兒腹內酸」。

台灣騎機車的朋友在換機車牌照時，絕對不希望領到一塊有「94」號碼的牌子。因為「94」的台灣話就是「壓死」，誰願意騎機車「壓死」別人或「壓死」自己呢？另外更有一種把字音與字詞都弄錯的，如有人願意死後當一條「母狗」，因為「臨難母狗（毋苟）免」，而「臨財母狗（毋苟）得」。

上述在說明語言謬誤的第三種因素，即語音同而義不同。

4.原始義與衍生義相混：

語言文字在創立之初所指涉的意義，由於使用的年代久了，使用的人數多了，且使用者環境之變遷，因而意義也就跟著變化。語言文字的「原始義」(original meaning) 及「衍生義」(derived meaning) 差異甚大。如果誤二者為一，則顯然易發生謬誤。莊子書中所說以朝三暮四飯糰餵猴子，猴子不高興；乃改以朝四暮三飯糰餵之。這個寓言或在告訴世人，猴子只顧眼前利，目光如豆；其實朝三暮四與朝四暮三，所得的全部飯糰都是七（早上餵以三個飯糰，晚上餵以四個飯糰；或早上餵以四個飯糰，晚上餵以三個飯糰）。不過，「朝三暮四」的這種原始意，現在卻已變質。現代的人使用「朝三暮四」時，已不是指莊子寓言中的本來意義了，它卻指陳意志不堅定，猶豫不決，或心性多疑的意思。

「黃牛」的原始意思是指黃色的牛；但現在的「黃牛」卻有多義。不遵守諾言者是黃牛（如事先講好要以看電影來請客的，可是以後爽約了），轉手出賣電影票而賺取不當利潤者稱為電影黃牛，奔走在法院而詐取活動費者稱為司法黃牛……。現在的「黃牛」滿街

跑，才產生社會的不安與不平。

「吃醋」、「刮鬍子」、「戴高帽子」……等，都有原始義及衍生義。試看下面的推論例子：

> 張三正在吃醋
> 醋是酸的東西
> ―――――――――
> 張三正在吃酸的東西

前提出現兩個「醋」，但一個是屬原始義，一個卻是衍生義。語義有了轉折，推論當然不能成立。

上述在說明語言文字謬誤的第四種因素，即衍生義與原始義互混。

5.語言文字的精確問題：

語言文字是相當曖昧的，沒有釐清意義，則易陷入混淆之境。但許多語言文字的使用，由於習慣了，因此也不深究其精確性。比如說：「三更半夜」這句成語，應該表示一夜有六更；但事實上，一夜只有五更。俗話說：「一目了然」，如果有人要挑毛病，則會反問：「那麼兩目呢?」，「今日吾人已完成了反攻準備」，喜歡吹毛求疵者會說：「那麼明日呢?」……類似這些例子真多，讀者可以自舉。其實，這是否是在雞蛋裡挑骨頭?

上述在說明語言文字謬誤的第五種因素，即語言文字的鬆散不嚴謹。

6.語言文字的擴散意義：

語言文字的使用與其說是科學，不如說是藝術。

善於使用的人，可以使他人欣賞語言文字的奧妙及美感。有位船長潔身自愛，滴酒不沾，生活頗為嚴肅。但副船長卻喜愛杯中物，經常喝得酩酊大醉。船長看得頗為氣憤，乃在船行記事簿上記下一筆：「大副今天酗酒。」隔天輪副船長值日，他發現船長如此記載，乃在船行記事簿上也寫道：「船長今天沒有酗酒。」一位法官問案，

他問嫌疑犯：「你把贓物藏在什麼地方?」此一問話，似乎已肯定該嫌疑犯已是真正犯人。岳父大人向女婿發問：「你不再打你太太了嗎?」如果該女婿說「是」，則表示以前他曾打過太太，如果說「不是」，則正表示他還打太太。這種答是不是，答不是也是不是的方式，的確是語言文字使用的奧妙之一。其實這也可算是兩難式中的一種。這種由語意所顯現出來的幻覺，是文字謬誤的第六種因素。

總之，語言文字的歧義，同音異義，原始義與衍生義的混淆，不當的使用標點符號，語言文字本身表示的不嚴謹，以及使用語言文字時所隱約影射出來的意義（如幻覺）等，都是造成文字語言的謬誤因素。辨清語言文字的正確使用方法，探討語意學 (semantics) 及語言結構學 (syntax) 等，將有助於推論之免於造成謬誤。

習題十九

討論下列文字之語意：

1. 「他給我打」

2. 「我給學生考試」

3. 「訓導主任要身體重，如此才有威勢」，因為孔子說：君子不重則不威。

4. 古希臘的德爾菲神諭 (Oracle of Delphi) 說：「假如克里薩斯 (Croesus) 去攻打塞魯上 (Cyrus)，他將毀滅一個大帝國。」

5. 「俄國人如果與美國人作戰，則俄國人將消滅一個大國。」（這個大國可能是指俄國，也可能是指美國。）

6. 「斯文掃地」

7. 「下雨天留客天留我不留」

8. 「媽媽今天賣有了（ㄌㄧㄠˋ）無?」（台語）

9. 試討論下一英語推論：

All men are rational

Women are not men

All women are not rational

10. 「法人」

11. 「撕票」

12. 「吃熱狗」

13. 「履薄冰」

14. 「近視」

15. 我看到了月下美人

16. 本班有一個飯桶

17. 本美容院有髮型專家

18. 我請客，你出錢

19. 阿桃是未結婚的妻子

20. 黃色的書

21. 連任好多次民意代表者，他如堅持說只任一屆，則可說，第一屆是他本人，第二屆為「于右任」（余又任），第三屆為「吳三連」（吾三連），第四屆為「趙元任」（照原任），第五屆為「趙麗蓮」（照例連）。

22. 1936 年，軍閥內戰方殷，兩廣軍事領袖陳濟棠等對蔣中正的成見甚深，是年五月，因胡漢民病故，廣州中央政府突生變化，陳濟棠以抗日為名，出兵湖南，對蔣進行內爭。但因不得民心，廣東國民黨元老反對，高級將領余漢謀、李漢魂又擁護中央；七月，陳被迫出走。陳素來迷信，寓樓設有神龕，遇大事決之於神。乃兄陳維周通星相堪輿之術。是年三月，曾赴奉化覘窺蔣母之墓，謂風水不佳；又於南京見蔣，認為今年內蔣將有大難，「機不可失」。陳濟棠遂決心舉兵，（但）余漢謀為粵軍第一軍長，李漢魂為第二軍副軍長，廣

　　東空軍之歸附中央，對陳尤為一大打擊。此之謂「機不可失」。（郭廷以，近代中國史綱，香港，弘文，民 67，頁 666）

23.「什麼？妳在發燒（騷）!」「你！好燒（騷）啊!」

24.教授越教越「瘦」，教員越教越「圓」。

25.「他是青年才俊嗎?」「不，他只不過是一名崔苔菁。」

26.「清風不識字，何故亂翻書。」

27.我要喝紅牛

28.送禮物可以送鐘嗎?

29.亞洲怎會是世界第一大洲呢? 而非洲根本不是洲嗎?

30.男人喜歡吃豆腐

31.蘇小妹：嫂嫂無聊心思漢。（看漢書）

　　蘇東坡妻：姑姑怕陽手遮陰。（持扇）

32.市面上的洗髮粉，一種牌子叫「333」，一種叫「566」。有人說，台灣女人洗髮，喜歡用「333」，外省女人喜用「566」，試問何故?

33.有某候選人抽到的候選號碼是 14 號，他就用「14 造英雄」，「英雄造 14」作宣傳口號，你知道這是什麼意思吧!

34.新聞天地有一陣子批評中華民國外交政策甚屬。一日，新聞天地發行人卜少夫到台北「自由之家」理髮，適外交部長沈昌煥早已在理髮，沈部長理完髮後，在付理髮費時，也替卜少夫付理髮錢。卜少夫說：「部長不必客氣，我的理髮費我自己付。」沈昌煥說：「你以前經常刮我鬍子，難道我理你一次頭不行嗎?」

35.英國戲劇巨匠蕭伯納與英國首相邱吉爾私交不甚融洽，邱看不慣蕭的戲劇，而蕭瞧不起邱的為人。一日，蕭的戲劇首次在倫敦公演，蕭寄兩張戲票給邱，邀請邱來欣賞，「一張票給閣下大人，另一張給閣下友人，如果閣下也有友人的話。」邱

一接信後，乃退還兩張戲票，並附一信給蕭。信中說：「謝謝贈票，但因公私繁忙，不克欣賞閣下第一次公演之戲劇，敢請賜贈第二場的票，如果閣下的戲也有第二場的話。」

36. "What subject do you want to talk about?"

　　"How about the king!"

　　"Oh! The king is a king, he is not a subject."

37. 一位學會說中國話的美國人有次恭維一位中國小姐說：「小姐，妳長得真美！」該小姐謙虛的說：「那裡！那裡！」那位美國人一聽，覺得好生奇怪，他想中國女人真神秘，我既稱她美麗，她還要問我「那裡」美麗。因此在倉皇中又對她說：「妳的臉很美麗。」豈知那位小姐又說：「那裡！那裡！」……

38. goose 是牛，cow 是狗，dog 是鹿，deer 是豬，pig 是屁股。

39. 張三住在金山，李四是大肚人，下場球賽是將軍對太保。（新北市有個地方叫金山，台中市有一地叫大肚，台南市有一地叫將軍，嘉義縣有一地叫太保。）

40. 一次歷史考試，考題為「秦漢的外患」，一生答以「林青霞」。

41. 一片雲加一片雲，是多少雲？

　　①一片雲加一片雲，「算起來」是兩片雲。

　　②一片雲加一片雲，「看起來」是一片雲、兩片雲……。

42. 電線桿上十隻鳥，用獵槍打落了一隻，還剩幾隻鳥？

二十二、謬誤（二）

推論要成立，必須推論前提與結論有絕對的相干。合乎有效推論原則的推論（有效的形式推論），是絕對有效的推論。而非形式上的無效推論，就是推論前提與結論的相干度並不絕對，有些相干度大，有些相干度小。不過，不管二者的相干度之大與小，如果不是絕對相干，則推論皆屬無效。只是在無效推論中，有些是說理性較強，有些是說理性較差，甚至是接近於零而已。說理性較強者，乃因二者相干度大；說理性較差者，則二者之相干度小。本節將敘述由推論前提與結論相干之微弱而造成的推論謬誤。

所有的歸納推論 (inductive inference) 都只有可能性，沒有必然性。如果據可能性為必然性，則造成推論的謬誤。歸納推論的前提與結論之間的關係，不是絕對的；因之它不是有效的推論。（關於歸納法，詳見二十五單元。）

(一)誤解統計而生的謬誤

根據統計法 (statistics) 所得到的結果，只能解釋群體現象，卻不絕對適用於個別事件，這是統計研究的特質。當教育部公佈大學生淘汰率為 0.02% 時，學生看到這個統計報告，也不用高興，認為這麼低的淘汰率，一定淘汰不到自己。殊不知如果這名大學生 I.Q. 低，又不用功，作業也不作，又不去上課，上課也不肯用心聽講……，則那 0.02% 就落在他身上。大學生淘汰率雖低，但對這名學

生而言，卻是百分之百。反之，若大學生淘汰率為 90%，雖然有如此高的淘汰率，但對一位勤奮好學且天份又好的同學而言，可以說等於零。有學者統計目前在台灣適婚年齡的男子比女子少，有些男性青年看到這個統計報告，喜不自勝，態度也就驕傲起來，一副對女生愛理不理的模樣。「天涯何處無芳草」，女孩子俯拾即是，何必擔心娶不到太太。他不知道那種統計結果只能解釋「全體」情況，卻未必適用於單個個體。如果這位男青年其貌不揚，且品德差，健康壞……相信天底下的男生雖已寥寥無幾，也沒有女孩子必然會對他青睞。下面的例子也類此：

> 美國人是富有的
>
> 約翰是美國人　　　　　　　Ａ 球隊是一流的
> ────────────　　　──────────────
> 約翰是富有的　　　　　　　Ａ 球隊的隊員都是一流的

美國富甲天下，國民所得即使不是世界最高，最少也高過國人許多。但美國仍然有窮人，領救濟金者亦不在少數。美國一般人是富有的，但某個美國人卻未必然是富有的。這種推論上的謬誤，稱為「分謂謬誤」(fallacy of division)。

　　部份為真，但部份組成為全部時卻未必真，則造成「合謂謬誤」(fallacy of composition)。如：

> 人體是由細胞組成的
>
> 細胞是細小的
> ────────────
> 人體是細小的

心理學上有一支稱為「完形心理學」(gestalt psychology) 者，認為全體並非部份的總和。這種說法，似乎也可以與上述「合謂謬誤」作一番比較。

　　在沒有辦法用精確數字表示出來的統計結果，如果也以精確數字表示，則令人懷疑其統計價值。下面是一個例子：「在過去 5,000 年以來，人們已經歷過 14,523 次戰爭，幾乎每平均 4 人中就有一個

人因戰爭而死亡。核子戰爭更會使傷亡的男、女、小孩之總人數增加到十二億四千五百萬人以上。」❶同樣，在中學地理教科書上如果記載台北市人口是兩百一十萬八千四百二十八人，則這種統計數字似乎也是毫無意義的。

　　用統計方法來說明研究對象的真相，最應該注意的是取樣 (sampling) 要有代表性，否則以偏概全，就會造成謬誤。在目前的社會裡，我們有許多「代表」，但誰曾經選他（她）們當代表呢？他（她）們又代表了什麼？連自己都無法代表了，還能代表他人嗎？出國旅遊的人，偶受甲國人欺騙，則講甲國人狡詐；若受乙國人殷勤款待，則謂乙國人民性誠篤。其實，欺騙這名旅客的甲國人以及款待這名旅客的乙國人，都只不過是甲國人及乙國人當中的少數分子而已，不足以「代表」甲、乙兩國的國民性。看今日社會狀況，可以從官方報導中看出部份真相；但是那種報導都是樂觀的，報喜不報憂；比如說國民所得年年提高了，收入增加了，家家有電視機了，每幾人就有一部汽車了，房子越蓋越高也越漂亮了，普及教育的入學率高達 99.9% 了⋯⋯，不一而足；但如果我們打開報紙，卻馬上發現有諸如以下的社會事實：警告逃妻，斷絕父子關係，懸賞交還遺失機車者，兇殺案，竊盜案層出不窮等。如果僅就好的面加以統計，易使人產生「我們的社會是光明的」這種結語；若僅就壞的面加以統計，則不難使人生出「我們的社會是黑暗的」這種印象。其實，光明與黑暗都存在於當今的社會裡。社會研究者在統計研究中，切不可只計其一，不計其二。

　　在經驗世界裡，雖然有許多經驗事實可以支持某種研究結語，但反例也不少。正面的經驗事實，統計起來，與正面的研究結語二者之間的相關度雖高，但卻並不必然。邏輯推論講求必然。有反例，

❶　Howard Kahane, *Logic and Philosophy*, 2nd ed., Belmont, California: Wadsworth Publishing Company, Inc., 1973, p. 242.

則其必然就不能成立；家貧出孝子就是一個例子。其實有些貧窮子弟非但不是孝子，反而乖戾異常，不可救藥呢！昔孟荀之人性善惡辯，都是論證取例有所偏所致。孟子主性善，說：「孩提之童，無不知愛其親也；及其長也，無不知敬其長也。」但荀子反駁之，他說：「妻子具而孝衰於親，嗜欲得而信衰於友，爵祿盈而忠衰於君。」因而主性惡。孟荀二人所取的例證都是「部份」事實，因之結論只有可能性，沒有必然性。此處再強調一次，據可能性而為必然性，則形成謬誤。荀子自己都說過：「凡人之患，在蔽求一曲，而闇於大理」呢！

　　上面所述，是統計方面所容易造成的偏差結論。這種謬誤，研究者應特別予以注意。

(二)類比的功用及其限制

　　如果 A 與 B 在某些方面相似，則 A 與 B 在其他方面也有可能相似，也就是說 A 與 B 的相干度頗高。這種方法稱為「類比法」(analogy)。類比法在解釋說明事實時，相當有用。當我們無法用「是」來描述時，就用「似」、「如」、「像」或「猶」來代替。在英文上，就是以 as 來代替 is 的地位。此處先引一段古語來強調「類比」的重要性：

　　梁王謂惠子曰：願先生言事則直言耳，無譬也。

　　惠子曰：今有人於此，而不知彈者，曰：彈之狀若何？應曰：彈之狀如彈，則喻乎？

　　王曰：未喻也。

　　於是更應曰：彈之狀如弓，而以竹為弦，則知乎？

　　王曰：可知矣。

　　惠子曰：夫說者固以其所知喻其所不知，而使人知之。今王

日無譬，則不可矣。（說苑）

「類比」，就是「以其所知喻其所不知」，則不知亦能變成知。向不知「彈」者說「彈」是「彈」，那無異沒有說。如果說：「彈」的形狀「像」弓，以竹為弦，則可知「彈」為何物了。不過這種認知，必先假定問者早知「弓」、「竹」及「弦」之意義，否則還得說明這三者「像」什麼，這就走上了無止境的說明途程了。

善用類比者，說服力大。墨子以國君治事比喻為醫生治病。治病必須探討病因，因之國君治事必先了解亂源。他說：

> 聖人以治天下為事者也，必知亂之所自起，為能治之；不知亂之所自起，則不能治。譬之如醫之攻人疾者然，必知疾之所自起，焉能攻之；不知疾之所自起，則弗能攻。（墨子，兼愛上）

齊之辯者晏子使楚，楚王欲羞之；但晏子卻以「淮南為橘，淮北為枳」之比喻，反辱了楚王。其文如下：

> 晏子將至楚，楚王聞之，謂左右曰，晏嬰，齊之習辯者也；今方來，吾欲辱之，何以也？
>
> 左右對曰：為其來也，臣請縛一人，過王而行。王曰：「何為者也？」對曰：「齊人也。」王曰：「何坐？」曰：「坐盜。」
>
> 晏子至，楚王賜晏子酒，酒酣，吏二人縛一人詣王。王曰：「縛者何為者也？」對曰：「齊人也，坐盜。」
>
> 王視晏子曰：「齊人固善盜乎？」
>
> 晏子避席對曰：「嬰聞之，橘生淮南則為橘，生於淮北則為枳。葉徒相似，其實不同。所以然者何？水土異也。今民生長於齊不盜，入楚則盜。得其楚之水土，使民善盜耶？」
>
> 王笑曰：「聖人非所與熙也，寡人反取病焉！」（晏子春秋，內篇，雜下）

今國人在國內不守交通秩序，隨地吐痰；但在國外則不然。晏

子這段話，應為從政者所警惕。

蘇格蘭哲學家休謨 (David Hume) 也以大自然界運行之諧和及組織結構之緊密，而類推出有個「設計者」(Designer)——即神，存在。他說：

> 環顧全世界，想想它的整體及部份，你將會發現那只不過是一部大機器，再分為許多無數的小機器，小機器又再分為更小的機器，一直到人類的感官及能力無法說明為止。所有這些不同的機器，甚至那微小的部份，都彼此銜接得如此恰好，多麼的令觀察者所讚美。這種神秘的目的與方法之間的配合充塞整個自然界中……根據此種說法……就可證明神 (Deity) 之存在……。❷

如果甲乙可以類比，必須甲乙有相似性。否則比喻得不倫不類，是會鬧出笑話來的。甲類似乙的 A、B 性，但如此並不表示甲也類似乙的 C 性。如果說甲的長相及身高與乙類似，但如此並不「類推」成甲的 I.Q. 也如同乙。休謨說得好：

> 作為類比之案件，相似性越離越遠，就越減少證據與支持，到最後可能成為非常微弱的類比，那就要承認錯誤以及無法確信了。在吾人經驗到血液循環後，我們就毫不懷疑的將它推論到在 Titius 及 Maevius 身上也有血液循環。如果由於人及其他動物之血液循環而加以類比，認為青蛙及魚也有血液循環，則這只是一項假定，雖然這是一項很有力的類比。但如由吾人之經驗——動物之血液循環——而推及於蔬菜上的汁液也有循環，則立論就更微弱了。有些人運用這種不完美的類比法，匆忙下結論；如受一種較為正確之實驗，會證明該結論是錯誤的。❸

---

❷ W. C. Salmon, *Logic*, Englewood Cliffs, N. J.: Prentice Hall, 1973, p. 99.

❸ Ibid.

我們可以用「關係」上的「遞移性」來討論「似」的推論結果，其式如下：

A 似 B

B 似 C

―――――

A 似 C

「似」是「准遞移的」。呂氏春秋上有一段話說得好：「夫得言不可以不察，類傳而白為黑，黑為白。故狗似玃，玃似母猴，母猴似人，人之與狗則遠矣!」寫成推論形式，即：

狗似玃

玃似母猴

母猴似人

―――――

狗似人

這種比喻，真的是造成「黑白不分」了。米爾——嚴復譯為穆勒 (John Stuart Mill)——的名學 (*A System of Logic*) 中也有一段「比喻」之謬誤，嚴復譯之如下：

> 歐人驅牛運車裝物入境，黑人見之則大駭，私相讓曰：「是龐然大物而行于于者，非鬼物耶？白人力能使物，必遣此怪物來殘吾類，觀其頭戴二利鈎可以知矣!」已而偵之，覺無他異，且牛甚馴服；行稍遲，御者輒鞭之，或用利錣刺其股，則大悟曰：「前說非也，是特白人之妻耳。故為之負裝不力，雖遭鞭刺，不敢叛怨，是特白人之妻耳？」蓋彼俗以婦人任重也，遂相悅以解。

謠言之以訛傳訛，也類似此種「比喻」謬誤。這是本節所述之第二種謬誤。

㈢情感因素

「訴諸情感」的推論，是不相干的推論，這一類的推論也就是本節所要敘述的第三種謬誤。

凡是愛人所說的話，都是真理；因之他（她）的提議都獲得被愛者無異議通過（還舉雙手贊成呢！）。相反的，凡是仇敵所講的話，都是歪理；因之他（她）未提議之先，老早就被所仇恨之人投下了否決票。這種人顯然以情感來左右判斷，以為凡是朋友的話都是對的，凡是敵人的話都是錯的。「對人不對事」(against the man) 就是這種人的處事態度。納粹希特勒之打擊相對論，並不是因為相對論是錯的，而是由於發明相對論的科學家愛因斯坦是猶太人——納粹所痛恨之人。但是事實告訴我們，朋友及愛人的話並不都是金科玉律，他（她）們的話有真有假；仇人之主張也並非都不可取，他們的立論也有真有假。我們實在不應該因為敵人正在作文字簡化工作而反對簡體字之使用，也不應因為敵人正大力推行節育而高倡多增加人口。

有些人以對方之長相、人品、身份、收入、地位、年齡、性別、受教育之高低等作為爭論事理的標準；似乎是說，凡是長相美、人品佳、身份高、收入豐、地位高、年齡老、男性及受過高等教育者，才能講出有道理的話；否則，「狗嘴長不出象牙」「憑你這副長相，你也不去照照鏡子，夠資格與我爭長論短嗎？」「你是老幾？那有資格說話！」「小孩有耳無嘴」「女人無才便是德，閉住妳的鳥嘴吧！」這類的話，是否也充塞在我們的社會裡？

喜愛韓愈的人，認為這位文起八代之衰的大文豪，怎會得花柳病？崇拜唐太宗者，認為這位貞觀之治的英明皇帝，是不會殺他哥哥而自己當上皇帝的。事實上，韓愈是否得了花柳病，似乎與韓愈

文章之好壞，沒什麼相干；同理，一位治績良好的皇帝很有可能在政權爭執上不顧手足之情。許多人因為英儒培根 (Francis Bacon) 作官不清廉（收取紅包），所以拒絕承認他的學術著作價值（培根在學術史上，被稱為近代科學之父）。由於羅貫中在三國演義中醜化了曹操，因此連帶的使人貶抑曹操在文學上的造詣。這種推論，都是將事實問題（如弒兄為王，得花柳病，為官收取賄賂等）與價值問題（如英明國君，大文學家，提倡科學精神的功臣等）相混淆的結果。

選舉應該「選賢與能」，但有些人卻憑候選人是否長得英俊、瀟灑，說話有磁性，風度翩翩（男），或年輕貌美，婀娜多姿，如花似玉，甜言蜜語（女）等來作為投票依據。以前美國總統競選時，甘迺迪因為長得帥，因此贏得了許多婦女的選票；而其對手尼克森因為外貌沒有甘氏吸引人，因之敗在甘氏手下。目前我們的選舉，也泰半如此；實在不是應該有的現象。

孔子說：「不以人廢言」，這是很有道理的一句話。

「國情」因素，也是使是非不明的一項主因。許多在外國行得通的規定，在國內就行不通，原因之一就是「國情」不同。如何消除「國情」因素，是達成「進步」的重要工作。

「訴諸權威」(appeal to authority) 也是以不相干的理由來支持結論的。這一層次可以分兩方面來說：研究學問應該相信權威，但卻不應該盡信。這種態度在下節中將詳談。其次，有些權威是跨錯行的，則這種權威要能成為真正權威的可能性不高。比如說某人是真正的物理學權威，他在物理學界所作的實驗及所發表的研究報告，當然會引起物理學界人士的刮目相看，或引用其研究成果所發表的文字。但如果他在政治、交通、教育等領域也發表一些意見，而這些意見，他本人或讀者也視之為各該領域的權威，則顯然是權威跨錯了行。在人類的文明史上，要找出一位同時是政治家、軍事家、物理學家、數學家、心理學家、哲學家……，實在不可能。

　　小孩子動不動就說：「爸爸說的！」「老師說的！」；信教人士經常說：「根據教皇的教諭」等，這都有訴諸權威的語意在內。其實，權威單位或權威人士並不「必然」都能道出令人信服且合乎事實的話來。

　　「訴諸憐憫」(appeal to pity) 也是不妥當的。有些候選人頗善於使用這個花招。他裝出一副可憐兮兮的模樣，來激起民眾的同情心。「假如我不當選，我會坐牢。」這是競選季節常聽到的口號。有些人則一把眼淚，一把鼻涕，希望由此博得選民同情。這些都是不合「理」的。

　　「訴諸傳統」(appeal to tradition) 及「訴諸習俗」(appeal to custom) 也非正當方式。凡是過去已經如此的，現在也應該如此，且將來也應該如此。持這種論調者即主張「存在即價值」(To be is to be right, whatever is, is right.) 的說法了。「凡已存在的，都具價值」，這顯然將「事實命題」與「價值命題」混合為一。如果說「存在即價值」，則可推論成「存在時間越長，則價值越高」；但果真如此嗎？綁小腳的習俗存在於中國甚久，但它有價值嗎？如果有價值，為何現在的小姐不綁？清朝人留長辮子時間也甚長，現在的人卻把它剪斷了……。平心靜氣來說「理」，我們可以發現，傳統上的作風及習俗上的行為有好有壞，移惡風易壞俗，才是根本要務。一味的遵從過去的措施，的確不是良方。梁啟超說不要作古人的奴隸，就是這個道理。

　　「訴諸武力」(appeal to force) 更見不得人了。有些人一言不合，即捲起袖子要對方到外面比武，這種人憑其力氣大，塊頭粗，出拳重，希冀憑武力讓對方「四肢無力」，實在相當卑鄙。國際政治舞台上，類似此種情況的真多。許多人相信「強權即公理」(might is right)，因之弱國無外交，小國無說話份量。雅爾達三巨頭會議時，邱吉爾對另外兩巨頭說，羅馬教皇的一個提議應該採行；但史達林

卻表反對，他反問邱吉爾道：「你說教皇將會派多少軍隊參戰?」史達林的意思是說，凡未派兵出戰的，是沒有資格說話的。他如威迫利誘，使人喪失自由意志而不得不順從他人之意，那更是等而下之了。「你不愛我，我就去上吊」，「媽媽妳若不同意我的意見，我就離家出走」，「你若不聽我的話，有得你瞧」，「你若不按我開的條件，我將綁架你，甚至撕票」等等，都屬於此類。

　　上面所述，都指依情感來論爭。荀子說：「有爭氣者，勿與辯也」（荀子，勸學篇），爭氣者已經在情感用事了。

㈣情緒語言

　　爭辯或判斷時，應該儘量避免產生強烈的情緒。因之在爭辯或判斷時，如果出現了情緒語言 (emotive language)，則最好先予以過濾之，使它還原成中性語言 (neutral language)。諾貝爾物理獎得主布利吉曼 (P. W. Bridgman) 說得好：「語言首先在於表達物理經驗，其次表達由這些經驗所產生的感情，然後再表達由這些感情所滋生的感情，以及等等無止境又延續下去的感情」。❹因之情緒語言愈濃，則離純真的物理經驗愈遠。

　　同是一位固執者，喜愛他的人說他是個「說一不二」、「堅持立場」、「擇善固執」者；厭惡他的人就說他是個「執迷不悟」、「老頑固」、「死腦袋」、「擇惡固執」者。同是一位改變主意者，但對他有好感的人就說他「從善如流」，討厭他的人就說他「自食其言」。同樣一位政府官員，有人就說他是「衙門官吏」，但也有人說他是「人民公僕」；描述一條狗為「雜種狗」或「混血狗」，指說一個人為「雜種人」或「混血兒」，就有兩種懸殊的意義。報導自己或友方的軍隊

---

❹　P. W. Bridgman, *The Nature of Physical Theory*, London: Oxford University Press, 1964, p. 23.

殺敵，就用「英勇」這個字眼；但對敵方軍隊之殺人，就使用「殘忍」這個語彙。

英國哲學家羅素的「你我他定理」，就是情緒語言的應用，他說：「我堅守原則，你不知變通，他冥頑不靈」，依此，我們也可以說成下述語言：❺

我節儉，你小氣，他嗜錢如命。

我妙語如珠，你喋喋不休，他語無倫次。

我經常想到更好的主意，你老是變卦，他向來出爾反爾，說話不算數。

我不拘小節，你不修邊幅，他簡直成為邋遢鬼。

我在沉思，你在發呆，他整天渾渾噩噩。

我天生麗質，妳長得不賴，她不知哪一點好，竟然會有人看上。

我三思而行，你遲疑不決，他反應遲鈍。

我正值盛年，你年紀不小了，他棺材進了一半。

我好打抱不平，你容易動怒，他老愛惹事生非，小題大作。

我廣結善緣，妳八面玲瓏，她人盡可夫。

我喜歡研究人類行為，你好奇心重，他有窺伺狂。

我是自由主義者，你是激進分子，他簡直是共產黨。

法國思想家盧梭 (J. J. Rousseau) 的文筆相當吸引人──筆鋒帶有感情。他的著作（*Émile*，教育小說）迷住了德國哲學家康德 (I. Kant)，使康德忘了行之數十年如一日的散步習慣。以後康德自己說如果要批評盧梭作品，必須讀盧梭著作五六次之後再來下筆，才比較公允。因為只有在這個時候，才不會為作者文辭之美所炫惑。康德的話，真有道理。

---

❺ 錄自頤和，羅素的你我他定理，聯合報，民 70.10.12，第十二版。

㈤ 因 果 問 題

其次一種謬誤，是與因果有牽連的。在這裡，我們分兩部份來說：

1.無因果誤以為有因果，邏輯上有一個術語，叫作 Post hoc fallacy，這句拉丁語是說如果 A 經常發生在 B 之後，人們就以為 A 是 B 之果，而 B 是 A 之因；其實 A、B 之間並無因果關係；二者只不過有時間先後關係而已。如此誤時間先後為因果關係，則造成了 Post hoc fallacy。英文的解釋就是 after this, therefore, because of this。

這種謬誤例子真多。幾乎全部的古代中國人及部份現代中國人都以為日蝕是天狗把太陽吃掉了；因此每次發生日蝕時，人們就打鑼敲鼓來嚇跑天狗，讓太陽重現光明。而每次打鑼敲鼓之後，太陽就重現光明，百試而不爽，非常靈驗。因之人們乃形成一種觀念，以為打鑼敲鼓乃是造成太陽重現光明之因，而太陽重現光明乃是由於打鑼敲鼓之果。這二層關係，就是充分條件「→」關係，用式子來表示，就是：

打鑼敲鼓 → 太陽重現光明

其實，二者是沒有此種關係的，就算不打鑼敲鼓，太陽照樣重現光明。

夜在晝之後，晝在夜之先；（其實那個先，那個後，又如何斷定？）生在死之先，死在生之後；走路時先出左腳，後出右腳……如果依此而形成晝夜有因果，生死有因果，出左腳與出右腳……有因果，就犯了誤無因果為有因果之謬誤。

2.倒因為果：箭頭符號的「前項」與「後項」互換，就變成倒因為果的謬誤。古人說物腐而後蟲生（即「物腐 → 蟲生」），這是因果倒置。科學告訴我們，蟲生而後物腐（即「蟲生 → 物腐」）。古人

沒有受過科學洗禮，說「物腐而後蟲生」還情有可原；今人受過科學教育，還口口聲聲說「物腐而後蟲生」，實在不應該。

　　十七世紀的布朗爵士 (Sir Thomas Brown) 懷疑爛泥能否生老鼠時，羅斯 (Alexander Ross) 大發牢騷的說：「誰要懷疑這件事，我就請誰到埃及去，他就會看見無數聚集田間的老鼠，陸續的從污泥中孵生出來危害居民。」這種說法，要等到一六八八年意大利的生物學家雷迪 (Redi) 才以科學方法加以否證。他把一塊肉露出一部份，另一部份封閉起來。後來肉腐了，蠅類下卵於露出部份，結果露出部份的肉產生蠅蛆，而封閉的部份雖屬腐肉，但卻未生蛆。❻

　　西洋第一位哲學家泰勒士 (Thales) 以「水」為宇宙第一元素。其後有人也主張水是萬物之源。君不見一湖池塘水，不久就出現了魚嗎？其實，設若那一池塘水是蒸餾水，且水的四周都封閉，則那池水就是時間多長，也不可能生出魚來的。

(六)丐　詞

　　本節擬談的最後一種謬誤，即「丐詞」(begging the question) 或稱為「循環論證」(circular reasoning)。所謂「丐詞」或「循環論證」即是以推論的結論同時作為結論也同時作為前提，或是以論證本身來說明論證。下面舉幾個例子：

　　(1)所有基督徒都是品行端正的人，因為所謂基督徒就是品行端正的人。

　　(2)吸食鴉片會令人昏睡，因為鴉片有令人昏睡的因子。

　　(3)所謂師大學生就是善於教書的學生，因為師大學生應該都是善於教書的學生。

　　這些推論都犯了把「事實問題」與「價值問題」混同的謬誤。

──────────
　❻　傳統先，現代哲學的科學基礎，台北，商務，民 54，頁 118。

「師大學生是否都是善於教書的學生」，這是事實問題；而「師大學生應該都是善於教書的學生」，則是價值問題。二者不予區別而強而為一，就造成謬誤。

上述例子都是以論證者自認為正面價值的定義或提出易受攻擊的理由作論證。若以論證者所自認為反面價值的定義作為論證，則叫做「稻草人」(Strawman) 論證，如：

(4)猶太人都是吝嗇鬼，因為所謂猶太人就是吝嗇鬼。

(5)唸邏輯的人都是冷血動物，因為唸邏輯的人只會談理而不會說情。

習題二十

一、討論下述事實之可靠性：

從一件小事情可以看出各民族之民族性。比如說丟掉一百塊錢吧！德國人如果丟掉一百塊錢，他就利用科學方法，在丟掉錢的地方儘可能的去尋找，找不到的話，就一聲不響的回家。法國人如果丟掉一百塊錢，就一邊走路一邊吹口哨回家。英國人如果丟掉一百塊錢，則本來沉默的臉就更為沉默了。美國人如果丟掉一百塊錢，他會說，算了，一百塊算不了什麼。日本人如果丟掉一百塊錢，他回家就罵他的太太，甚至打他太太。至於中國人如果丟掉這筆錢呢？他會說：幹×娘的，讓那撿到一百塊錢的人去買藥吃好了。

二、討論下述比喻法，何者較為堅強有力，何者較為軟弱：

1.光陰似箭，日月如梭。

2.人之有文武，猶車之有兩輪，鳥之有兩翼；是故文武不可偏廢也。

3.天無二日，民無二王。

4. 生而眇者不識日，聞之有目者。或告之曰：日之狀似銅槃。扣槃而得其聲，他日聞鐘以為日也。或告之曰：日之狀似燭。捫燭而得其形，他日揣籥以為日也。(蘇軾日喻贈吳彥律)

5. 杜威 (John Dewey) 說：教育好比生長 (Education as growth)。

6. 「人性之善也，猶水之就下也，水無下不就，故人性亦無不善」；「人無有不善，水無有不下。」(孟子告子上) (比較：子貢曰：「是以君子惡居下流，天下惡皆歸焉！」——論語子張)

7. 人之生也柔弱，其死也堅強；萬物草木之生也柔弱，其死也枯槁。故堅強者死之徒，柔弱者生之徒，是以兵強則不勝……。(老子七十六章)

8. 歷史學家斯賓格勒 (Spengler) 言：文化好比有機體，文化發展猶如春夏秋冬的過程。

9. 告子曰：生之謂性。

　孟子曰：生之謂性，猶白之謂白與？

　告子曰：然。

　孟子曰：白羽之白也，猶白雪之白；白雪之白，猶白玉之白與？

　告子曰：然。

　孟子曰：然則犬之性猶牛之性，牛之性猶人之性與？(孟子告子上)

10. 穆宗問公權曰：「卿書何能如是之善？」對曰：「用筆在心，心正則筆正。」上默然改容，知其筆諫也。(宋孔平仲，續世說，卷三，箴規)

11. 是故積上不止，必致嵩山之高；積下不已，必極黃泉之深。非獨山川也，人行亦然。有布衣積善不怠，必致顏閔之賢；積惡不休，必致桀跖之名。非獨布衣也，人臣亦然。積正不倦，必生節義之志；積邪不止，必生暴弒之心。非獨人臣也，

國君亦然。政教積德，必致安泰之福；舉誤數失，必致危亡之禍。故仲尼曰：「湯武非一善而王也，桀紂非一惡而亡也。」三代之興廢也，在其所積。(潛夫論，卷三，慎微第十三)

12. 辯論的論鋒——把辯論比作刀或劍。

13. 在兒童心靈裡灌輸實際的事實——把兒童心靈比作桶、袋或箱等容器。

14. 病態的工業——把工業比作人。

15. 人民可以選擇官吏，猶如小學生可以選擇老師一樣的荒謬。

16. 扶植國內貿易就可以使國家經濟繁榮，這種說法，猶如狗食自己尾巴而能夠身強力壯一般的可笑。❼

17. 聖人者以己度者也。故以人度人，以情度情，以類度類。(荀子非相篇)

18. 孔子在衛，昧旦晨興。顏回侍側，聞哭者之聲甚哀。

　　子曰：回！汝知此何所哭乎？

　　對曰：回以此哭聲，非但為死者而已，必有生離別者也。

　　子曰：何以知之？

　　對曰：回聞桓山之鳥生四子焉，羽翼既成，將分於四海，其母悲鳴而送之，哀聲有似於此，謂其往而不返也。回竊以音類知之。

　　孔子使人問哭者。果曰：父死家貧，賣子以葬，與之長決。

　　子曰：回也，善於識音矣！

19. 一個人的頭腦，猶如全市的電話局。

20. 蝙蝠能飛，因此蝙蝠是鳥類。

三、討論下列兩段文字：

　1. 昔彌子瑕有寵於衛君。衛國之法，竊駕君車者罪刖。彌子瑕

---

❼　12–16 題參考林炳錚譯，如何使思想正確，台北，協志，1973，頁90–96。

母病，人聞有夜告彌子，彌子矯駕君車以出。君聞而賢之曰：
「孝哉！為母之故，忘其犯刖罪。」異日與君游於菓園，食桃
而甘，不盡，以其半啗君。君曰：「愛我哉！忘其口味，以啗
寡人。」及彌子瑕色衰愛弛得罪於君，君曰：「是固嘗矯駕吾
車，又嘗啗我以餘桃？」故彌子之行未變於初也，而以前之所
以見賢，而後獲罪者，愛憎之變也。（韓非子）

2. 人有亡鈇者，意其鄰之子。視其步行，竊鈇也；言語，竊鈇
也；動作態度，無為而不竊鈇也。俄而抇其谷而得其鈇。他
日復見其鄰人之子，動作態度，無似竊鈇者。（列子）

四、試比較下列各題對立的情緒語言：

1. 強硬與愚頑

2. 撤退與轉進

3. 下台與讓賢

4. 忠臣與叛逆

5. 英雄與草寇

6. 動人演說與瘋狂演說

7. 報導與宣傳

8. 「與其說他的態度是冰冷的，不如說他的態度是嚴肅的。」與
「與其說他的態度是嚴肅的，不如說他的態度是冰冷的。」

9. 黑人與黑鬼

10. 憂心忡忡與庸人自擾

11. 別人那樣做叫做「笨手笨腳」；你那樣做只是「有點緊張」。

12. 別人硬要那樣做叫做「冥頑不靈」；你硬要那樣做卻是「意志
堅定」。

13. 別人不喜歡你的朋友叫做「成見甚深」；你不喜歡他的朋友卻
是因為「觀人於微」。

14. 別人做事多花點時間叫做「慢若牛步」；你做事多花點時間卻

是「精益求精」。

15. 別人花錢叫做「奢侈浪費」；你若花錢，只是「慷慨解囊」。

16. 別人挑剔，是因為他「吹毛求疵」；你挑剔人家毛病，只是「入木三分」。

17. 別人態度溫和是因為「懦弱無能」；你若態度溫和便是「文雅敦厚」。

18. 別人行動大意叫做「動作粗魯」；你的同樣行動卻是「不拘小節」。

19. 我軍一退千里，敵人追趕莫及。

20. 俄酋從魔宮赴美國會見美國總統於華府白宮。

五、討論下列因果關係：

1. 有人在夢中見火災，次日買獎券中了頭獎，因之夢見火災與中獎有因果關係。

2. 「狗來儲，貓來蓋大厝」。

3. 風翼決定風向。

4. 寒暑表決定溫度之高下。

5. 水到渠成抑渠成水到；心安理得抑理得心安。

6. 調整待遇與物價上漲。

7. 月的盈虧與潮水的漲退。

8. 老師服務年資久（資深）與師資優良。

9. 學業成績優良與品德優良。（蘇格拉底主張知德合一，知識即道德。）

10. 部份台灣人在地震時，就莊重而虔誠的喊出「ㄏㄧㄠˇ，ㄏㄧㄠˇ」，這種喊聲就如同他們在耕田時要耕牛停下來的喊聲一般。而每次如此一喊，耕牛就停下來；他們因之認為地震時喊出此種聲音，地也就不震。試問此二者有否因果關聯？

六、評論下述說法，是否犯了錯誤：

1. 中國字不當橫寫，因為：

①考查古典經籍，無一是橫寫，我們的老祖宗從來沒有把字橫寫過。

②中共的字是橫寫的。

2. 台灣不該實行節育政策，因為：

①與 孫中山的主張相違背，因此主張節育的人，是三民主義的叛徒。

②中共盛行節育，因此主張節育者，是中共的應聲蟲，思想有問題。

3. 同學不應吃牛肉，因為：

①牛一生辛勞耕田，死了還吃牠的肉，實在不應該。

②祖先沒有吃牛肉，子孫也不應吃。

③牛太無助，臨死時還滴眼淚呢！

④吃牛肉的人，死了會受牛報復。

4. 甲：凡是女人都是心腸軟的。

乙：不見得，女人似蛇蠍，你不知道嗎？

甲：那種人根本不是女人。

二十三、基本的科學求知態度
(Scientific Attitudes)

上節談謬誤，發現謬誤之所以發生，大概都是不「訴諸理性」(appeal to reason) 所造成。辯說推論，應該依理行事。而科學研究態度及科學研究方法，就是最講「理」的態度與方法。為免於推論謬誤，我們除了需研讀邏輯以避免「形式謬誤」，以及探討語意解析以糾正「文字語言謬誤」之外，還得利用科學態度及方法來掃清思想上的濃霧，希望藉它來使得推論運思能夠獲得比較可靠的結果。本節先談科學的求知態度，下三節談為學的三種方法。

人因為有好奇的本能，因此產生強烈的求知慾。好奇乃是由於吾人對好奇的對象一無所知才產生。人們對一無所知的現象總想弄個明白，因此求知活動乃開始進行。人在無知又好奇的狀態之下，內心是相當不安的；好奇求知的結果，就是要消除心中之不安。心中不安一消除，內心就平靜。由內心焦慮出發，經過求知的手續，結果消除了內心不安，這就是求知的成果。求知的成果，就是「信念」(belief) 的獲得。由於人們好奇，因之懷疑好問乃隨之而至。人們要問「為什麼……」。問，可以向自己反問，即是反省思考；I.Q.高的人經常靠這種方法得到許多寶貴的答案。同時，問，也可以向他人反問，所謂「三人行必有我師焉！」可以向老師、長輩或朋友發問。這種發問也能獲得豐碩的果實。所以由好奇、懷疑、發問而得到答案（也就是找到信念），乃是求知的基本歷程。

人生活在自然界中，自自然然就有某些現象令人們感到困惑，

讓人產生好奇。令人產生好奇的現象不外兩個來源。一為自然界的
變化：如天下雨、閃電打雷、地震、颱颱風、火山爆發、海水漲落、
月有盈虧、日蝕月蝕等，不勝枚舉。原始人對這些現象都心生驚恐，
因為他們對產生這些現象的原因一無所知。另外一種令人們好奇的
現象，乃是人生界的變化：如生老病死等現象。老祖父為什麼死了，
死了的世界又如何……，這種疑問也指不勝屈。原始人經過自問以
及向他人發問的結果，也得到了某種信念。因為人在好奇狀態之下
如不找到答案，則日子相當難過。因之必須有某種令人信服的答案
提出來以解人們心中之疑。不幸，在人類文明史上，人們經過求知
的兩道手續（自問及問人）之後而獲得的信念，卻經常不是真正的
信念，也就是說不是科學信念，而卻是「迷信」(superstition)。迷信
就是訴諸鬼神。原先的人震驚於自然界與人生界之變化而提出解釋
這些變化的原因，都歸之於「鬼神」的作怪。打雷了，就說是雷公
在發威；地震了，就說是地牛在翻身；日蝕了，就說是天狗把太陽
吃了；人死了，就說他的靈魂可以轉世投胎……。「你為什麼看起來
像豬啊?」「因為你的前世是豬，今生雖然投胎為人，但還有一點豬
樣!」這就是「靈魂輪迴」(transmigration of soul) 的觀念。許多人很
喜歡此調，結果變成「宿命論」(determinism) 者，把一切原因與現
象都歸之於鬼神。「你為什麼遲到呢?」「老師，我今天之遲到，乃是
天註定的，五百年前就已安排好我今天必須遲到，上帝有意要我如
此，我也沒辦法。」這種答案，真令人啼笑皆非。

　　由上述可知，雖然我們經過一番懷疑之後而找到某些信念，但
是那些信念很有可能不是真正的信念；因此很有必要對既有信念也
保持懷疑。第一次懷疑得到第一次信念；對第一次信念仍然繼續懷
疑即是第二次懷疑。由第二次懷疑而得第二次信念，然後又對第二
次信念繼續懷疑即是第三次的懷疑……。這個過程可以表示如下：

　　　懷疑$_1 \rightarrow$ 信念$_1 \rightarrow$ 懷疑$_2 \rightarrow$ 信念$_2 \rightarrow$ 懷疑$_3 \rightarrow$ 信念$_3 \rightarrow$……

　　理論上來說，第二次的懷疑比第一次的懷疑更有深度，第二次的信念比第一次的信念更為可靠（能解釋更多的事實）。第三次的懷疑又比第二次的懷疑更為透徹，而第三次的信念又比第二次的信念更為堅實……。人類文化的進展，正好表示此種歷程。

　　在一般情形之下，由懷疑開始，能夠按照吾人所料，獲得肯定信念的機會不多；相反地，我們從懷疑開始，卻帶來更多更雜的懷疑。我把這兩種方式簡單的寫在下面：

　　1.懷疑帶來肯定信念：doubts 得到 beliefs。

　　2.懷疑帶來更多懷疑：doubts 得到 doubts。

　　第一類的人由懷疑起家，但卻得到「永恆真理」──即肯定不移的信念。這種人是絕對論者。在歷史上這種學者頗多，最好的代表就是法國數學家兼哲學家笛卡爾 (René Descartes, 1596–1650)。笛卡爾作學問的態度，可以從他的名著沉思錄 (*Meditations*) 中窺探出。他首先懷疑一切學說，不管是古聖先賢的言論還是帝王教皇的說話，都在他的懷疑之列。但笛氏的懷疑，絕不是停止在懷疑上，他是要找固定的信念的。他有一股阿基米德 (Archimedes, 287–212 B.C.) 式的雄心。因為力學始祖阿基米德說，在宇宙中如果能找到一個定點，再給他一根相當長的槓桿，他就可以把地球挑起來。笛氏認為在知識領域中，只要能讓他得到一種肯定不疑的信念，那麼他就可以由之而建立起一套堅實的知識體系。因此他窮畢生之力找這信念，終於在他四十五歲時被他找到（該篇著作發表於一六四一年）。笛氏懷疑一切，連他自己是否在醒覺狀態，端坐振筆直書這件事，他都懷疑。因為他說他在睡夢中也常如此。❶不過，在他懷疑一切之後，他卻肯定了一項他絕不懷疑的事，即他不懷疑他正在懷疑。換句話說，他不懷疑「懷疑」本身，這是一項鐵的事實，也是一項肯定不疑的堅實信念。根據這信念，笛氏建立了一套哲學體系，也因此產

---

❶　笛卡爾這種說法，可與莊子之「夢蝴蝶」與「夢莊周」相比較。

生了他的曠世名言：我思故我在。(*Cogito, ergo sum*. I think, therefore I am.)❷

第二類的人由懷疑起家，非但不能找到信念，反而帶來更多懷疑，並且很可能是後來的懷疑比先前的懷疑，在數量上較多，在質上較複雜。這種人就是絕對的懷疑論者。絕對的懷疑論者懷疑到連他自己在懷疑他都懷疑。哲學史上這類人也不少，最典型的一位，大概是希臘時代的畢羅 (Pyrrho of Elis, c. 365–275 B.C.)。畢羅深信吾人不能獲得固定不移的知識，因此對於任何判斷只好懸疑 (suspend decision)。羅馬學者路西安 (Lucian) 在他的哲學家拍賣 (The Sale of Philosophers) 的詼諧敘述中，記載一位畢羅的後人名叫 Pyrhias 的，當他被主人拍賣成交後仍然口口聲聲說他不肯定一切。下面是買主與他的部份對話：

「跟我來，你現在是我的奴隸。」

「誰能肯定你所說的是真的?」

「拍賣者能，我的錢能，此地的觀眾能。」

「別那麼肯定吧! 最好懸疑。」❸

類似畢羅的人所用的語句是「大概」、「可能」、「或許」……因為他們沒有斷語。

荀子說：「信信信也。」拿這句話來印證笛卡爾及畢羅的說法，可說只對了一半。笛卡爾疑其所疑，因此「信」其所疑；但畢羅輩人則疑其所疑，仍然「疑」其所疑。❹

---

❷　René Descartes, *Meditations*, translated by Laurence J. Lafleur (N. Y.: The Bobbs-Merrill Company, Inc., 1960).

❸　Lucian, "The Sale of Philosophers," in Jason L. Saunders (ed.), *Greek and Roman Philosophy after Aristotle* (N. Y.: The Free Press, 1966, pp. 183–197). (esp. 196–197)

❹　荀子集解，清王先謙輯：非十二子篇。另見拙作：*A Study of Hsuntzu's*

　　一般人無知無識，因此很少有懷疑的心理情境。求學的起端乃是改變這種不自覺的無知而為自覺的無知。蘇格拉底的教學方式就是如此，當人自覺無知時，他才會虛心向學，不恥下問。孔子不也是這樣嗎？

　　懷疑的結果得到信念，與懷疑的結果仍是懷疑，這兩種不同的結果到底孰優孰劣？懷疑的結果得到信念，這種結果當然可以給當事人滿足與安心。但從整部人類文明的進步史上看，人們因懷疑而努力探討的結果所獲得的信念，很可能只是暫時的信念，研究者實在難以保證這種信念可以永恆保持下去，而能與其他信念或其他新生的事實相安無事。一位開明的研究者在其後的歲月裡，極可能向先前自己極有把握的信念挑戰，那時也就是自己重新以固有信念作基點而燃起懷疑火焰的時刻了。❺或者是在此地已建立的信念，卻遭受別地的人們所懷疑、修正、或捨棄。這在文明進步史上看，是極平常的事。可知一種經過懷疑而獲得的信念，能夠經得起時空的考驗而「永恆」不變，的確不容易。因此，懷疑了之後再懷疑，是學問研究過程中所免不了的現象，科學研究的最顯著特徵，也就是如此。

　　在這世界上，吾人所不知的比吾人所知的還多。因此對於知識的追求，千萬不要感到自足。俗語說「學海無邊，知識無涯」，正是這個道理。今日歇一歇，此地停一停，則「學如逆水行舟，不進則退」。

　　朋友！想要獲得知識，不妨時時保有一顆懷疑的心，即使在堅信不疑的信念中，也不妨保持幾分懷疑。

　　但是，我們能夠胡亂的懷疑一切嗎？除非這個世界的每一個人

Philosophy of Education (PhD. Dissertation), Ch. V, 1974, University of Iowa.

❺　梁啟超就是這種人，他不惜以今日之我與昨日之我挑戰。

都不可信賴，並且研究者對研究者本身的存在與否以及他的行動力思考力都不敢予以信任，否則我們總得依靠別人的研究所得以及自己的努力成果。盲目懷疑很可能造成自我毀滅與學術研究的混亂。我們倒應該培養「系統的懷疑」，使得懷疑能夠有道理，如果一味的懷疑，或是為懷疑而懷疑，那就是空無主義 (Nihilism) 的作風。設若一位歷史老師對學生說宋朝的岳飛是精忠報國的英雄，一位地理老師說巴黎是法國的首都，而學生對於老師的這種說法仍然不敢信以為真，以為自己沒有親眼所見，不足為憑。這樣子的學生太重視自己的直接經驗，他的知識只能有一點點。

因此，研究知識就應依賴一些知識上的權威。但這句話並不表示知識研究只停止在權威的依賴上。只依賴權威而不敢逾越權威的範圍之外，那就等於成了權威的奴隸；成了權威的奴隸，對於知識之擴展毫無幫助。

權威的學術只能作為吾人探求知識的起步，我們希望創造新的學術於舊有的學術之上，這才真正符合「研究」的旨趣。研究，絕非僅止於步前人後塵而已。❻如果研究者視先人的研究成果為神聖不可侵犯，崇拜如偶像，那簡直是太小看了自己。孟子早就告訴我們：「盡信書不如無書」。這句話指出，吾人可以「信」權威，但不可「盡信」。這種態度與第一種態度──隨時保持懷疑，正不謀而合。因此，「盡信權威不如無權威」，「盡信聖人言不如無聖人言」。

「盡信」很可能就是「盲信」，盲信就是被人牽著鼻子走而不自覺，或是盡跟在人家屁股後面，這是沒有批判態度的學者（如果他也有資格當學者的話）。「批判態度」也就是本節所要說的第二種態度，富有批判態度的人絕不會人云亦云，以眾人之是為是，以眾人之非而非，隨波逐流。他一定會有主見，主見也可能是獨見，或是

---

❻ Manmohan Vgrma, *An Introduction to Educational and Psychological Research*, Bombay: Asia Publishing House, 1965, p. I.

創見。一個人沒有獨見，那是平庸的人；平庸的人在學術研究上不可能有建樹。自己有口，但卻盡說別人的話；自己有耳，但卻盡聽別人的聲音；自己有腦袋，但卻盡仿效別人的想法……。這種人一多，即使他們有言論，但那種言論是單一的言論；即使他們有文章，但那種文章是同色的文章；即使他們有步調，但那種步調是齊一的步調。這種情況就如同齊唱一般，齊唱當中，大家的嘴形相同、曲譜相同、高低相同、開始與結束相同、緩急輕重也相同；試問這是什麼調子？這種調子不是單調是什麼？單調的曲子一聽就乏味。單調乏味就形同機械，毫無趣味可言。人生在這種氣氛中，活在這種社會裡，就失去個性，也失去生活的意義與價值。連帶的，個人尊嚴也丟了。因為在齊唱的隊伍裡，少一個分子唱出聲音來是沒有多大關係的，即使你閉著嘴不唱，也不影響大局。因此你之加入隊伍，既沒有人歡迎也沒有人尊重，這種人還算「存在」嗎？

多采多姿的人生，就是個性充分發展的人生，也就是富有情趣的人生。學術研究要呈現生機，就賴學者有沒有批判態度而定；執著於一家之言並予以頂禮膜拜，那是學術發展停滯並趨向死亡的徵兆。固守權威非但不是學術界之福，且貽害無窮。

不要盡信權威，就是抱著「為追求真理，不惜犧牲一切，甚至以身殉之都在所不惜」的人生觀。這是蘇格拉底的風範。即使權威是來自敬愛的師長，但是有批判態度的人，會高唱出「吾愛吾師甚於一切，但吾愛真理尤甚於吾愛吾師」的佳句，這是亞里士多德留給後人的榜樣。蘇格拉底雕刻師般的層層反問，不見容於當時權貴，因此死於牢獄中；但他這種死法，使他的偉大更為突出。亞里士多德雖然被其師柏拉圖指責為小駒未離母駒之前就會踢起母駒，但也正是這種批判態度，使他的學術研究獨樹一幟，對西洋文化的貢獻，與其師不相上下。

學術界如果有了至高無上的權威，那是相當危險的事。西洋中

世紀時期，有些史家稱為黑暗時期。那時貴族蹂躪，權貴奢侈荒淫，兵荒馬亂，民不聊生，當然是黑暗；而宗教籠罩一切，教條不得質疑，也是桎梏人心因而造成黑暗的原因之一。更不幸的是亞里士多德的學說與教義合而為一，因此學界以亞里士多德為至高權威。天主教解釋教義的正統學者多瑪斯 (St. Thomas Aquinas, 1225–1274) 即恭稱亞里士多德為「哲學家」(the Philosopher)。其意即指只有亞氏才配稱為哲學家，因此一談哲學家即指亞氏。當時學者敢攻擊亞氏學說的，等於該學者向教會挑戰。那些挑戰的勇士，輕者監禁，重者活活燒死，盡焚其著作。這些例子，有斑斑史跡可考，實在罄竹難書。據說大英博物館陳列一些斷頭台，斷頭台之下人頭血跡斑斑。為追求真理，敢與權威單位挑戰的文明英雄，卻落此下場，實在令人唏噓感嘆，也痛恨權威單位的無情及無知。

中國學術史上有沒有最高無上的權威呢？有，並且這種權威主宰了中國學術史相當久。眾所周知，儒家是中國學術的主流，儒家思想的代表——孔子也就是學術界的最高權威。自漢朝董仲舒向漢武帝建議「……臣愚以為諸不在六藝之列孔子之術者，皆絕其道，勿使並進」，而採納了「罷黜百家，獨尊儒術」的政策後，儒家的地位即固若金湯，因而產生「子曰」的神化力量。一般人非聖人之言不敢言，非聖人之道不敢傳，非聖人之服不敢服……。讀書人也持著「既經聖人言，議論安敢到」的為學態度，奴性實在太深。即如明朝的實用主義大師顏習齋雖敢攻擊當時學界權威程朱，但習齋思想仍逃不出孔孟思想範圍之外。他說「必破一分程朱，始入一分孔孟」。可見他仍受拘於孔孟思想，仍在舊紙堆中打轉。

全盤接受權威思想，不是健全的求知態度。學術之能夠進展，端賴一些學者敢於對權威加以非難，對偶像予以消滅。英哲培根著書攻擊亞里士多德的演繹法，他主張要打破偶像 (idols)。偶像一去，個性才能獲得解放。心靈拋棄了枷鎖，批判性的及創造性的學說才

可應運而生，讓萬家爭鳴，那不是學術界光輝燦爛的時代嗎？

　　為什麼批判的態度會帶來學術研究的進步呢？因為批判的態度一養成，批判的風氣一塑造，就產生學術研究的比較。學者經常拿自己的主見批判別人的學說，或取他家觀點批判別學派的主張。自己與別人，此家與彼家一比較的結果，就會產生優劣長短，產生優劣長短就有競爭作用。公平而合理的競爭當然會造成進步。學術研究的進展猶如在跑道上有人共跑的情形一樣，在共跑者勢均力敵，棋逢對手時，很可能是與賽者打破自己紀錄的時候。要是跑道上只有一個人跑，或是共跑者落後太遠，我們就很難期待他會締造新成績。因為在這種居絕對優勢的情況下，他即使跑慢一點，是冠軍，停下來也是冠軍，甚至往後跑都能得冠軍。我認為中國文化在發展過程中長期缺乏競爭對手，乃造成中國文化在某方面停滯不前或差西方文化太遠的主因。而競爭對手之缺乏，一方面是來自於學術定於一尊所造成。學術定於一尊，批判態度比較不能養成。

　　批判態度與懷疑態度一樣，都需要教育培養。但不幸大部份的老師並不喜愛好發問與好批評的學生。老師希望學生是個「言聽計從的徒弟」(disciples)，而不願學生是個「追根究底的探索者」(inquirers)。❼因為大部份的人（包括老師在內）並未培養容忍態度。因此，容忍的態度是本文要敘述的第三種求知態度。

　　容忍的態度相當重要，因為這一態度要是不能培養，則懷疑及批判的態度都不能萌芽。學者不能容忍，就產生學術氣氛的乖戾現象，權威主義 (Authoritarianism) 抬頭，壓榨與迫害手段跟著紛紛出籠，學閥因之成立。試問學閥與學術研究者是同義語嗎？

　　求知者要有容忍的態度，理由很簡單，因為任何一個學者，無論他知識再怎麼豐富，再怎麼精深，都不敢自稱已窮盡了所有知識；

---

　　❼　這是杜威引用英國哲學家米爾 (John Stuart Mill) 的語句，見 John Dewey, *Democracy and Education*, N. Y.: The Free Press, 1944, p. 339.

並且在他所知的範圍內,他也不敢保證那種知識是絕對完美的知識。換句話說,沒有人能夠看到真理的全部。人既然是人,就有缺陷,如果有人敢誇口說他是真理的代表,那只不過是在發洩感情而已。「真理的代表」也只不過是一堆無意義的字眼罷了,敢如此宣揚的人正是充分顯露出他的愚蠢可笑及幼稚可憐。人類憑努力的結果,雖然了解了一些宇宙及人生的奧秘,但並沒有解開宇宙及人生的全部奧秘,人所知的部份能不受時空之變異而修改的也不多。因此一位學者,一位天份高而又勤奮不懈的學者,終其一生所能獲得的研究結果,也只有得到真理的一部份而已。在這裡,如果這位學者以自己的這點成績沾沾自喜,且喜得沖昏了頭,而罔顧別人的成就,甚至打擊別人的努力,試問他憑什麼可以如此呢?別人的耕耘結果,也獲得了真理的一部份,地位與他相同,在作學問的真誠上毫無軒輊。因此二者互相討教都來不及了,那裡可以予以打擊呢?

　　容忍態度也可以彌補批判態度所產生的一種惡果,因為批判態度有時可以形成創見,但卻也很可能產生偏見,偏見就是只知其一不知其二之見。一個有偏見的人,就如同戴了有色的眼鏡,任何對象都染上了那眼鏡之色,因此很容易是非不明,真假不分。這時,消除這種弊端的唯一良方,就是容忍異己之見。因此最好不要把有別於自己的言論視作姦言,把看不慣的行為看作詖行,把他人的學說看作邪說異端,視同洪水猛獸,離經叛道。這都是缺乏容忍態度的表現。

　　任何一位學者,假如他有作學問的真誠,則在他的一家之言中,都能夠「持之有故,言之成理」。雖然「故」與「理」不必然是永恆的,(事實上,誰敢保證永恆?)如果同一種研究,甲乙研究的結論不同,而甲能言之成理持之有故,乙也能言之成理持之有故,則兩者正好可以互為補足。這就如同公說公有理婆說婆有理一般。其實在這種情況下,甲乙雖講得都有道理,公說婆說也都可以聽,但這

正顯示出甲之所見，或公之所見，乃為乙或婆之所未見，反之亦然。因為各人從各種不同的角度作為著眼點，當然研究的結果有別。此時研究者如能兼容並蓄，非但能擴展他個人的研究視野，且更可化戾氣為祥和。老子有言，江河之大，乃因它能蓄百川。因此，有容忍態度的人知識比較豐富，見解比較廣闊，分析比較精闢，綜合比較周到。否則固執己見，就如同瞎子摸大象一般，以部份強要代表全體；如果抓住大象尾巴的瞎子與抓住大象鼻子的瞎子，都堅持以尾巴或鼻子作為大象的真實體，因而大打出手的話，那實在令人心驚膽寒。

能容忍別人批判的學者，就是虛懷若谷的學者。他因為能接納別人的異見，而修改自己的錯誤，或捨棄自己的主張，因此學術之精進自不待言，而胸襟之高遠，也可由此培養出來。

容忍的人度量大，這種度量是雅量，容忍的雅量只能在民主社會中才比較有可能；在專制國度裡，學術研究標準常要訴之於政治的最高決策，那裡還有學術研究的自由可言？

法國十八世紀理性主義的健將福爾泰 (E. M. A. Voltaire, 1694–1778) 有一句名言，似乎可以作為民主風度及容忍雅量的代表。他說：

> *I do not agree a word that you say, but I will defend to the death your right to say it.*❽

這句話是說：我雖然不贊同你所說的，但我以生命來保護你有把它說出來的權利。

看！這是何等氣度！我們經常因為對方言論不合己意，就想盡辦法來打擊對方，如果有個第三者正好在此時出面為你打擊這位言論令你討厭之人，你高興都來不及，或者幸災樂禍一番，怎會挺身而出為你的敵人護助呢？但民主社會之可貴，就可貴在人人能夠相

---

❽ Quoted in Will Durant, *The Story of Philosophy*, N. Y.: Affiliated Publishers, Inc., 1960, p. 247.

互容忍，這是亟應培養的。學術討論尤應如此，切不可動不動就用武力縫住異己的嘴巴，或予以囚禁，或趕盡殺絕等見不得人的手段了。(有時殺得不過癮，隔些日子再從墳墓裡取出來鞭打一番……)

每個人都不是十全十美的。容忍別人，除了可以吸取他人長處之外，還等於原諒自己的缺點。人，既然本來就不完美，因此，不能容忍的人等於是違反了人的本性。與不能容忍的人相處，直如秀才遇到了兵，有理講不清。

因此抱著「道不同則不相為謀」的態度，不是容忍態度。吾人應記取「天下殊途而同歸，一致而百慮」。到達真理之路並非只有一條，「條條道路通羅馬」。我決意走這條路，堅信走這條路可以到達目的，並且經驗也證實了我的想法。但我沒有資格硬要他人也走這條路，也許別人另闢了蹊徑，那條蹊徑卻是捷徑，且風光更美好呢？❾況且我們都生活在地球上，地球是圓的，從這方向前進可以達到目的，即使反方向而行，同樣也可以到達彼岸！

容忍態度的極致，則是聞過則喜，而非聞過則怒。忠言雖逆耳但卻利於行，良藥雖苦口但卻利於病。做學問也如此，多聽聽批判性的意見，多接納不同的學說，相信你的知識成就可以更上一層樓。千萬不要固執己見，是自己之所是，非別人之所非。這種人不夠資格稱為民主社會的成員，也不夠資格在民主社會裡過活，更沒有資格進行學術討論。

本節首述懷疑對知識研究的重要性，繼而說明批判性的態度及容忍的雅量對探討知識的價值。其實這三者息息相關，並不互相排斥，且可互為補足。這三種基本求知態度一擁有，就比如已經獲得了開啟知識寶庫的鑰匙一般，你能活用它，則知識正可源源而來，你可以取之不盡，用之不竭。

---

❾　Cf. A. N. Whitehead, *Adventures of Ideas*, N. Y.: The Free Press, 1961.

二十四、演繹法 (Deductive)

　　演繹法的始祖是希臘哲學家亞里士多德。演繹法的最大特點是先提出幾項堅定不移的信念，拿這些信念作為推論的前提，然後推演、分析並抽繹這些信念，因而所得的結論也是肯定不移的。

　　作為演繹推論的前提，亦即肯定不移的信念，到底是那些呢? 幾何學家提出幾何學的公理 (axioms or postulates)，如兩點之間直線最短，三角形有三個角等; 道德學家提出善有善報惡有惡報，人應信守諾言等觀念; 宗教家提出上帝創造萬物，人應信神等說法，作為肯定不移的信念。這些信念可以放諸四海而皆準，不受時空限制而能永恆存在。換句話說，這些信念是絕對真理，因為它們是自明的 (self-evident)，不待求證，「本來」就如此。這些信念是建構知識體系的基點，知識體系的基點一發生動搖，則知識的高樓大廈就有倒塌的危險。基點牢固，則知識的宏偉建築就能屹立不搖。

　　上節提到笛卡爾以不懷疑「懷疑」本身作為建構知識體系的基點，思想三律中所提的同一律 (law of identity)——即 A=A，矛盾律 (law of contradiction)——即 A&–A 恆假，及排中律 (law of excluded middle)——即 A∨–A 恆真，也是人類思想上千古不滅，萬古常新的定理。這些信念不待證明，人人都知，人人都懂; 作為「人」，自然就了解這些信念; 如果有人連這種簡易自明的真理都還要問「為什麼會如此」，則問者不是會被當神經病，就是被恥笑為很愚蠢。

　　人基於理性能力的運作，在善用思考時，如果追根究底，一定會停止於一些大家公認為不必再追根究底的「基點」上。譬如孩子

問父母親有關他來自何處的問題時，成人可以回答道：「父母親生的。」如果孩子再問：「父母親又是從那裡來的?」則成人又可以說「父母親的父母親生的。」假定孩子一路問下去，則會產生一個結論，即一定有一位只會生但卻不被生的存在，人們不要再追問那個只會生但卻不被生的對象到底又是誰生的。這就如同基督教社會中解決「人由何來」的問題一般，基督教徒可以向孩子解釋道：「人是上帝造的」。設若有個孩子膽敢再提出：「上帝又是誰造的?」這個問題時，則基督徒可以向他警告：「你不必再問這個問題了，問這個問題是對上帝頗不禮貌的，對神不恭敬會遭天譴。」所以我們只好停止於「神造萬物」的信念上，據此信念為根基穩固的信念，不必多疑。宗教知識之建立大概就是如此。

演繹推論的前提既是自明的，絕對的，永恆的，也可以說是不借助於經驗的；柏拉圖把它稱為「先天觀念」(innate ideas)。換句話說，凡是作為人，本來就有這些觀念。這些觀念不待他求，人們也不會向這些觀念產生懷疑，相反的，倒應該對這些觀念信守不渝。

先天觀念，或自明信念等，用一句哲學術語來說，就是「共相」(universal)。共相是普遍的基本原則，推演共相到具體實例的過程，就是演繹推論的過程；具體實例的哲學術語叫作「殊相」(particulars)。因此演繹法就是共相推演到殊相的程序。亞里士多德的三段論法，就是典型的演繹邏輯法。（參看十五、三段論式）

邏輯推論的有效性，是全或無 (all or nothing)，在概然性 (probability) 上，不是 1 就是 0。1 與 0 之間沒有等級，因此演繹法甚為絕對論者所喜。哲學史上的觀念論者 (idealists) 及理性主義者 (rationalists) 大都運用這種方法來建立起他們的學說。

作學問要有基點，這是沒有錯的。但是當我們找到一些堅信不移的信念作為知識體系的基點時，所謂「堅信不移」到何種程度及何種時刻，則吾人很難把握。一種信念要能經得起時空的考驗，那

是難之又難。人類的文明史告訴我們，大部份的現有成就乃是推翻了前人「堅信不移」的信念而得來的。如果我們盲目的相信某些概念不可懷疑，並且在一發覺有人竟然敢向該概念的存在提出挑戰時又反唇相譏或予以打擊，那麼這種做法，只有阻止文明的進步而已。演繹法先認定一些概念為準確不移，顯然有助長「權威主義」(Authoritarianism) 的橫行作用，而權威主義最足以阻止文明的發展。權威單位為了鞏固既定信念，易將信念命之為「自明觀念」或「先天觀念」，「神授觀念」或「天啟觀念」。這些字眼都加上了神聖不可侵犯的形容詞。如果懷疑之士膽敢與之作對，那是十分不禮貌的，因為「褻瀆神明」的行為一定會有危險。難怪中西思想史上，那些高喊打破權威偶像者 (iconoclasts) 多遭受非常不幸的命運，這種歷史悲劇或可歸之於學術潮流過份崇拜演繹法所造成。

有些傳統信念如拿來作為演繹推論的前提，據之而為不可移易的觀念，那麼產生的學術禍害及應用上的災難，真是一言難盡。茲舉數個這方面的例子如下：

1. 小孩只有耳朵沒有嘴巴。（即小孩只有聽的份，不能發問）
2. 嘴上無毛，作事不牢。
3. 烈女不事二夫，忠臣不事二主。
4. 女人牙齒多於男人。（即女人多嘴）
5. 唯女子與小人為難養也。
6. 朕即國家。
7. 物極必反，否極泰來。
8. 多行不義必自斃。
9. 漢奸必亡，侵略必敗。
10. 有其父必有其子。
11. 師嚴然後道尊，道尊然後民知敬學。
12. 綁紮的小腳才是漂亮的小腳。

13. Spare the rod, spoil the child. （放下了鞭子，寵壞了孩子。）

14. Since Adam's fall, we sinned all. （自亞當墮落，我們都惡。）

上面的例子，有些是經不起經驗的反證的，如 1、2、3、4、5、6、12、13、14，有些則誤以可能性為必然性，如 7、8、9、10、11。拿這些非常值得懷疑的信念作推論前提，則推論的基礎太不穩固了。基礎不穩卻蓋起大廈，其危險性可知。羅素認為演繹法好比下端一個角而立起來的三角形。下尖而上寬，因為演繹法乃是根據一個信念加以推演，但如果這一信念動搖了，則推論的結果就會倒塌。❶

當我們肯定「嘴上無毛，作事不牢」這一信念當推論的前提時，則我們可以得到「小孩子、女人、年輕人都嘴上無毛；因此，小孩子、女人、及年輕人作事不牢」這個結果。這個結果為害非淺。因為它使得成年人不敢信任下一代，視小孩為幼稚，為無價值；如此，懷古、思古乃形成學術風氣，模仿遂成潮流。創造的嫩芽遭到寒風冷霜的打擊，如何能期望它開花結果呢？這種嚴重的後果，乃是學者把一項有問題的信念肯定為無問題的信念所造成。

演繹邏輯推論之能有效，必定要結論的因素包含在前提之中，如果結論並非組成前提的因素，則推論「一定」無效。

$$A \rightarrow B$$
$$\frac{C \rightarrow D}{A \rightarrow D}$$

這些符號，如果代以笛卡爾在沉思錄中所作的推論，是最恰當不過的了。設若 A 代表「懷疑」，B 代表「我存在」，C 代表可以獲致「神存在」的推論前提，D 代表「神存在」。則光是〔(A→B)&(C→D)〕絕推論不出 (A→D) 的結果來。真值樹演算方式

---

❶ Bertrand Russell, *A History of Western Philosophy*, N. Y.: Simon and Schuster, 1945, pp. 643–644.

如下：

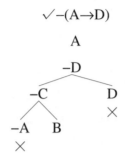

　　這棵推論樹的三個幹，其中兩幹封住了，但卻有一幹是開放的 (open)，因此推論無效 (invalid)。「懷疑」的存在可以推論出「我」的存在。但如果依「懷疑」的存在又推論出「神」的存在，顯然溢出了範圍。除非後來的結論（即神的存在），能夠由新加上去的前項推論出（在上述的符號中即 C）。否則單靠「懷疑」的存在作前提，是不能得到「神存在」這個結論的。

　　把這種跨錯行的謬誤推論說得淋漓盡致的，要算是蘇格蘭哲學家休謨 (David Hume, 1711–1776) 了。休謨在論人性 (*A Treatise of Human Nature*) 一書中有一大段說得很精彩。他說：

> 在我所曾經研究過的道德學體系裡面，我就注意到一件事，即作者有時以尋常的方式作推論……。但我突然發現：在必須使用「是」及「不是」作為命題的連接詞的當兒，卻沒有不以「應該」或「不應該」來代替的。這種發現令我吃驚。這種改變是不好覺察的，但卻是最後的結果。「應該」或「不應該」表明了新關係及新肯定，因此應該予以解釋說明……。這種新關係到底如何從一個絕不相干的前提演繹而來。由於作者一向不先注意這點，因此我願向讀者指出……。❷

這一段話告訴我們，「是」(is) 及「不是」(is not) 的前提只能推

❷　David Hume, *A Treatise of Human Nature*, ed. L. A. Selby Bigge (Oxford, 1888), pp. 469–470.

論出「是」及「不是」的結論；但不能推論出「應該」(ought) 及「不應該」(ought not) 的結論，除非在「是」及「不是」當中加上其他因素作為前提。因為「是」及「不是」是「事實命題」(factual proposition)，而「應該」與「不應該」則為「價值命題」(value proposition)。事實命題與價值命題是不同的範疇 (categories)，井水河水兩不相犯，如何能經由事實命題推論出價值命題來呢？這種推論不是跨錯了行了嗎？

推論跨錯了行的現象真多，這種例子幾乎俯拾即是。有學者認為師大畢業生在中學服務的比率高達百分之八二‧四，就推論出師大畢業生具高度的教育工作熱忱；有人以為師大如果單獨招生就會減低師大師生素質、失去考試的公平性。有立法委員主張提高裝電話申請費，就可以減少老百姓申請裝電話的數量；有民意代表聲稱限制騎機車就可以減少機車肇事……。這些人想得真天真，說的卻是痴人話。這些謬誤有些是車置馬前 (put the cart before the horse)，有些是因果不明 (post hoc fallacy)。因為我們很難從推論當中，看出該結論係從前提當中「演繹」而來。

推論好比交通道路，車子跨錯了道路行駛，極容易造成嚴重的車禍！學者不可不知。

據可疑的觀念作為推論的前提，及推論跨錯了行，這兩點，筆者認為是演繹法的兩大致命傷。不過嚴格說起來，推論跨錯了行，是推論者粗心大意所致，怪不得演繹法本身。只是歷來演繹推論的學者，大多犯了如休謨所指出來的毛病。這種毛病與死守可疑信念一樣，根深蒂固，很難拔除。

二十五、歸納法 (Inductive)

　　在推論前提裡打轉的演繹法，逃脫不掉前提的束縛，因此對於開拓新知識是無能為力的。培根因而指責這種亞里士多德式的演繹邏輯法為舊工具。學者如擬從事學術研究的探險工作，舊工具不是良方。培根為了要拓展學術研究的新領域，開創新境界，乃提出他的新工具 (*Novum Organum*) 來。舊工具是演繹法，新工具即是歸納法。❶

　　演繹法從先天觀念、自明真理等開始；歸納法則由經驗界、事實界中起步。演繹法著重普遍與共相，歸納法則強調個體與殊相。演繹推論的結果不是全然有效，就是絕對無效；但歸納推論的結果，其概然性卻是從〇到一之間，最大的概然性只有逼近一但不等於一。演繹邏輯是絕對的，歸納邏輯則講相對。

　　培根的歸納法可從他研究「熱」(heat) 的性質中看出。他列舉一批熱物、一批冷物，及一批由冷到熱之物。然後仔細觀察、研究、實驗，發現熱物中的共同性質不出現在冷物中，而熱物的共同性質在熱度增高的物中表現越明顯，在熱度減低的物中則越消失，因此培根乃斷定熱乃是物分子不規則的跳動使然。❷

　　應用這個方法，我們可以舉下面一種常見的例子加以說明：

---

❶　培根對亞里士多德的舊工具甚無好感。其實，亞氏是位生物學者，注
　　重觀察與資料之搜集，因此也認為歸納法相當重要，只是跟隨者沒有
　　發展這一方向，導致後人對亞氏之誤解，實在不幸。

❷　Bertrand Russell, *A History of Western Philosophy*, p. 543.

　　甲男生看到乙女生時，現出緊張、臉紅、興奮、心跳加劇、脈搏增快、講話急促等「異常」情況；不看到乙女生時則神色自若，態度從容。當乙女生出現在甲男生面前的次數增多，則甲男生產生「異常」情況的次數也增多，反之即減少。則我們可斷定乙女生乃是造成甲男生產生「異常」現象之因。

　　培根這種方法類似於米爾 (John Stuart Mill, 1806–1873) 的「共變法」(Concomitant Variation)。米爾繼培根之後，完成了歸納五法。米爾的歸納五法乃是比較完善的歸納法。茲分述如下：❸

㈠一致法 (Method of Agreement)

　　「假如在觀測之下的現象有兩個或兩個以上的個例，這些個例，只有一種情境是共同所有的，那麼這一種情境乃是造成該現象的因（或果）。」

　　生病是一種現象 (phenomenon)，如果甲乙丙三個「個例」(instances) 生病，醫生問了甲乙丙三人吃過什麼東西沒有，甲乙丙都說吃過草莓餅，並且也只有草莓餅才是三人食物當中唯一相同的。那麼，吃草莓餅這一「情境」(circumstance) 乃是造成他們生病之原因。

　　教師發考卷，發現只有四名學生考一百分；教師問了四名學生的學習情境，得知四名學生都到 A 補習班補習，因此教師乃斷定學生到 A 補習班補習是學生考試得一百分之因。

　　一致法類似「充分條件」的關係。

---

❸　John Stuart Mill, *The System of Logic*, Cf. Irving M. Copi, *Introduction to Logic*, 3rd ed., N. Y.: The Macmillan Company, 1968, pp. 329ff.

㈡差別法 (Method of Difference)

「觀測之下的一個個例產生一種現象，另一個例則不產生這種現象；這兩個個例所處的情境，除了產生這種差別現象的情境有異之外，無一不同。則該一差別情境乃是產生該一差別現象之因或果。」

甲乙兩生從一年級到五年級都同班，因此學習情境相同，功課表現也都非凡。但六年級時，甲乙即在不同班級上課。結果發現甲乙兩生的學業成績相差很大。則可知「不同班級上課」乃是造成兩生學業差別的原因。

甲吃了牛肉、橘子、魚及飯四樣東西後，肚子並無異樣；乙照樣吃了這四樣東西，也不覺得不舒服。但甲吃了第五樣東西——蝦子，即上吐下瀉；乙也吃了第五樣東西——蛋糕，卻仍如常。則可知吃蝦子乃是造成甲上吐下瀉之因，上吐下瀉乃是甲吃了蝦子之果。前四種情境，甲乙皆同；但第五種情境，甲乙有別；因情境有別而產生不同的現象。則有別的情境乃是產生不同現象之因。這就是米爾的差別法。差別法類似「必要條件」的關係。

一致法只注意積極的現象或產生的現象；差別法則把焦點放在產生差異現象的情境上。把這兩種方法混合使用的就是異同法。

㈢異同法 (The Joint Method of Agreement and Difference)

「假如一種現象發生了，這種現象有兩個或兩個以上的個例而這些個例只有一種情境相同；同時，不發生此現象的兩個或兩個以上的個例，除了沒有該情境之外，無一相同。則造成兩種個例有差

別的情境乃是產生該現象的果、或因，或必要部份的因。」

異同法可以彌補一致法及差別法的不足，這是很顯然的。甲乙丙都生病，甲乙丙也都吃了草莓餅，並且也唯有草莓餅才是三人共同的食物。我們如果據此就推斷出吃草莓餅乃是造成甲乙丙生病之因（一致法），實在是考慮未周。在異同法中，上述方法只是異同法的一半而已。我們還得問不生病的丁戊己，如果發現丁戊己除了共同不吃草莓餅之外，都吃了不同的東西，可見吃草莓餅乃是造成甲乙丙生病而丁戊己不生病之因。作如此判斷，判斷基礎較為穩固。如下圖：

$$
\text{生 病} \left\langle
\begin{array}{l}
\text{甲：吃草莓餅、汽水、麵包、香蕉} \\
\text{乙：吃草莓餅、開水、糖果、餅干} \\
\text{丙：吃草莓餅、酒、巧克力、可口奶滋}
\end{array}
\right.
$$

$$
\text{不生病} \left\langle
\begin{array}{l}
\text{丁：吃牛肉、橘子、魚、飯} \\
\text{戊：吃豬肉、柳丁、蝦子、蛋糕} \\
\text{己：吃青菜、蘋果、黃瓜、葡萄}
\end{array}
\right.
$$

甲乙丙考一百分，甲乙丙都到 A 補習班補習；丁戊己沒有考一百分，丁戊己都沒有到 A 補習班補習；據此而推論出到 A 補習班補習乃是造成考一百分的原因，這種推論之可靠性頗高。

異同法類似「充要條件」的關係。

㈣歸餘法 (The Method of Residues)

「根據先前經驗之歸納，一種現象的部份原因產生該種現象的部份結果；則可知這種現象的剩餘原因產生該種現象的剩餘結果。」

這種方法可以用數學方式寫出：

設 ABC 三名學生平均分數為九〇分

已知：A 得九五分，B 得八〇分

求：C 得？

稍習數學的人一定可以算出 C 得九五分。

冥王星 (Pluto) 未被發現之前，天文學家據已知行星之引力來推算天王星 (Uranus) 的軌道。但推算的結果與天王星的實際運行軌道不合。於是天文學家乃假設另有一星球存在，這顆星球的引力影響了天王星的運行。後來，這假設經過證實，因而發現了冥王星。

這種方法與下節所要敘述的第三種方法——設證法，有密切的關係。

㈤共變法 (The Method of Concomitant Variations)

「一種現象有所變化，他種現象也跟著變化。則可知二者有因果關係。」

室內升火，開電視、看書，則發現氣溫高。當火漸旺，開電視與看書如常，則氣溫漸高。當火最旺時，開電視與看書仍如常，而氣溫最高。此時可知火勢之強弱乃造成室內氣溫高低的原因。

氣壓計上水銀柱的水銀越上升，乃是壓力加大所造成。車輪胎越打氣，則輪胎會越硬。這些例子都是共變法的具體說明。現在，實驗法所注意的因實驗因子的變化而產生某種現象的伴隨變化，也是米爾共變法的實際應用。

米爾的歸納五法，是不能「絕對」成立的。產生一種現象之因，錯綜複雜；吾人無法從幾個個例中，「盡」把這些因完全觀測到。能觀測的因只可能是全部因中的一部份。並且未來現象之因，又有一些是已有之因所沒有的。可知之因既是全部因之「偏」，未來之因又有一些超出吾人預想之外。因此，據已知之因來推斷未知之因，然

後肯定這種推斷可以絕對成立。這種推斷太過大膽。除了以偏概全這種毛病之外，我們難保在半路中不會殺出一個程咬金來！這是任何人都不敢逆料的。

歸納邏輯 (inductive logic) 的推論是無效的 (invalid)，因為推論的結論超出了前提的範圍。也可以說，結論所包含的事實或內容，不限於前提範圍之內。因此，前提都真，也不能保證結論必真。

前提：我們觀察過的每一隻馬都是白色的。

結論：每一隻馬都是白色的。

這裡的前提或許是真的，但結論卻不一定真。這種推論不能成立。不能成立的理由，我們也不需運用邏輯符號來演算才能得知。結論中的主語「每一隻馬」，包括了前提中的主語「我們觀察過的每一隻馬」，但也包括了我們未觀察過的馬。我們觀察過的馬或許都是白馬，但怎麼可以據此就肯定未觀察過的所有馬都是白色的？不管我們觀察過的馬數量如何多，卻絕不會多過於我們未觀察過的馬。因為，未觀察過的馬包括了未來無限長時間及無窮空間內所存在的馬。觀察所有的馬，在理論上可以這麼要求，但在技術上卻無法做到。

學者在運用歸納法時，已自知歸納推論不可能全然準確。但努力而誠實的學者，一定想盡辦法使歸納推論的可靠性增高。下面舉幾個例子來說明歸納推論的結果，其概然性的大小：

1.直到目前為止，所有美國總統都是白人。

∴下任美國總統也是白人。

這種推測的可信賴程度頗高。根據過去經驗或史實，既然美國以前的數十位總統都是白人，則下任美國總統也不「太」可能由有色人種來擔當。❹

---

❹ 這裡的推論，可以成立的概然性甚高的原因，乃是美國過去的總統已有數十位之多。要是美國過去總統只有兩位，這兩位都是白人，據此

2.張教授去年教的一門科目非常叫座。

∴今年張教授教的一門科目也會非常叫座。

這種推論就不「太」可以成立。張教授教起邏輯或者會非常叫座，可是一教起其他學科，也許會門可羅雀，乏人問津呢！

3.張教授去年所教的所有科目都非常叫座。

∴張教授今年所教的所有科目也會非常叫座。

3 的推論較 2 的推論為佳。因為 2 的推論取樣 (sampling) 只有一種，3 卻是包括了全部母群 (population)。

4.張教授去年教的所有科目都相當叫座。

∴張教授今年教的一門科目相當叫座。

4 的推論類似於 3，有效的概然性頗高。如果該教授去年與今年所教的科目相同，內容也相近，則他去年教了既受學生歡迎，今年也很可能大受學生歡迎。但這是不「必」然的。因為教學效果的良窳，雖然教師素質是一個相當重要的條件，但絕對不是「必要兼充分」條件 (necessary and sufficient condition)。

歸納推論要得到較高的概然性，就得符合兩項要求：一是取樣要多，二是取樣要有代表性。如此推論出來的結果，才比較不會以偏概全。

只看到一名學生戴眼鏡，就推論出所有學生都戴眼鏡；只看到一名女生漂亮，就推論出所有女生都漂亮……，這種推論上的謬誤 (fallacy)，乃是因為取樣不足。在「量化」的邏輯符號 (quantifiers) 中，從「部份的量化」(existential quantifier) 推論出「全部的量化」(universal quantifier) 是無效的 (invalid)。例如：

$(\exists x)Px$ ……………………前提 for some x, x is P

$(x)Px$ ……………………結論 for all x, x is P

$-(x)Px$ ……………………否定結論

就認為下任美國總統也是白人，則可能性不大。

$(\exists x)-Px$　……………………由上式轉化得來

Pa　………………………以 a 代上式之 x

Pb　………………………以 b 代前提之 x

這棵真值樹的枝幹是開放的，因此推論不能成立。所有歸納邏輯都是這種格式。在非常單純的情況中，比如研究的對象是同質的 (homogeneous)，則取樣不必多。因選擇其中之一就足以代表全體。當衛生官員想檢驗池塘裡面的水是否有毒，他不需要把整個池塘的水都帶回去檢查，他只需一勺水即夠。

可見歸納推論要能有高度可靠性，則取樣的代表性遠比取樣的數量重要。尤其是研究對象為異質 (heterogeneity) 的時候。

物理化學的研究對象，大部份是同質的。因此了解其一，就可了解其餘。但是人文社會學科的研究對象，則多數是異質的；掌握了大部份異質的研究對象之後，我們仍然難以據此就推知其餘的一個對象。

欲知台灣地區國中二年級男生平均身高，則研究對象的取樣必須有山地、平原、都市、鄉村、海邊、北部、中部、南部、東部等地區學校的學生。這些學生才具有研究的代表性，因此研究出來的結果也較為可靠。

取樣失去代表性因而做成的謬誤推論，在社會學科的研究上屢見不鮮。一九三六年美國總統大選，當時有一家雜誌社 (Literary Digest) 舉辦民意測驗。測驗主持人以電話訪問家庭，並從汽車登記資料中找出車主作為測驗對象。結果發現這兩類的受試者大部份喜愛總統候選人蘭登 (Alf Landon)，而不歡迎另一位總統候選人羅斯福 (Franklin Roosevelt)。這一家雜誌社乃大膽的聲明，蘭登一定擊敗羅斯福。可是，大選結束時，羅斯福卻獲大勝而當選美國總統，在四十八州中贏得了四十六州。造成這一家雜誌社的預測錯誤之最大原因，乃是當時美國的社會當中，有車階級及家有電話之士，都

是中上階級的人。這些人並不居選民的多數。並且據歷年來投票記錄所顯示，中上階級的投票率不高。此外，中上階級的人對蘭登有好感，而下階層人士卻非常歡迎羅斯福。難怪羅斯福在踴躍投票的下階層人士擁護之下，順利的登上了總統寶座。

取樣沒有代表性，則取樣取得再怎麼多，白費力氣而已；對於推論結果之可靠性，一點都沒幫忙。

即令取樣有代表性，但像在預計選舉結果這種變化莫測的研究上，有代表性的取樣研究仍不能指示出來發展的必然結果。選情千變萬化，令人不能捉摸。有些候選人在投票前雖居劣勢，但在投票前數小時卻奇兵突出，選況因而改觀。杜魯門之當選美國總統，是由敗轉勝的例子。幾年前尼克森與韓福瑞之競爭也類似此種情況。尼韓二人選前局面非常明顯，尼遙遙領先；但其後數次民意測驗，兩人懸殊的差數漸小，且韓有後來居上之勢。有些民意測驗家咬定，如果投票日延後一兩天，也許尼克森會敗北。

從已知的現象推論出未知的現象，從過去的事件預測將來發生的事件，這是歸納法的重點。這重點顯示出歸納法的優點與缺點。拿歸納法來研究知識，對於開拓新領域，創造新境界，有莫大的幫助。因為既然推論的結果，範圍大過於前提，則這種推論含有探險性質，它可以突破前提的藩籬，不像演繹法的推論，被前提束縛了手腳。

可是探險也是一種冒險。冒險有時可以成功，有時卻是失敗的。並且，現時及此地的成功或有可能在未來及異處被宣佈為失敗。因此，現在成功，並不保證未來也成功；此地成功，也未能擔保別處也照樣成功。

此外，推論過程中的「已知」與「未知」兩個名詞所代表的意義都是相對的。「未知」的部份，當然吾人「未知」，但「已知」的部份，我們也未必確然知悉。研究者或因偶像的崇拜（如培根所指

出者)、感官的缺陷、錯覺、心神不寧、期望太殷、焦慮、恐慌、使用的研究工具不精確、粗心大意、取樣不足、取樣沒有代表性、效度 (validity) 不高、信度 (reliability) 不足、……因而研究的結果,並非事實的真相。

一般說來,造成歸納推論謬誤的原因很多。但下述兩種是非常重要的。第一個原因是人為的:研究對象如果是人,則要「知」人相當不易。上述選情的變化,會令人眼花撩亂,即是一例。並且被研究對象如處於「不自然」狀態之下,則真相難以大明。社會學研究法當中,有名的「霍桑影響」(Hawthorn Effect) 即是如此。美國西電公司的霍桑電廠 (The Hawthorn Plant of Western Electric),欲研究照明設備與工人生產量之關係。研究者將照明設備作為獨立變項 (independent variable),工人產量作為變項 (dependent variable)。研究結果發現有一些不能控制的因素摻雜在內,影響了研究結果。因為照「理」講,照明度減低時,工人產量「應」減少。但是該研究卻顯示,即使照明度越來越低,工人產量非但未減少,反而增加。

「霍桑影響」所提醒給研究者的是:當研究對象「自覺」本身正被置於研究情境中,則研究結果頗難據之作為預測之用。這種情況就好比有些老師在打學生分數之前,質問學生對於他的教學之反應一般,效果是不可靠的。筆者小時住在鄉下,鄉下道路車輛不多。但有一天卻有不少車輛在村子裡跑,原來是交通主管單位派員來本村計算交通量,以作為是否鋪柏油路的參考。鄉村人民一知如此,乃向鄰近鄉鎮拜託,調動一些車輛在本村行駛。這也是「霍桑影響」的結果。教師舉辦觀摩教學,教師及學生都自知他們正處於被觀察中,因為教室後面坐著來賓及其他教師。因此師生精神抖擻,上課聚精會神,注意傾聽,反應靈敏,教學效果甚佳。但是如果認為這種教學可以毫無條件的被參觀者取法,而參觀者採取這種方法後也希冀產生同等教學效果,那無異忽略了「霍桑影響」。

研究者的個性也會影響研究對象。羅素說得相當有趣：

> 所有動物都依照觀察者的哲學去行動，這種哲學是觀察之前
> 就已存在於觀察者心中了。不只如此，動物還表現出迎合觀
> 察者國籍的行為。被美國人研究的動物，興高采烈的跳躍，
> 以一種令人無法相信的元氣與精力來表現牠們的行動。……
> 德國人研究的動物就靜靜的坐在那思考……。❺

在自然的情境下作研究，才會得出自然的結果。現在心理研究
已製造出一種自然觀察的情境，觀察者可以觀察被觀察者的行為，
但被觀察者則不知他自己正被觀察。

另一個原因是研究器具方面的。「工欲善其事，必先利其器」。
在顯微鏡未被使用之前，研究者實在難以知悉細菌的存在。望遠鏡
之使用，才支持了哥白尼 (Nicolaus Copernicus, 1473–1543) 的太陽
中心說 (Heliocentricism)。哥白尼當時主張地球環繞太陽運行，但這
種說法遭受另一位天文學家布拉黑 (Tycho Brahe, 1546–1601) 的反
對。布氏認為假如哥白尼的說法正確，則人們於不同時間站在地球
上觀測一固定星球，觀測的角度會有大小，因地球會轉動；就如同
兒童坐在圓轉盤的木馬上看旁觀者一般，且觀測角度在形成極端相
反的現象（在地球的正面及反面觀看該固定星球）時，星體年視差
(Annual Parallax of the Star)（即觀測者與星球所形成的角度）會有
顯著差別。但布氏認為星體年視差根本不存在，因此太陽中心說不
能成立。

精密望遠鏡發明之後（一八三八年），觀測者發現星體年視差相
當明顯。布氏憑肉眼看星球，當然覺察不出他站在同一個地方於不
同時間看同一星球，角度會有不同。

如果地球在轉動，則角 A 與角 B 不會同樣大小。這種角度的差

---

❺ Bertrand Russell, *An Outline of Philosophy*, London: George Allen & Unwin, Ltd., 1927, pp. 32–33.

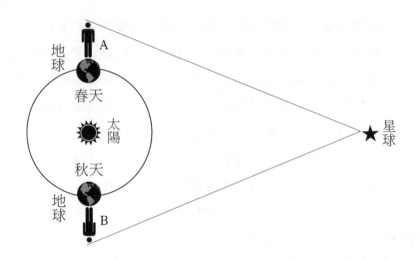

別，不用高度放大的望遠鏡去觀測，是無法覺察的。布氏之無法發現此視差，乃因人之肉眼比不上科學儀器之精密所致。並且因為星球離地球太遠，單是粗糙的科學儀器還是無濟於事的。

上述兩種原因如不謹慎處理，則因而作成的結果，可靠性不高。

歸納推論的結果如此飄搖不定，或有可能使研究者內心深感不安。不過這種推論也因留有很大的餘地，給後人研究提供發展機會。

培根提出這種跳出演繹手掌的「新工具」之後，學者群起效尤，以觀察、測量、及實驗等為手段，放棄傳統的「冥想」，積極從事自然科學及社會科學的實地研究，因此促進了現代科學的昌明。這種方法是動的 (dynamic)、前途無量的 (unlimited)、不限定的。目前學術發展之分門別類，也可以說是歸納法發展的結果。培根被尊為近代科學之父，其來有自。這種方法坦然指出研究者應有冒險犯難的精神，但也就是這種精神，才使學問研究獲得了長足的進步。

許多科學探險者航行在沒有路圖表的大海裡，調整航路以便發現某種目標；他看到前所未知的陸地以及料想不到的港口。

到達這港口及陸地時，他仍得繼續開航，勇敢的、果斷的。

航行者必須繼續探尋質疑……。只有堅毅不拔，不懼危難去

探險、去努力、去嘗試、去尋求，且心手敏捷者，才能滿載
著「發現」的船艙返抵原來的港口。**❻**

　　冒險有時是犯了「難」，但有時卻能成功。歸納法的這個特色，
鼓勵學者去開拓學林中的處女地。因此歸納法有墾荒精神。那些未
開發的廢地，一經挖掘灌水，施肥播種，則百花爭奇鬥妍，萬物欣
欣向榮，果實豐碩甜美、食物芳香可口。這樣子的收穫正是給墾荒
者最大的報酬。

---

❻ M. J. Rosenan, "Serendipity," *Journal of Bacteriology*. Quoted in B. Turney & G. Robb, *Research in Education: An Introduction*, Hinsdale, Illinois: The Dryden Press, Inc., 1971, p. 16.

二十六、設證法 (Abduction)

　　科學研究提倡冒險，但科學冒險絕不是盲目的亂闖。當然亂闖
有時也會成功，但那種成功是偶然的，幸運的；科學研究活動卻是
有系統的，安排了的，可預期的。亂闖而成功的機會不多，而科學
研究的失敗可能性卻較小。

　　演繹法太重視人類的理性功能，因此理性主義的學者使用之；
歸納法則過於強調人類經驗的重要性，因此經驗派的思想家鼓吹之。
這兩種方法，就如同支持它們的兩種哲學論點一般，各走極端。因
為各走極端，因此也就走出毛病來。哲學史上有兩股調和的力量思
謀以補救這種毛病。一股力量來自於德國的康德 (Immanuel Kant,
1724–1804)，一股力量則來自於美國的皮爾斯 (Charles Sanders
Peirce, 1839–1914)。不過，康德雖承認二者應互相補足而非排斥，
但卻認為人的悟性 (understanding) 在整理人類知識上，有其「必然」
(necessary) 的功能，似乎含有強烈的「先驗」(a priori) 語氣，在調
和演繹與歸納之紛爭中，偏向於演繹。皮爾斯則不然。皮爾斯提出
的「設證法」(Retroduction or Abduction) 在解決理性與經驗二者之
間，傾向經驗。「設證法」亦名「假設法」(the method of
hypothesis)，假設乃是進行科學研究所不可或缺的「必要條件」。❶
　　演繹法只在觀念當中打轉，歸納法則在事實界中橫衝直撞，在

---

❶　運用假設法作研究，不一定產生科學成果，但不運用假設法作研究，
　　則絕不會產生科學成果。「有之不必然，無之必不然」，這就是「必要
　　條件」。

大海中無舵亂航。設證法不然。設證法是擬訂假設,視假設為行動
方向的指針(此點異於歸納法)。但是設證法的假設又不是千秋不
移、萬世不變的(此點異於演繹法)。它會經常修改,而修改的時機
是視它能否驗證經驗界中的事實而定。設證法的基本格式,如皮爾
斯本人所提出者,如下:

> 我們觀察到了 C 這個事件,令人驚異。
>
> 但假如 A 是真的,則 C 事件卻是理所當然。
>
> 因此,我們有理由猜想,A 是真的。
>
> *The surprising fact, C is observed.*
>
> *But if A were true; C would be a matter of course.*
>
> *Hence, there is reason to suspect that A is true.*❷

上述格式中的 A 就是假設。讓我們舉一個例子來說明皮爾斯的
設證法:

設若我們在街上看到某處正在冒煙,冒煙這個事件是不尋常的
(C)。但假如該處發生火災 (A),則該地冒煙 (C) 是非常自然之事。
因此我們猜想: 該地發生火災 (A)。

但是這種研究過程並未結束,因此我們可能會發現另外一種事
件 (C′) 也在該地產生。這時,以 A 來解釋 C 及 C′,如果綽綽有餘,
則 A 這個假想乃是經得起考驗,可以成立的。如果 A 只可以解釋
C,但卻不能說明產生 C′ 的原因,則得另「猜想」一種足以兼解釋
C 及 C′ 的假設,這個新假設為 A′。同理,當產生 C″ 後,A 及 A′
皆無法解釋 C、C′ 及 C″ 時,得另「猜想」出 A″ 作為假設。

假設之必須修正,原因在此。

看到第一位女生漂亮,我們可以說一分之一的女生漂亮;看到

❷ Justus Buchler, Philosophical Writings of Peirce, in Robert Ackermann, *Theories of Knowledge: A Critical Introduction*, N. Y.: McGraw-Hill Book Company, pp. 280–281.

第二位女生不漂亮，則應修改為二分之一的女生漂亮。「二分之一的女生漂亮」這個假設，可以解釋我們所看的第一位及第二位女生。當第三位女生出現在眼前，她如果也是漂亮，則原本「二分之一的女生漂亮」這個假設已不適用於解釋這三位女生，因此得放棄原先的假設，改為「三分之二的女生漂亮」……。

當假設可以解釋個別現象時，假設可以成為定理。但未經證實的「假設」，卻永遠都是「假定」。

一位匈牙利籍醫生西美爾維斯 (Ignaz Semmelweis) 於一八四四到一八四八年在維也納一般醫院 (Vienna General Hospital) 的第一婦產部 (First Maternity Division) 服務。一八四四年，他發現該婦產部門的三千一百五十七名產婦中，有二百六十位因產熱症 (puerperal fever) 而死亡。其後數年，該院產婦因此病而死亡的比率都很高。一八四四年為 8.2%；一八四五年為 6.8%，一八四六年為 11.4%。這個現象太令他驚奇了 (C)。因為他比較第二婦產部 (Second Maternity Division) 的情況，並沒有這麼惡劣。第二婦產部也住有同第一婦產部一樣多的產婦，但患產熱症而死亡者，在一八四四年為 2.3%，一八四五年為 2.0%，一八四六年為 2.7%。三年的比率都遠比第一婦產部為小。西氏因此決定探討這項問題。

他首先列出可能解決此問題的可行假設 (A)：

1.第一婦產部的產婦患產熱症者多，大概是維也納地區正在流行這種病 (A_1)。可是這一「假設」一出現在腦海裡，立遭放棄。因為要是整個維也納有這種流行病，那麼第二婦產部當然不能例外。並且孕婦於送醫途中生產者 (street birth) 患產熱症者甚少。

2.醫院太擁擠 (A_2)。但第二婦產部的情況也如此。且兩部在飲食及照顧方面並無差異。

3.助理護士粗率檢查因而造成傷害 (A_3)。但是：

①第二產部的產婦在臨盆期間所造成的傷害比產前檢查期

間為多。

②第二產部之助產士仍然替孕婦作生產檢查。

③當第一產部助產士不替產婦檢查時，產婦得產熱病的死亡率仍高。

因此，A_3 這種假設並不成立。

4.教士為產熱病死亡的孕婦禱告，要經過一段長路，且以鈴聲開道，影響其他產婦心理 (A_4)。西美爾維斯乃勸告第一產部的教士避免如此，但情況仍沒改善。

5.第一產部孕婦多半仰臥，第二產部的孕婦則大半側臥。因此仰臥為致產熱症之因 (A_5)。但當西氏指導第一產部孕婦側臥後，產熱症之死亡率仍舊很高。

上述五種假設都無法圓滿的解答西氏所要研究的問題。西氏對於這一個問題也百思不得其解。

一八四七年，西氏之同事柯雷茲卡 (Kolletschka) 在無意中於該婦產部用檢驗屍體的小刀劃破了手指，卻遭致同婦產熱一樣的症狀而死亡。西氏因此一案件而「猜想」到「屍體中的某些物體」(cadaveric matter) 經由解剖小刀而進入同事柯雷茲卡體內，遂使柯氏斃命。

第一產部的醫生除了接生之外，還兼操檢驗屍體工作；第二產部的醫生則否。西氏因同事之死亡而獲得這一寶貴教訓。乃假定：「屍體中的某些物質乃造成產婦死亡之重要原因」(A_6)。同時下令所有第一產部醫生在為產婦服務前，都必須使用化學藥品 (chlorinated lime) 將全身消毒（以前只有洗滌而已），將醫生身上所感染的屍體中的某些細菌消滅。經過這道手續，一八四八年第一產部的產熱症死亡率即降為 1.27%，第二產部為 1.33%。❸

❸　Carl G. Hempel, *Philosophy of Natural Science*, Englewood Cliffs, N. J.: Prentice Hall, Inc., pp. 3–5.

　　研究到此，已經可以告一段落。因為最後的假設 (A_6) 已可以圓滿的解答該項研究問題。這種由問題的發現，然後連續提出解決問題的方案，最後訴諸印證的過程，就是設證法的「天路歷程」。❹

　　可知設證法有兩層重點，一為假設 (hypothesis)，一為求證 (verification)。假設與求證同時進行。在個別的現象中作觀察、作實驗之際，就形成某種假設以解釋這些個別現象。因此求證可以修正、補充、甚至放棄假設；但是假設卻在於指導求證進行的方向、決定搜集事實的範圍。假設與求證到底何者為先，何者為後，或是何者重要，何者次之，這是頗難下斷語的問題。我們可以說：沒有假設，則無法進行求證，可是沒有求證，我們又無法判定該假設能否成立。

　　有些假設本身相當具體，可以觀察、可以實驗，也可以控制。假設如拿來作為推論的前項，則只要肯定這些假設，推論就算有效。邏輯演算：

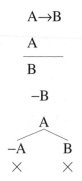

$$A \rightarrow B$$
$$\underline{A}$$
$$B$$

$$-B$$
$$A$$
$$-A \quad B$$
$$\times \quad \times$$

　　A 代表假設，B 代表假設成立之後會產生的一種現象。上述邏輯符號的推論，因所有枝幹都封閉，因此推論可以成立。

　　一八四四年，輪胎大王古德意 (Charles Goodyear) 發現：在橡膠乳液中摻入一些硫磺 (sulfur)，則由此製造出來的橡皮不會脆裂，比較經久耐用。這個推論的前提：在橡膠乳液中摻入一些硫磺，是研究者可以控制、支配及調度的。這個推論如果無效，也唯有在摻入

---

❹　設證法的「天路歷程」顯然與演繹法的「天路歷程」不同。

了硫磺的橡膠乳液所造出來的橡皮，呈現出易脆裂、不經久耐用時，才能成立，就像下面這個式子：

$$A \rightarrow B$$
$$A$$
$$\overline{}$$
$$-B$$

上式推論無效 (invalid)。

　　法國科學家巴納德 (Claude Bernard, 1813–1878) 研究實驗室裡的小白兔之小便清澈又酸的原因。根據既有的知識，草食動物 (herbivorous animals) 的小便是濁而鹼的，肉食動物 (carnivorous animals) 的小便才會清澈且酸。小白兔是草食動物，但實驗室裡的小白兔，小便性質卻與肉食動物相同。巴納德根據這種事實 (B)，乃提出了一項假設 (A)。他認為，實驗室裡的小白兔經常禁食多日，在禁食期間，小白兔只好依賴自己體內血液作為營養，以此過活。因此，此時期的小白兔之小便，與肉食動物同。

　　巴氏這種假設，是可以直接實驗的，巴氏解剖禁食期間的小白兔，發現其胃部反應及食物消化情況，與肉食動物毫無兩樣；並且，如給這些兔子草食，則小便鹼且濁。絕食二十四或三十六小時，或給予肉類食物後，小便又恢復清且酸。以馬（草食動物）作實驗，結果仍然相同。❺

　　另有一些假設無法直接證實，因為那些假設本身是一種概念。概念都是相當抽象的。欲使概念具體化，就須將概念轉化為可以「運作的」(operational)。否則，無法進行科學研究。

　　「假如人性善，則人人皆有惻隱之心」。這句話，已把性善的

---

❺　Claude Bernard, "The Experimental Method." In *Basic Problems of Philosophy*, edited by Daniel J. Bronstein, Yervant H. Krikorian, and Philip P. Wiener, Englewood Cliffs, N. J.: Prentice Hall, Inc., 1964, pp. 59–60.

「運作定義」(operational definition) 標明出來。但研究者又如何進行科學研究以求證「惻隱之心」存在呢？純真的惻隱之心多形之於內，表之於外的時有作假的可能。而形之於內的境界又鮮能作為科學研究的園地。因此，研究者只好再提出人性善的第二層運作定義：假如人性善，則見孺子之將入井，會急忙往救之。這層運作定義的求證方式，可以訴諸研究對象的外表行動來判斷。

「地心引力」這種假設也類此。「假如有地心引力，則蘋果樹上的蘋果會往下落。」這就是地心引力的運作定義。「大氣壓力」也如是。伽利略 (Galileo, 1564–1642) 想不通為什麼當時抽水機從井裡抽水，水高不超過三十四呎。伽氏死後，其門徒脫利拆里 (Torricelli, 1608–1647) 乃提出一種假定，以為地球表面為大氣所包圍。這些大氣向地球施以壓力，使得地層裡的水上升到三十四呎為止。

假設的運作定義讓科學研究者可以實地進行研究。但是運作定義卻無可避免的犯了一種毛病，即假設的運作定義是否即為假設本身。舉例來說：惻隱之心與性善、蘋果往下落與地心引力、抽水高只有三十四呎與大氣壓力，這二者之間是否全等，這是不待解釋而可以分辨的。依孟子說，性善可以有「四端」，惻隱之心只是其中之一而已。吾人不可以據「惻隱之心」而推論出「性善」這種假設之為真。

設若「性善」為 A，「四端」為 B、C、D、E，則假設的運作定義所形成的邏輯符號及其推論有效性之演算如下：

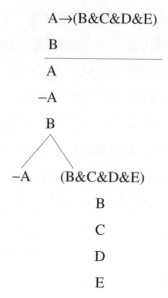

推論無效 (invalid)。

　　假設的運作定義非常之多，多得大概人的能力無法窮盡，研究者應儘可能的予以列舉出來。當這些運作定義都能證實，則假設可以成立的「可能性」頗高，但卻不「必然」可以成立。

　　脫利拆里為了證實地層有大氣壓力存在，乃根據抽水高度只可達三十四呎這種事實，而精巧的製作了一個水銀氣壓計 (the mercury barometer)。他認為，假定有大氣壓力，則水銀氣壓計上的水銀上升只能有三十吋。結果這種說法屬實。（水銀比水重十四倍。34 呎 ÷14=2 1/2 呎=30 吋。）

　　巴斯加 (Blaise Pascal, 1623–1662) 更認為，如果脫氏氣壓計之水銀上升乃因水銀遭受周圍空氣壓力所致，則水銀上升高度將因氣壓計所處地方之高度而有變化。因為地勢越高，空氣越稀薄；空氣越稀薄，則大氣壓力越低。巴氏這種說法由其內弟 Périer 實驗之。Périer 在四千八百呎高的 Puy-de-Dôme 山腳下放了兩個脫氏水銀氣壓計，先量了水銀上升高度，然後一個水銀氣壓計留在山腳下，由其助手看守之；另一水銀氣壓計則由他本人攜往山上，結果發現山

上的水銀氣壓計水銀上升高度低於山下的三吋。

因此，「大氣壓力」這種假設，用以解釋上述自然現象，「很有可能」成立。

科學研究的程序，乃是先假定某種命題。如果這種命題成立，則產生某種現象。它的方式是 "if...then..."（假如……則……），科學工作者所能為力的是測驗或進行 "then" 的部份，假定 "then" 的部份果如所料，則肯定 "if" 的部份「可能」為真，而非「必然」為真。否則犯了邏輯上的「肯定後項的謬誤」(fallacy of affirming the consequent)。並且，"then" 的部份所能列舉的也只是部份而已。萬一其中有一個證實為假，則「假設」就無法成立。

科學史上許多先前理論之被修正或遭捨棄，乃是運用這種方式的結果。當主要的 "then" 的部份，或是多數 "then" 的部份可以證實；而少量的、次要的無法證實；則假設就應予以修正。當主要的 "then" 的部份，或是多數 "then" 的部份無法證實，則假設應該捨棄，而提出新假設。

$$A \rightarrow (B\&C\&D\&E)$$
$$B\&C\&D$$
$$-E$$
$$\overline{}$$
$$A$$

假設 A 可以產生 B、C、D、E 四種現象（注意：這裡並沒窮舉）。其中 B、C、D 三種現象可以證實，唯獨 E 不能證實。由此來肯定 A，是推論無效的。

前述的假設或可以成立，但並不「必然」。下述的假設，如果 "then" 的部份為假，則假設「必然」不能成立。

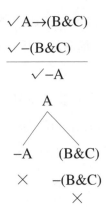

$$\checkmark A \to (B\&C)$$
$$\checkmark -(B\&C)$$
$$\checkmark -A$$

　　假設 A 可以產生 B 與 C 兩種現象。但實驗結果卻沒有 B 與 C，
因此 A 不真。這種推論是有效的。

　　假設乃是已知及未知之間的橋樑，但在茫茫學海中要找出一道
橋樑，實在不容易。科學史上偉大的科學家提出非常有價值的假設，
後人看起來好像是輕而易舉之事，但事實上並非如此。阿基米德在
洗澡時看到洗澡水外溢，乃形成「排水量」(Displacement) 假設；牛
頓看到蘋果落地，乃提出地心引力 (gravitation) 的學說。瓦特眼見熱
水汽噴壺蓋，乃想出蒸汽力 (steam power) 原則。弗烈明 (Sir
Alexander Fleming, 1881–1955) 偶然看到黴 (molds) 之注射可以防
止細菌蔓延而發明盤尼西林 (penicillin)。最有趣的莫過於化學家克
庫雷 (Kekué, 1829–1896)。克氏費盡了幾年功夫要繪製苯分子
(benzenc molocule) 構造圖，但苦思不得。一八六五年某天晚上，他
正在火爐邊取暖，在注視火焰的當兒開始打盹，卻突然的，他「看
到」六條蛇正在圍著火爐跳舞，突然六條蛇首尾相接形成一圈在他
面前獰笑。克氏靈光一閃，頓然醒悟，乃繪製了聞名的六角圖形的
苯分子構造圖。這些史例告訴我們，漫不經心的、無知的、外行的、
沒有想像力的人是無法得出有價值的假設的。研究者在專心一致，
精神全部投注於研究對象上時，有重大意義的假設才能成立。法國
化學家、狂犬病預防接種法的發明者巴斯道 (Louis Pasteur, 1822–

1895) 說，在研究過程中，「機會總降臨在有準備者心上」這句話說得相當有道理。

　　熟悉某種學科的知識，受到良好的方法訓練，才能提出比較可行的假設。解決物理學上的問題，愛因斯坦想出的假設，比一般人所想出的，價值高過數十倍，可能獲得印證的機會也大了許多。沒有邏輯頭腦的人，提出類似「法國政府的腐敗，導致松山國小學生算術成績低劣」這種近乎神經錯亂的語句來。如果認為為了減低軍服製作成本，則應嚴格限定年輕人的身高；這是沒有生理知識的人異想天開的想法，不足為訓。可知新的假設很有必要有舊有理論體系為基礎，將之納入過去學說的架構中。即使是革命式的理論，也不能完全忽視既有的理論，它也只能去除舊有理論之間的矛盾與衝突部份而已。

　　最有價值的假設，是既能解釋眾多的現象，又能預測未知的現象。當：

　　　　H_1（假設一）可以解釋 A、B 兩種現象。

　　　　H_2（假設二）可以解釋 A、B、C 三種現象。

　　　　H_3（假設三）可以解釋 A、B、C、D 四種現象。

則選擇 H_3（假設三）而放棄 H_1 及 H_2（假設一及假設二）。

　　太陽中心說可以預測海王星的存在，而地球中心說則否，雖然當時的科學儀器無法觀察出海王星。因此太陽中心說優於地球中心說。十九世紀俄國化學家孟德里夫 (Dmitri Ivanovich Mendeleev, 1834–1907) 提出元素週期表，於一八七一年確定有 "Germanium" 之存在。十五年過後，科學家果真發現了這個新元素。孟氏的假設，比科學界進步了十五年。

　　研究者提出的假設，並不一定擔保都可以獲得證實。有些假設，或因求證的條件未到，因此，現在不能成立（如相對論的一種情境，必須等到全日蝕時才能證驗）。此時研究者不應捨棄假設，而應努力

克服困難。即使是錯誤的假設也有相當價值。愛迪生試驗白熱燈泡的燈絲，當他試驗第五千個不同的燈絲失敗時，一位朋友問他，這樣子毫無所獲，怎能繼續作研究呢？愛迪生答道，怎麼說沒有收穫呢？至少我們已知道試驗過的那五千種燈絲都是不管用的。❻

科學家孜孜矻矻的辛勤鑽研，企圖以簡明的原則來解釋紛繁的自然現象及人類行為，❼並提出新假設以彌補舊理論之不足。在修正、補充、捨棄舊理論的過程中，目前所能形成的學說，並不表示已到學術研究的「終點」，相反的，卻是起點 (open-ended)。繼起者可據此形成「新」主張，「新」派別。但是，也就在這種過程中，各種不同的觀點可以漸趨一致。未來的學術發展，在基本原則方面，或有可能達到「殊途同歸」、「一致百慮」的境界。前述具有價值之假設之有預測效能，也指明宇宙存在著一種必然性。荀子說：「天行有常，不為堯存，不為桀亡。」詩曰：「天生烝民，有物有則……。」科學研究之提出假設，再予以印證，也在找出天行之常規及萬物之法則，如此而已。

現在的科學研究者，都以設證法為科學研究方法。但是，研究者在提出假設之後，對於假設之分析及推論，卻要借助於演繹法；而假設之能否成立，又得接受個別事實之印證，似乎也染有歸納法的色彩。這三種方法，套用培根在新工具一書中的比喻，演繹法似蜘蛛，歸納法如螞蟻，而設證法則像蜜蜂。❽演繹法著重內，像蜘

---

❻ Quoted in D. J. Fox, *The Research Process in Education*, N. Y.: Holt, Rinehart & Winston, Inc., 1969, p. 34.

❼ 關於「假設」這方面的研究，以及「大膽假設、小心求證」的分析，可參見殷海光著，思想與方法，台北，大林書局，民國六十二年再版，頁 131–168。

❽ Francis Bacon, "*Novum Organum.*" In Daniel J. Bronstein, Yervant H. Krikorian, and Philip P. Wiener, *Basic Problems of Philosophy*, ibid., p. 24.

蛛辛勤的由內往外吐絲；歸納法則主外，如螞蟻到外面拾取資料；設證法則內外兼顧，像蜜蜂一般，吸取花粉，經過消化之後再吐出蜂蜜。又：演繹法重思，歸納法重學，設證法則學思並重。偏學偏思都非求知良方，「學而不思則罔，思而不學則殆。」這句孔聖教訓，正好說中了設證法的要點，也是為學求知的基本原則。

二十七、模態邏輯 (Modal Logic)

　　模態邏輯在古希臘時代及中古世界裡，是邏輯中的重要部份。但其後卻受忽略，晚近才又漸受人注意。雖然現代仍然有許多一流的邏輯學者對它有疑心，不過，部份數理邏輯學者已認為模態邏輯理應在邏輯地盤裡佔一席地位，並且有些哲學家還當它是一種解析哲學問題論爭時的好工具。

　　模態邏輯在於討論必然 (necessity)，可能 (possibility)，及邏輯蘊涵 (logical implication) 等等，討論這些情況時使用的命題語句，則我們稱之為「命題的模態邏輯」(propositional modal logic)。命題的模態邏輯是所有模態邏輯中最少受人起疑心的一種。

　　最先討論模態邏輯的學者是亞里士多德。亞氏製作出一些模態邏輯的基本型式。其後，中世紀學者踵事增華，其中尤以聖安色冷 (St. Anselm) 及斯各脫 (Duns Scotus) 之貢獻最大。（但後者的著作是否真是他本人所作，卻引起爭論。）

　　研究此種邏輯的當代學者，當推路易士 (C. I. Lewis)（美），卡納普 (Rudolf Carnap)（奧），印地卡 (Jaakko Hintikka) 及來特 (G. H. Von Wright)（皆北歐人）。不過對這種發展予以最大非難的是寬因 (W. V. O. Quine)（美）。

　　在模態邏輯中，我們使用兩個符號，即◇及□。

　　　　◇代表「……是可能的」

　　　　□代表「……是一定的」

　　假定我們有一句命題是「孔子是聰明的」，如果此命題以 A 代

表，則：

　1.◇A：孔子可能是聰明的。

　2.◇−A：孔子不聰明，是可能的。

　3. −◇A：孔子聰明，是不可能的。

　4. −◇−A：孔子不聰明，是不可能的。

　5.□A：孔子聰明，是一定的。

　6.□−A：孔子不聰明，是一定的。

　7. −□A：孔子聰明，是不一定的。

　8. −□−A：孔子不聰明，是不一定的。

其實，4 的語句也就等於「孔子聰明，是一定的」，因此，

$$−◇−A≡□A \qquad\qquad ◇−A≡−□A$$

$$□−A≡◇−−A$$

$$∴□−A≡◇A$$

與 (x)，(∃x)，−(x)，−(∃x) 之
變形同式。

此外，∵−□−A≡− −◇A

$$∴−□−A≡◇A$$

據此，可以造成底下有效的推論：

(1) $\dfrac{□A}{A}$ 　(*a necesse ad esse*)

　　　　N　E

(2) $\dfrac{A}{◇A}$ 　(*ad esse ad posse*)

　　　　E　P

(3) $\dfrac{□A}{◇A}$

(3)係由(1)與(2)得來，其式如下：

$$〔(□A→A)\&(A→◇A)〕→(□A→◇A)$$

上兩式為亞里士多德所發現，也為中世紀邏輯家所普遍接受；中世
紀邏輯家還為(1)，(2)各起拉丁名稱。至於發展成(3)的形式，也就是
用「假如……則」的形式，則是美國邏輯家路易士 (C. I. Lewis) 所
發現，但路易士認為傳統上的 → 在建立起前項 (antecedent) 與後項

(consequent) 之間的關係上，是不夠強烈的，且也易造成詭論 (paradox of material implication)。他乃發明一種新符號，要使前後項 的連接強而有力 (strick implication)，他所使用的符號是 ⥽。

因此：

$$P \rightfishhook Q = \text{def.} \ {-}\Diamond(P \& {-}Q)$$

而　　$-\Diamond(P\&{-}Q) \equiv \Box{-}(P\&{-}Q)$

$$\equiv \Box({-}P \lor Q)$$

$$\therefore \quad P \rightfishhook Q \equiv \Box(P \to Q)$$

換成文字，即是：「物理學家是科學家」等於「『物理學家是科學家』 是一定的」。

「『科學家是物理學家』是可能的」之符號為：

$$\Diamond(A \to B) \qquad (A：科學家\quad B：物理學家)$$

底下的所有符號都是恆真的 (tautologous)：

1. $\left[(P\to Q)\&P\right] \rightfishhook Q$

2. $\left[(P\to Q)\&{-}Q\right] \rightfishhook {-}P$

3. $\left[(P\lor Q)\&{-}P\right] \rightfishhook Q$

4. $\left[(P\to Q)\&(Q\to R)\right] \rightfishhook (P\to R)$

5. $\left[(P\to Q)\&(R\to S)\&(P\lor R)\right] \rightfishhook (Q\lor S)$

6. $\left[(P\to Q)\&(R\to S)\&({-}Q\lor{-}S)\right] \rightfishhook ({-}P\lor R)$

7. $P \rightfishhook (P\lor Q)$

8. $(P\&Q) \rightfishhook P$

9. $(P\&Q) \rightfishhook Q$

10. $(P\&Q) \rightfishhook (P\&Q)$

模態符號推論的無效有效之計算方法如下：

$$-F \rightfishhook -P \cdots\cdots\cdots\cdots\cdots\cdots\cdots\cdots\cdots\cdots ①$$

$$(\Diamond F \& \Diamond{-}P) \rightfishhook -({-}F \rightfishhook -P) \cdots\cdots\cdots\cdots ②$$

$$\Box P \cdots\cdots\cdots\cdots\cdots\cdots\cdots\cdots\cdots\cdots\cdots\cdots ③$$

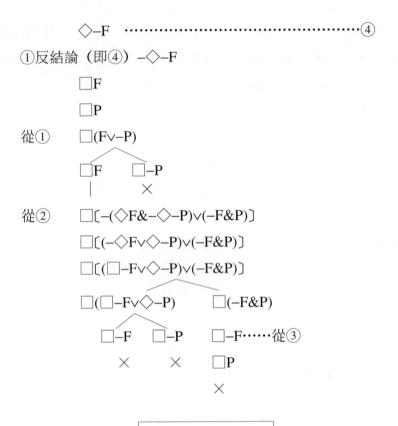

◇–F　⋯⋯⋯⋯⋯⋯⋯⋯⋯⋯⋯⋯⋯⋯④

①反結論（即④）–◇–F

　　　　　□F

　　　　　□P

從①　□(F∨–P)

□(□–F∨◇–P)　　□(–F&P)

習題二十一

一、決定下列符號，是否為邏輯上的真？

　　1. (p&q)⊰(◇p&p)

　　2. (p&q)⊰(◇p&◇p)

　　3. (p&q)⊰(◇p&□p)

　　4. (p&q)⊰(◇p&–q)

　　5. (p&q)⊰(◇p&q)

　　6. (p&q)⊰(◇p&◇q)

　　7. (p&q)⊰(◇p&□q)

　　8. (p&q)⊰(p&◇p)

9. $(p\&q)\dashv3(p\&\square p)$

10. $(p\&q)\dashv3(p\&-p)$

11. $(p\&q)\dashv3(p\&q)$

12. $(p\&q)\dashv3(p\&\diamondsuit q)$

13. $(p\&q)\dashv3(p\&\square q)$

14. $(p\&q)\dashv3(p\&-q)$

15. $(p\&q)\dashv3(\square p\vee\diamondsuit p)$

16. $(p\&q)\dashv3(\square p\vee\square p)$

17. $(p\&q)\dashv3(\square p\vee-p)$

18. $(p\&q)\dashv3(\square p\vee q)$

19. $(p\&q)\dashv3(\square p\vee\diamondsuit q)$

20. $(p\&q)\dashv3(\square p\vee\square q)$

21. $\square(P\vee-P)$

22. $\square(P\vee Q)$

23. $\diamondsuit(P\&-P)$

24. $-P\rightarrow-\diamondsuit P$

25. $\square P\rightarrow P$

26. $[(P\rightarrow Q)\&-\diamondsuit Q]\rightarrow-\diamondsuit P$

27. $[(P\rightarrow Q)\&-\diamondsuit P]\rightarrow-\diamondsuit Q$

28. $-\diamondsuit P\rightarrow(P\rightarrow Q)$

29. $\square P\rightarrow(Q\rightarrow P)$

30. $\square\diamondsuit P\rightarrow\diamondsuit P$

二、譯:

1.如果不可能不發生，那麼一定會發生。

　　$(-\diamondsuit-p)\dashv3\square p$

2.一個事件會發生又不發生，是不可能的。

　　$-\diamondsuit(p\&-p)$

三、底下每題的兩種符號是相等的。

1. □p   －p⥽p

2. □－p   p⥽－p

3. p⥽q   □(p→q)

4. p⥽q   －◇(p&－q)

5. －(p⥽q)   ◇(p&－q)

6. p⥽q   －q⥽－p

7. □p   －◇－p

8. －□p   ◇－p

9. □－p   －◇p

10. －□－p   ◇p

11. □(p&q)   □p&□q

12. ◇(p∨q)   ◇p∨◇q

四、用 truth trees 法，計算下列推論能否成立?

1. －F⥽－p

　　◇－F

　　(◇－F&－◇－p)⥽－(－F⥽－p)

　　─────────────────

　　－□p

2. －F⥽－p

　　◇－F

　　□p

　　─────────────────

　　－〔(◇－F&－◇－p)⥽－(－F⥽－p)〕

3. －F⥽－p

　　(◇－F&－◇－p)⥽－(－F⥽－p)

　　□p

　　─────────────────

　　－◇－F

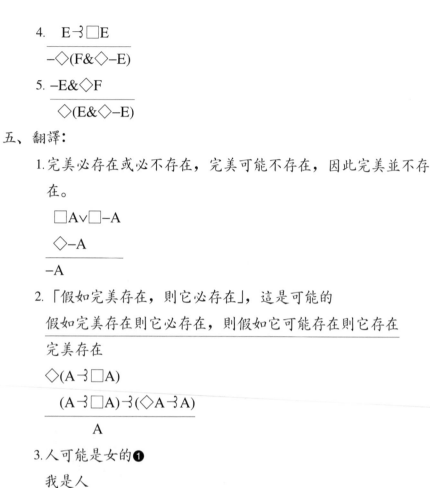

4. $\dfrac{E \rightsquigarrow \Box E}{-\Diamond(F\&\Diamond-E)}$

5. $\dfrac{-E\&\Diamond F}{\Diamond(E\&\Diamond-E)}$

五、翻譯：

1. 完美必存在或必不存在，完美可能不存在，因此完美並不存在。

$$\dfrac{\begin{array}{l}\Box A\vee\Box-A\\[4pt]\Diamond-A\end{array}}{-A}$$

2. 「假如完美存在，則它必存在」，這是可能的

假如完美存在則它必存在，則假如它可能存在則它存在

完美存在

$$\dfrac{\begin{array}{l}\Diamond(A\rightsquigarrow\Box A)\\[4pt](A\rightsquigarrow\Box A)\rightsquigarrow(\Diamond A\rightsquigarrow A)\end{array}}{A}$$

3. 人可能是女的❶

$$\dfrac{\text{我是人}}{\text{我可能是女的}}$$

4. 以 A 代表「台北在台南之北」，譯下述符號為語言：

(1) $-A$ 　　　(2) $\Diamond A$ 　　　(3) $\Diamond-A$

(4) $-\Diamond A$ 　　(5) $-\Diamond-A$ 　(6) $\Box A$

(7) $\Box-A$ 　　(8) $-\Box A$ 　　(9) $-\Box-A$

(10) A

❶　（本題為英國現代哲學家 G. E. More 所提）見 G. E. More: "Four Forms of Scepticism," in *Philosophical Papers*, George Allen & Unwin, Ltd., London, U. K., 1956, pp. 193–222.

二十八、邏輯特性與邏輯教學

一看到邏輯這個名詞，除了第一單元提到的一些「形容詞」，如「符號」、「數理」及「形式」(symbolic logic, mathematical logic, formal logic) 之外，也馬上得知悉邏輯的功能，就在於「解析」(analytical logic) 與「批判」(critical logic)。思考之正確，推論之有效性，都與此有關。

(一)邏輯與解析

「解析」之意，就是解剖或分析。一個概念如已非常清晰明白，就不必經過解剖或分析這道手續，猶如醫生疹病，如病情單純，就可以馬上下藥方。但比較麻煩的病，就先需抽血以便化驗，這就是解析。未經解析，表面的症狀是膚面的，不知底層。解析的用意，就是在探查其因。因有遠因，也有近因；因有五官可感的，也有五官無法察知甚至在欺蒙五官的。我們的思考及觀念也如此。邏輯這門學科，有助於「概念的清楚」(clear idea) 及「概念的有別」(distinct idea)，這是號稱為第一位現代化的哲學家 (the First Modern Philosopher)，法國數學家兼邏輯學者笛卡爾 (René Descartes, 1596–1650) 的為學要旨。

學者尤其是受儒家思想影響的讀書人，著作或言論，每常有曖昧不明的陳述內容。研究者的任務，就是把「底層」掀出來，真正面目擺在陽光底下，呈現在眾目睽睽的場合裡，讓它無法遁形。不

必以使用詞藻之美作偽裝，或合乎八股對稱。因為如只是霧裡看花，模糊就變成腦筋不清，說者與聽者只停止在猜測，雙方真意無法交代，更不能溝通，這在生活上是極為不便的，更不用說在為學求知上或行政效率上了。不幸，許多「學者」卻喜愛這種混渾調調，樂在其中。此種思維習慣如不經過邏輯尖銳的解剖刀斷然一揮，則也只是書堆中的垃圾而已。

這種例子，俯拾即是。本書除了配合符號邏輯的單元，舉出過「己所不欲，勿施於人」，及「二分法謬誤」之外，要從「古典經籍」中找出「名言佳句」，實在多得不可勝數，讀者務必舉一反三，為學進境當收穫良多。

1.「生命之意義在創造宇宙繼起的生命；生活的目的在增進人類全體的生活」，這句政治威權人物的「座右銘」，佔滿了機關學府最重要佈置的位子。但稍作「解析」，即悉該兩句話，至少首句是極為平庸之論，且低俗毫無價值。

「生活的目的在增進人類全體的生活」，這句話至少吾人舉不出反例予以駁斥；但「生命之意義在創造宇宙繼起的生命」，則吾人就不知何指了！

①什麼是「創造宇宙繼起的生命」？或許一句最簡易的了解，就是「生孩子」。當然，「生孩子」與「創造宇宙繼起的生命」兩「命題」相比，似乎前者不如後者之「高雅」，但請問兩句的語意是否完全雷同。

②「創造宇宙繼起的生命」除了「生孩子」之外，還有他意嗎？因此如果二者等同，則試問以「生孩子」這句路人皆知的話當作「生命的意義」，則又具有什麼高超的人生奮鬥目標呢？「生孩子」是一種性本能的結果，沒什麼可以反對的，但以「生孩子」作為人生旨趣，又高掛在重要牆壁上，要人人效法，這不是非常荒謬嗎！不必說得那麼拐彎抹角，直截了當的改寫為「生命之意義在生孩子」，這

不是一目了然嗎？何必勞動「國學大師」或「政棍型」的學者為之塗脂抹粉。不過，人生如把「生孩子」作為效法之目標，則又與動物有什麼區別呢？

　　2.「二分法的謬誤」：吾人的思維，每喜歡作正反兩方面的單純二分，事實上這非常違反經驗論。本書在「選言」及「對待關係」兩單元中也曾解析過。茲再舉例強調之。

　　①當東西文化開始交往時，「西化派」與「中化派」鬥得不可開交，不少「一流」的學人，偏愛以「二元論」來作口號式的宣示，如「體」「用」，「本」「末」，「經」「緯」，「精神」「物質」，「身心」「事變」，「內」「外」，「變」「不變」，「一」「多」，「分」「合」，「理」「情」。在「對待關係」一單元裡，早已指出，二極對立中間，有許多程度不同的現象存在。遺憾的是所謂的國學名師卻花了無數的心血盡瘁於斯，殊為可惜！台大哲學系教授殷海光在中國文化的展望一書，憑其邏輯解析造詣，將上述二分法批駁得體無完膚，讀者可參閱！

　　3.中庸一句「博大精深」的典故：「天命之謂性，率性之謂道，修道之謂教」。

　　①「天命」、「率性」、及「修道」三辭，何所指，請具體明示之。

　　②「性」「道」「教」誠如該句所明示，且如此就可「一經說至數萬言」，又皆能「言之成理」「持之有故」，則以下有數問：

　　a. 如「天命之謂道」，是否也可「一經說至數萬言」？將「道、性、教」三個「述詞」作不同的排列組合，是否也成儒學典故中的上品。

　　b. 如是，則「天命之謂性」與「天命之謂道」，二者有何區分。

　　c. 設定「原版」的中庸傳下來的是「天命之謂道」，而非「天命之謂性」呢？又有誰敢保證，現存的中庸是真品，而非偽造？

　　數以億萬計的儒生及讀書人，卻以上述「名言」習以為常，且朗朗上口，死背一生，始終不悔。

　　3.「抱著琵琶半遮面」，美則美矣！但真正的美是「抱著琵琶半遮面」時美，「不抱琵琶半遮面」時也美。如果只有前者時才美，則美的光景為時不恆久。並且「半遮面」的用意是什麼，只是那種情景才美嗎？吾人擔心的是把面遮起來，是在隱藏什麼，有見不得人的疤痕嗎？為什麼不敢把它移走。如擬揭露時，卻用死命抗拒，則瞧者的疑心更重。這猶如一個健康的人是不怕身體檢查的，怕檢查的人，心裡有鬼，這不是非常合理的推論嗎？一聞邏輯解析就喪膽、震怒，或不屑者，只是一種病態而已，應該早點找醫生來治療，竟然他不此之圖，卻向邏輯解析者開刀，台灣及中國的哲學遭遇，正是這方面的真情告白。

　　4.胡適之的名言：「大膽假設，小心求證」。其實這兩句話，「分析」言之，是包括兩件事的：「大膽」及「小心」，是「為學態度」；「假設」及「求證」，則指「為學方法」。知識追求，這二者非兼備不可。胡適提出這種口號，香港一位學者為文批判之，認為假設一提即可，為什麼還要分大膽、小膽、或無膽。乍看之下，此種議論也頗為合理。不過香港這位學者不知胡適是個歷史癖嗎？胡適之在學術演進史上深知，一位學者如研究有所得，尤其是有己見或創見時，或許他會驚覺到，該「獨見」與傳統、習俗、權威之成見大相逕庭，有可能招來殺身之禍，或上「禁書目錄」名單，或遭受圍剿，因為言論惹禍者上火柱、絞刑、火焚、囚禁，史不絕書。如果沒這麼嚴重，他或許也擔心所提的假設還未完美化，瑕疵之處仍多，因此就不敢向外發表，胡適鼓勵這種學者「大膽」些。當然，如「無膽」或「小膽」之徒，就早已卻步了。為學與作事一般，總應冒一點險啊！台語不是說嗎？「好膽的人撿去吃」。膽小如鼠的人是創不出什麼大企業的。哥白尼、伽利略、達爾文、牛頓、愛因斯坦這些

名科學家，不都提出「大膽的假設」嗎？還瞻前顧後，猶豫不決嗎？當然，還有更重要的工程要完成，即「小心的求證」。為什麼求證要小心呢？求證就是找證據、覓事實，但如所找的證據或事實「不合己意」，或與「假設」相左呢？這個時候就得修正假設，甚至推翻原先的假設了。或許該種事實或證據只是「假相」，因此求證時除了必須小心，還要有耐性。

　　研究學問，除了搜集資料訊息之外（這是必備條件，也是「必要條件」），更重要的是理出資料與資料之間的「關係」。這種「關係」之建立，有時是需要有先天的稟賦的，這是一種可遇但不可求的「智慧」，也是一種「洞見」。在千縷萬緒中理出 A 與 B 構成「關係」，這是得來不易的「發現」。「見」也是一種「現」，這部份或許非後天的人力可為，聰明才智高人一等者，由於得天獨厚，上帝給予的「啟示」特多。其次，「關係」一現，就得斷定該種關係是一種什麼樣的「條件關係」或「對待關係」，則本書所言之該兩單元，確實可以給讀者幫一點忙。洞見之多，或許如同英哲培根 (Francis Bacon, 1561–1626) 之取蜘蛛 (spider) 為喻，那是由內往外的吐絲；那也是「演繹邏輯」(deductive logic) 的部份；而小心求證，那就是「歸納邏輯」(inductive logic) 的功夫了。也好比培根之以「螞蟻」(ants) 為例；二者聯合採用，就是「設證邏輯」(abductive logic) 的內容，那正是培根所說的蜜蜂 (bees) 方式。

(二)邏輯與邏輯教學

　　當經過解析這道手續之後，觀念（命題）還站得住腳，如「生活的目的在增進人類全體的生活」，當然不便「批判」（反對），甚至可以發揚光大。猶如一個人如經過健康檢查，報告一出，屬於正常，則吾人與之恭禧慶賀讚美！但要是「體無完膚」呢？則非但不能「照

單全收」，且更要求捨棄之、丟擲之。當然，要是經不起檢驗的「命題」，係來之於政治威權者的口吻，或是古代先聖先賢的「絕學」「至道」，則「訴諸權威」的後果及代價，就出現歷史舞台，「學術自由」的迫害是留下斑斑血跡的！

人性的脆弱，在這裡表現得淋漓盡致。邏輯解析學者如稍無骨氣，表現的是忍氣吞聲、逆來順受，甚至搖尾乞憐，抱定「小不忍則亂大謀」，「人在屋簷下，不得不低頭」，「大丈夫能屈能伸」，「好漢不吃眼前虧」，「識時務者為俊傑」，「君子報仇，三年不遲」，「留得青山在，不怕沒柴燒」，「細水長流」，等此種名言嘉句，也是先聖先賢的人生告示。又有多少人能「大丈夫威武不能屈，貧賤不能移，富貴不能淫」呢？

大權在握者呢？死要面子，喜愛聞好聽話的人性，立即現形。「武力」、「拳頭」、「行政權」、「司法權」、「財政權」等盡出，批判者的下場，就不問自明了。台大發生過「哲學系事件」，肇因於邏輯及邏輯教學，致使研究解析邏輯深有心得的殷海光教授，抑鬱而終。其實，邏輯一科研究的冷熱，正在試探自由幅度的大小。孫中山深知中國學者最欠缺的就是分析性的思考與批判性的心態，所以他一再的期望，邏輯這門學科應在大學院校裡普遍教學。「理則學」一辭就是他的 logic 中譯。高等學府及為政當局接受此種建議，大學院校也將該科列為共同必修或選修。不意精研或稍通解析邏輯之後，竟然發生權威當局不樂於見到的「哲學系事件」，不只台大哲學系不少教師停職，該系停止招生，還有一些師生有牢獄之災，因此大多數的大學院校，此科就不列在選課表上了。

這種事實恰好可以拿來與西洋教育課程相互對照。西方自古代雅典開始的「七藝」(seven liberal arts) 中就有一門是「邏輯」，七藝是：

前三藝 (trivium)：即文法 (grammar)、修辭 (rhetoric)，及辯證

(dialectic)。

後四藝 (quadrivium)：即算術 (arithmetic)、幾何 (geometry)、天文 (astronomy)，及音樂 (music)。

前三藝是文科，後四藝是理科。前三藝的最後一科辯證，即後來的邏輯 (logic)。

「邏輯」變成歐美教育科目中的一門。稍稔西洋哲學史者皆知，傳統邏輯或演繹邏輯 (deductive logic) 的始祖是亞里士多德，大家耳熟能詳的「三段論」(syllogism)，就是他的拿手「雄辯」技巧。由希臘人形成的「謊言詭論」(liar paradox) 及「兩難式」(dilemma)，已成為邏輯學上的專有或通用名詞，數學家萊布尼茲 (Gottfried Wilhelm von Leibniz, 1646–1716) 希望思維所使用的語詞文句皆改譯為邏輯符號，然後就可用數學方式予以演算，其精確度無人可駁，步驟猶如數學演算過程，展現於世人面前，又可「檢驗」或「重算」。文字邏輯搖身一變而為符號邏輯或數理邏輯。數學家懷德海 (Alfred North Whitehead, 1861–1947) 及羅素 (Bertrand Russell, 1872–1970) 更是名聞遐邇的邏輯學家，這些學者都在大學教書。中世紀即成立的大學，也以邏輯最具特色；宗教信仰取哲學的邏輯論證來奠定其神學基礎。邏輯這科在歐美，是極具價值更不可或缺的學門。哲學系的必修科就是邏輯，而「方法論」(methodology) 是基本科目，方法論的核心即是邏輯，由此可知東西學者的為學要求，是南轅北轍。西方論「理」，東方則只靠背誦，且權威味最濃。

在支那春秋戰國時也有學者沾上了「邏輯」的一點邊，墨經及名家之言論即是，但不幸也令人痛恨的是他們的著作失傳，受盡了儒家無情的打壓，現只留下隻言片語，「斷簡殘篇」。嚴復喜之不勝，這位大中國情懷者希望能使中國古學與西方邏輯接軌，但是又能奈何？其實邏輯除了單獨設門開課講授之外，它更是眾學門之基底，以「理」又論「理」的學科，才能使知識既博大又精深。物有「物

理學」，地有「地理學」，人心有「心理學」，人倫有「倫理學」，生命有「生理學」……，日人皆以「理」譯之，中國人仿之。就字根而論，logic 為字尾的學科多得指不勝數，如 psychology（心理學）、epistemology（知識論）、sociology（社會學）、pedagogy（教育學）、biology（生物學）、zoology（動物學）、physiology（生理學）、musicology（音樂美學）。吾人可以這麼說，所有學門皆本諸邏輯！這不是偏愛邏輯者老王賣瓜，自賣自誇。

最後有必要一提的，或許讀者常惑於知識的準確度問題，即平常人所問的，「真理」到底是「絕對」抑或「相對」。此一問可作如下解：

1.如提出「真理是相對」，則形成一種「詭論」，自打嘴巴！試問「一切真理皆相對」此種命題，不也等於自身即已承認天底下有一條（至少有一條）「絕對真理」嗎？該條就是「一切真理皆相對」。

2.那麼，有「絕對真理」了，此處，吾人也不該把「絕對」與「相對」當成「二分」，否則就犯了「二分法的謬誤」。

①絕對真理：在符號世界，也就是邏輯學門，所得結論是「絕對」的。至少到目前為止，是「放之四海而皆準（空間），俟之百世而不惑（時間）」，這是「套套命題」(tautology) 恆真，也是邏輯上的真，必然的真。試問〔(A→B)&(B→C)〕→(A→C)，這種「有效論證」(valid argument) 不是顛撲不破的「真理」嗎？誰能夠舉出「反（例）證」(counterexample)，那一定是驚天動地的偉大發現，這一發現，知識體系必然要重行建構。

②相對真理，即屬於有真有假的命題，那不是 tautologous，卻是 contingent，但有程度上的差別。這種領域不是符號科學 (symbolic science)。符號科學有兩門，一是邏輯，二是數學。至於「經驗科學」(empirical science) 則屬相對真理的學科，依「真」的程度高下，而有下述諸類：

　　a. 自然科學 (natural sciences)，如物理學、化學、天文學等，同質性 (homogeneous) 高，比較或相對的可以「以偏概全」。如一滴血可以驗出百病，醫生抽血總不必把病人的全身血全部抽光。衛生官員檢查池水，也不必把全部池水帶回去，他「抽樣」(sampling) 一些即可。

　　b. 社會科學 (social sciences)，如政治學、法律學、經濟學、社會學等，「異質性」(heterogeneous) 高，取樣要特別「小心」。

　　c. 人文學科 (humanities)，如音樂、美術、教育、歷史、文學等，異質性更高。

　　依上述「解析」，讀者該不必費神為「真理」的「絕對或相對」陷入「迷思」(myth) 吧！「絕對真理」屬於支那古人（今人也同）喜歡說的「至理名言」，是「絕學」及「至道」的層次；「相對真理」的學科，有些部份之研究，或許也抵達逼近「絕對」的地步，即學界無爭議，但「多元」部份，「見仁見智」的可能性高，或許是人類智慧有限，還無法取得一致的「共識」，此時此刻，最佳的相處之道，就是「和解共生」，「相互尊重」；「獨木橋」與「陽關道」各行其是，河水井水兩不侵犯。如各學科價值、宗教信仰、個人癖好、興趣選擇、獨居或成婚、飲食餐點、學術界各種學派、人種優劣、膚色偏好、語言文字之優缺等，不勝枚舉。但如有科學上具體的證據，則該種多元即該消失，不消失，那是「情」在作祟；如戒除煙菸，早該雷厲風行，不以寬腰體胖作健康標準等。注意，論證時，不要「硬拗」，那是「不講理」的表示。

　　與邏輯直接有關的，在符號世界裡，「理」完全居優勢，無「情」的成份；但在「經驗科學」中，「理」與「情」的主客就開始移轉，甚至易位了。

　　1.完全「理」的部份，是邏輯與數學學門。

　　2.完全「情」的部份，隨著文明的進步，大概已不可能舉出這

種學門的例子了。

3.介於「理」與「情」之間的重疊或交集地帶，就是通常困擾學界及人生的重大問題。第一，就「純」理而論，是該有且必有何去何從結論的，但訴諸行動時，卻無法排除「情」因，且行動時，牽涉的因素太過複雜，難以完全「依」理行事。第二，即令純「理」而論，也未抵達「絕對正確」的境遇，因此在行動上就打了折扣，因為「反例不少」，如「吸菸易得肺癌」，但不吸菸者得該絕症者也不少。當然，一生支煙不吸者，可能吸了二手煙。此外，煙癮極重者長壽者也有，這又怎麼說呢？要煙不離嘴者戒煙，難度甚高，其「理」在此。這是針對「理」勝於「情」者而言，更不用說「情」勝於「理」者當耳邊風了。「理」到了「絕對」層次者不多，怪「知行不一」者實在太深責於他人了。

誠如萊布尼茲的期望，如能將思考程序一一譯為邏輯符號而「無誤」，則判斷爭議，那是易如反掌。但邏輯學門之教學，最大的困難也在此。有些邏輯教授也如同萊布尼茲一般，在所著邏輯書裡，大部份的篇幅都是符號及符號運算，少見文字；一有文字，如是外文（大部份是英文），也不是常見字辭，譯為中文，問題更多，如 hypothetical 譯為「假言」；不知習慣中文的讀者，「假」與「真」是對立的，一有「假言」，易與「真言」相混；本書改譯為「條件語句」或「若言」。（假言，即有可能「假」）其次，絕大多數的大學生或受過高等教育的人，一看到通篇的符號，「心理」上早就不好受，無法因美其名為「純科學」而親近之，而符號之翻譯及運算，又不能從易而難，由簡入繁，一個步驟又一個步驟，不知其然更不知其所以然。這是邏輯教學上的最大敗筆，此種慘況，也猶如哲學一科的教學一般。倒霉的是絕大多數的學生都有此種痛苦的學習經驗，邏輯或哲學教育最該反省的地方也就在此。

其實這種現象也不單是邏輯一門或哲學一科的現象而已，其他

學門亦復如是，只是該兩門的嚴重度非其他學科可比。整個大學教育改革的重點，也該集中於此。一個數學系的畢業生，在大學所修的數學學門，畢業後除非一生從事數學教職，或以專研數學為職志，則試問他（她）在校所上的教材內容，對他（她）的人生又有什麼「關係」。「研判」正確，該是人人皆應具備的資格吧！同樣的，一位歷史系的畢業生，除非他（她）在學校當歷史老師，或以史為業，否則所上的「專業」，又有何「益」處？這就涉及到「通識」教育 (general education) 的旨趣了。希臘人的學科取名為「藝」(liberal arts)，即希望能取得自由心 (liberal 是 liberty 的變形)。思考的正確判斷、清晰性、批判性、解析性，為必備條件，邏輯就是要求如此。讀者能臻此一境界，邏輯已入門，也上道了。根據此條件，可以入其堂奧，此科任務，也就「功德圓滿」了！

附錄（一） 部份習題解答

　　以邏輯符號來翻譯命題語句，對中國學生而言，是較為生疏也是較為棘手的，因此本解答偏重在符號翻譯上。

習題二

二、 1. A∨B

　 2. (A∨B)&−C

　 3. A∨B∨C 或 (A&B&C)∨(A&B&−C)∨(A&−B&C)

　　　　∨(−A&B&C)∨(A&−B&−C)∨(−A&B&−C)

　　　　∨(−A&−B&C)

　 4. (A&B&C)∨(A&B&−C)∨(A&−B&C)∨(−A&B&C)

　 5. (−A&−B&−C)∨(A&−B&−C)∨(−A&B&−C)∨(−A&−B&C)

　 6. −A&−B，或 −(A∨B)

　 7. −(A&B) （A: 張三是窮光蛋；B: 李四是窮光蛋）

　 8. (A∨B)&−(A&B)

三、 1. (A∨−B)&C

　　 = −[(A∨−B)/C]

　　 =[(A∨−B)/C]/[(A∨−B)/C]

　　 ={[(A/A)/(−B/−B)]/C}/{[(A/A)/(−B/−B)]/C}

　　 =({(A/A)/[(B/B)/(B/B)]}/C)/({(A/A)/[(B/B)/(B/B)]}/C)

　 2. (−A&−B)∨−C=[(A/A)&(B/B)]∨(C/C)

　　　　　　　 ={[(A/A)&(B/B)]/[(A/A)&(B/B)]}

　　　　　　　　/[(C/C)/(C/C)]

　　　　　　　 =({[(A/A)/(B/B)]/[(A/A)/(B/B)]}/{[(A/A)

/(B/B)〕/〔(A/A)/(B/B)〕})/〔(C/C)/(C/C)〕

習題三

六、 1. A&B

2. (A&B)→−C

3. −A&−B

4. −(−A&−B) 或 A∨B

5. (A&−B&−C)∨(−A&B&−C)∨(−A&−B&C)

6. (A&B&−C)∨(−A&B&C)∨(A&−B&C)

7. −(A&B)

8. −A&−B

9. A&B

10. A∨B

11. (A&−B)∨(−A&B)

12. A&(B∨C)

13. A&−B

14. −A&−B

15. (A&B)∨(−A&−B)

16. A∨(B&−A)

17. −〔(A&B)∨C〕

18. C→(A∨B)

習題五

二、　1. R∨S

RS	R∨S	概率
⊤⊤	⊤	0.1
⊤⊥	⊤	0.2
⊥⊤	⊤	0.3
⊥⊥	⊥	0.4

R∨S：=0.1+0.2+0.3=0.6

答：0.6

5. −S&(R&S)

RS	−S&(R&S)
⊤⊤	⊥　⊥　⊤
⊤⊥	⊤　⊥　⊥
⊥⊤	⊥　⊥　⊥
⊥⊥	⊤　⊥　⊥

全部皆⊥因之概率為0

答：0

習題七

一、　19. (A→B)→〔B→(A∨A)〕

　　　　−(A→B)

　　　A：虔誠

　　　B：取悅於神的舉動

　　34.提示：改寫原來語言為邏輯推論語言。

　　「凡是交學費給孔子的學生，必是孔子的學生」。　此句能否
　　推出：

　　「凡是不交學費給孔子的學生，必不是孔子的學生」。

習題八

一、　1. (x)(Ax→Bx)

　　2. (x)(Ax→−Bx)（所有獨裁者都是不講民主的）

3. (∃x)(Ax&Bx)

4. (∃x)(Bx&Ax)

5. −(x)(Ax→Bx) 或 (∃x)−(Ax→Bx) 或 (∃x)(Ax&−Bx)

6. (x)〔(Ax∨Bx)→Cx〕

7. (x)〔(Cx&Dx)→(Ax∨Bx)〕（Ax：x 是教師；Bx：x 是警察；Cx：x 是國家不可缺少的公務員；Dx：x 待遇菲薄）

8. (∃x)(Ax&Bx&Cx)（Ax：x 是人；Bx：x 個子高；Cx：x 是友善的）

9. (x)(Ax→−Bx)

10. (x)〔(Ax&Bx)→−Cx〕（Ax：x 不自愛；Bx：x 是人；Cx：x 受他人敬重）

習題九

二、 1. Contraries（反對）

2. Contradictory（矛盾）

3. 無關

4. Subalternates（等差）

5. Subcontraries（小反對）

6. Contraries（反對）

7. Contraries（反對）

8. Contradictory（矛盾）

習題十

二、 1. (∃x)(Ax&Bx)   2. (∃x)(Ax&Cx)

(x)(Bx→Cx)   (x)(Bx→Cx)
‾‾‾‾‾‾‾‾‾‾‾   ‾‾‾‾‾‾‾‾‾‾‾
(∃x)(Ax&Cx)   (∃x)(Ax&Bx)

3. (x)[(Ax&Bx)→−Cx]

(∃x)(Bx&Cx)

(∃x)(Bx&−Ax)

4. (∃x)(Ax&Bx)

(x)(Bx→Cx)

(∃x)(Cx&Ax)

5. (x)(Ax→−Bx)

(∃x)(Ax&Cx)

(∃x)(Cx&Bx)

6. (∃x)(Ax&Bx)

(∃x)(Bx&Cx)

(∃x)(Ax&Cx)

7. (∃x)(Ax&Bx)

(∃x)(Bx&Cx)

(∃x)(Ax&Cx)

8. (∃x)(Ax&Bx)

(x)(Bx→Cx)

(x)(Cx→−Dx)

(∃x)(Dx&−Ax)

9. (x)(Ax→Bx)

(x)(Cx→−Bx)

(x)(Cx→−Ax)

10. (x)(Ax→−Bx)

(x)(Cx→Bx)

(x)(Ax→−Cx)

11. −Af

(x)(Mx→Ax)

−Mf

12. (x)(Ax→Bx)

(∃x)(Bx&Cx)

(∃x)(Ax&Cx)

13. (∃x)(Ax&Bx)

(∃x)(Cx&−Bx)

(∃x)(Cx&−Ax)

14. (x)[Ax→(Bx&Cx)]

(∃x)(Ax&Dx)

(∃x)(Cx&Dx)

15. (x)(Ax→Bx)

(∃x)(Ax&Cx)

(x)[(Cx&Bx)→Dx]

(∃x)(Ax&Dx)

16. (x){(Ax∨Bx)→[(Cx∨Dx)→Ex]}

(x)[(Bx&Dx)→Ex]

17. (x)(Ax→Bx)

(x)({Cx&Dx&(x)[(Cx&Dx→−Bx]}→−Ax)

18.(x)(Ax→Bx)

(∃x)(Cx&Ax)

─────────

(∃x)(Cx&Bx)

20.(x)(Ax→−Bx)

(x)(Cx→Bx)

─────────

Cc→−Ac

19.(x)(Ax→Bx)

(x)(Cx→Ax)

─────────

(x)(Cx&Bx)

習題十一

二、　1.(x)(Lax→Lxa)

─────────

(x)(Lax→Lxa)

2.(x)(Lxa→Lax)

(∃x)−Lax

─────────

(∃x)−Lxa

3.(x)(Lxa→−Lax) 或 −(x)(Lxa→Lax)

──────────────────────

(∃x)(Lxa&−Lax)

4.(x)(Ax→Bx)

──────────────────────

(x)[(∃y)(Ay&Cxy)→(∃z)(Bz&Cxz)]

5.(x)(Ixa→Bxb)

(x)(Bxb→Axc)

(x)(−Axc→Cx)

─────────

(x)(Cx→−Ixa)

6.(∃x)(∃y)(Fxy→−Fyx)

──────────────────

(x)−Fxx

7.(x)(Hx→Ax)

──────────────────────

(x)[(∃y)(Ty&Hx)→(∃z)(Tz&Ax)]

8.(x)[(∃y)(∃z)(Gy&−Ry&Sxyz)→Cx]

(x)[(Wx&Orx)→(Slxr∨Smxr)]

──────────────────────────────

(∃x)(Wx&Orx&Gx&−Rx)→[−(∃x)Smxr→Cl]

9. (x)(Dx→Mx)

(x){〔Px&(∃y)(Mx&Wxy)〕→Gx}

(∃x)〔Px&Ox&(∃z)(Nz&Wxz)&Dx〕

―――――――――――――――

(∃x)(Px&Ox&Gx)

10. (x)〔Ax→(Sx↔Wx)〕　　11. (x)(Dx→Gx)

(x)(Ax→Ix)　　　　　　　　Sm&Dm

(∃x)(Ax&Sx&−Wx)　　　　――――――

――――――――――――　(∃x)(Sx&Gx)

(x)(Ix→Ax)

12. (x)(Jx→−Ix)　　　　　13. (x)(Dx→Ex)

Ic　　　　　　　　　　　　(x)(Ex→Bx)

――――　　　　　　　　　(x)(Bx→Gx)

−Jc　　　　　　　　　　　――――――

　　　　　　　　　　　　　(x)(Dx→Gx)

14. (x)〔(Dx∨Lx)→Cx〕

(∃x)(Dx&Ax)

(x)(Ax→Ix)

(∃x)(Lx&−Ix)

―――――――――

(∃x)(Cx&Ix)

15. (x)(Gx→Ex)∨(∃x)(Gx&Cx)

−(∃w)(Pw&Hw&Cw) 或 (w)〔(Pw&Hw)→−Cw〕

――――――――――――――――――――

(x)〔Gx→(Px&Hx)〕→(y)(Gy→Ey)

習題十二

二、 1. (x)(Mx→Ix)

Ml

l=c

――――

Ic

2. $(x)(Mx \rightarrow -Ax)$

　　Mj

　　Ah
　　─────
　　$j \neq h$

3. $(\exists x)(y)(Lxy \& x=j)$
　　─────
　　$(y)Ljy$

三、　1. $(x)[Ax \rightarrow (x=c)]$ 或 $(x)[-(x=c) \rightarrow -Ax]$

習題十四

一、　1.凡匪石不可轉

　　　我心匪石
　　　─────
　　　我心不可轉

　　　（此種推論，是以假的前提──凡匪石不可轉，來支持結論，
　　　　是不健全的推論）

　　10.胖者易得心臟病

　　　阿福是胖者
　　　─────
　　　阿福易得心臟病

二、　1.符合教學原則的教學用書，就是切合學生經驗的教學用書

　　　切合學生經驗的教學用書，就是學生能夠領會與了解的教科書
　　　────────────────────────
　　　符合教學原則的教學用書，就是學生能夠領會與了解的教科書

　　2.注重批評風度，必能達到批評目的

　　　健全批評風氣，必能注重批評風度
　　　────────────────
　　　健全批評風氣，必能達到批評目的

習題十五

　　19.得屍者必賣屍體給死者家屬

　　　××是得屍者
　　　─────

××必賣屍體給死者家屬

屍體賣給死者家屬，則得金太少

屍體不賣給死者家屬，則屍體會腐臭

屍體賣或不賣給死者家屬

屍體會腐臭或得金太少

附錄（二） 參考書目

S. F. Barker 著，石元健譯：邏輯引論，商務，民 57。

何秀煌：思想方法導論，三民，民 63。

吳俊升：理則學，正中，民 59 台版。

林正弘：邏輯，三民，1975。

R. H. Thouless 著，林炳錚譯：如何使思想正確，協志，1973。

殷海光：邏輯新引，五洲，民 63（十五版）。

殷海光：思想與方法，大林，1971。

陳大齊：名理論叢，正中，民 50。

陳大齊：實用理則學，遠東，民 64。

Irving M. Copi, *Introduction to Logic*（3rd ed.，台灣翻印，虹橋，1968），張身
　華譯：邏輯概論。

郭伯英：邏輯學講座，五洲，民 56。

楊惠南：邏輯引論，先知，1976。

劉述先：語意學與真理，廣文，民 52。

劉奇：論理古例，商務，民 57。

劉福增譯：符號邏輯導引，牧童，民 60。

劉福增譯：初級數理邏輯，水牛，民 60。

P. Suppes 著，劉福增譯：現代邏輯與集合，水牛，1968。

劉福增：邏輯觀點，長橋，1980。

劉福增譯述：現代邏輯導論，長橋，1980。

Ayer, Alfred Jules, *Language, Truth and Logic*, N. Y.: Dover Publications, Inc.,
　1952.

Bradley, R. and Swartz, N., *Possible Worlds*, Oxford: Basil Blackwell, 1979.

Carnap, R., *Meaning and Necessity*, Chicago: University of Chicago Press, 1967.

Carnap, R., *Logical Foundations of Probability*, Chicago: The University of Chicago Press, 1962.

Hempel, Carl G., *Philosophy of Natural Science*, Englewood Cliffs, N. J.: Prentice Hall, 1966.

Ho, Hsin-Hwang, *Deontic Logic and Imperative Logic*, 三民，1970.

Harrison III, F. R., *Deductive Logic and Descriptive Language*, Prentice Hall, 1969.

Iseminger, Galy, *Logic & Philosophy, Selected Readings*, N. Y.: Appleton Century-Crofts, 1968.

Jeffrey, Richard C., *Formal Logic, Its Scope and Limits*, N. Y.: McGraw-Hill Book Company, 1967.

Kahane, Howard, *Logic and Philosophy, A Modern Introduction* (2nd ed.), Belmont, Calif.: Wadsworth Publishing Company, Inc., 1973.

Leblanc, H. and Wisdom, W. A., *Deductive Logic*, Boston: Allyn & Bacon, 1976.

Michalos, Alex C., *Principles of Logic*, Prentice Hall, 1969.

Purtill, Richard L. Purtill, *Logic for Philosophers*, N. Y.: Harger & Row, 1971.

Quine, W. V., *Philosophy of Logic*, Englewood Cliffs, N. J.: Prentice Hall, 1970.

Salmon, Wesley C., *Logic* (2nd ed.), Englewood Cliffs, N. J.: Prentice Hall, 1973.

Schuartz, Thomas, *The Art of Logical Reasoning*, N. Y.: Random House, 1980.

邏輯
林正弘 著

　　抽象思考的能力與嚴密推理的習慣，是處理複雜的事物所不可缺少的。而培養這種能力與習慣最簡便的方法，就是學習邏輯，因為邏輯是直接以推理的規則為其研究的對象，也是思考訓練的一門重要學科。

　　本書是初等邏輯的教科書，在內容上，包括語句邏輯以及量限邏輯等重要領域，敘述簡潔而緊湊；在方法上，則採用自然演繹法，設計一套由前提導出結論的推論規則，適合初學者入門使用。